中国通用手语系列

计算机常用词通用手语

中国聋人协会
国家手语和盲文研究中心 编

图书在版编目（CIP）数据

计算机常用词通用手语 / 中国聋人协会，国家手语和盲文研究中心编. —— 北京：华夏出版社，2018.1（2023.2 重印）

（中国通用手语系列）

ISBN 978-7-5080-9317-8

Ⅰ. ①计… Ⅱ. ①中…②国… Ⅲ. ①电子计算机—手势语—特殊教育—教材 Ⅳ. ① H026.3 ② G762.4

中国版本图书馆 CIP 数据核字 (2017) 第 229015 号

© 华夏出版社有限公司　版权所有，未经许可，不得以任何方式使用本书全部及任何部分内容，违者必究。

计算机常用词通用手语

编　　者	中国聋人协会　国家手语和盲文研究中心
项目统筹	曾令真
策划编辑	刘　娲
责任编辑	薛永洁　王一博
美术编辑	徐　聪
装帧设计	王　颖
出版发行	华夏出版社有限公司
经　　销	新华书店
印　　装	北京中献拓方科技发展有限公司
版　　次	2018 年 1 月北京第 1 版 2023 年 2 月北京第 2 次印刷
开　　本	787×1092　1/16 开
印　　张	15.75
字　　数	305 千字
定　　价	39.00 元

华夏出版社有限公司　地址：北京市东直门外香河园北里 4 号　邮编：100028
网址：www.hxph.com.cn　电话：（010）64663331（转）

若发现本版图书有印装质量问题，请与我社营销中心联系调换。

前　言

2005年1月《计算机专业手语》出版以后，对聋人学习、运用计算机知识，规范聋校信息技术课程和聋人高等院校计算机及应用、视觉传达设计等课程中的专业术语手语动作，顺利开展教学，发挥了积极作用。时光荏苒，12年间计算机和信息科学的新技术、新产品不断涌现，聋校和聋人高等院校这方面的教学内容也在不断更新，原书已不适应形势发展的需要。同时，从2011年起，我国通用手语方案研究正式启动。随着对聋人手语表达特点研究的不断深入和通用手语词汇方案的形成，需要使计算机手语与通用手语方案相衔接，保持相同词目手语动作的一致性，并对原计算机手语中不符合手语形象性、空间性、简约性等特点的手势进行修改。

在中国残疾人联合会的支持下，自2014年起，中国聋人协会与国家手语和盲文研究中心共同组织了对原《计算机专业手语》一书的全面修订，整个修订工作历时3年。在修订过程中，编写组广泛汲取聋人表达计算机术语的手语语料，听取了国家通用手语词汇研究课题组成员和从事聋人计算机教学教师的意见，通过反复讨论、比较，选取形象、简洁的手语，作为计算机相关课程教学与日常交流所使用的通用性、规范性手语。

修订后的新书更名为《计算机常用词通用手语》。全书正文部分共收入词目1128个（含列在括号中的52个同义词、近义词和以①②标出的12个名称相同而手语动作不同的词），附录部分收入外文缩略语词目71个。与原《计算机专业手语》相对照，词目未变而手语动作完全改变或部分改变的有483个，可见修订力度很大，这也是原《计算机专业手语》使用者应该特别注意的。

参加修订编写工作的人员有：中国聋人协会副主席、中国聋人协会手语研究和推广委员会主任邱丽君，中国聋人协会手语研究和推广委员会副主任、天津市聋人协会主席陈华铭，北京市聋人协会委员成海，国家手语和盲文研究中心顾定倩、王晨华、于缘缘、恒淼，北京联合大学特殊教育学院李晗静，天津理工大学聋人工学院杨华春，郑州工程技术学院（原中州大学）特殊教育学院刘明，武汉音乐学院张鹏，北京启喑实验学校李晓民、赵锦艳，北京市健翔学校（原北京市第三聋人学校）张钢，天津聋人学校王健，南京市聋人学校孙继红，华夏出版社徐聪。

全书文字说明和统稿由顾定倩负责，绘图由北京启喑实验学校孙联群负责。

修订编写工作始终得到中国残疾人联合会主席团副主席吕世明、副理事长程凯，中国残疾人联合会教育就业部副主任李东梅、教育处处长韩咏梅、教育处副主任科员林帅华，中国聋人协会主席杨洋，华夏出版社社长黄金山、副总编辑曾令真的关心；得到北京市聋人协会、天津市聋人协会、北京联合大学特殊教育学院、天津理工大学聋人工学院、郑州工程技术学院特殊教育学院、武汉音乐学院、北京启喑实验学校、北京市健翔学校、天津聋人学校、南京市聋人学校等单位的大力支持。北京联合大学特殊教育学院教师胡可，研究生刘辉、田林伟为修订提供了相关资料。华夏出版社特殊教育编辑部刘娲、徐聪、王一博为此书的编辑加工付出了辛勤的努力。在此，谨向所有关心、支持此书出版的单位和人士表示衷心的感谢！

计算机科学的发展无止境，手语的发展也无止境，计算机常用词通用手语的修订工作将永远在路上。限于我们的专业水平和能力，本书难免有不完善之处，希望广大读者提出意见以便今后进一步完善。

《计算机常用词通用手语》编写组

2017 年 10 月

原《计算机专业手语》前言

计算机是20世纪人类最伟大的发明之一,以计算机科学为特征的信息化高新技术给人类社会的生产和生活带来了崭新的变化。计算机及网络技术的发展和应用对包括听力残疾在内的各类残疾人有着更为特殊的意义和作用。借助计算机增加了听力残疾者的感知经验,扩大了学习领域,提高了学习速度和质量。特别是网络,使听力残疾者进行远距离无障碍交流的梦想成为现实。因此,广大听力残疾者,尤其是听力残疾学生热切希望学习和掌握计算机技术。

鉴于计算机专业新词多、外来词多、多个单词组合后产生的复合词多,中国残联教育就业部和中国聋人协会为满足聋人学习计算机专业的需要,委托天津理工大学聋人工学院组织编写《计算机专业手语》工具书,作为《中国手语》系列丛书之一,以进一步丰富和完善《中国手语》。

整个研究编写工作历经五年半时间,大致分为编写初稿和修改审定两个阶段。编写初稿阶段(1999年6月–2003年9月),编写组向全国相关聋人教育机构的在校聋生、聋人教师,专门从事聋人计算机教学的专业教师,以及手语研究工作者广泛征求计算机专业术语的词目和手势动作的设计意见,并在此基础上编撰出《计算机专业手语》的初稿。修改审定阶段(2003年9月–2004年12月),由中国残联教育就业部组织了三次审稿会议,最终定稿交付出版。

本书在选词方面考虑到不同程度学习者的需要,以使用频率和在专业教学中的重要程度作为选词的依据,确定将计算机常用术语作为主要内容,以便于初学者特别是义务教育阶段聋校学生学习;适当补充初学者或一般操作中不常用的专业术语,以兼顾职业技术学校和高等院校聋人计算机教学的需要。

本书在词目手势动作选择和设计方面,依据中国手语手势动作的设计原则及其规范。编写体例与绘画风格与《中国手语》(修订版)保持一致。

本书词目部分分为正文和附录两个部分,正文部分以计算机中文术语作为主词;附录部分以计算机英文术语及英文缩略语作为主词。计算机中文术语及其对应的英文术语或英文缩略语以《英汉计算机名词辞典》等工具书为依据。

全书共有词目1009个;其中正文部分903个,附录部分106个。

本书由天津理工大学聋人工学院院长鲍国东教授主持编写。目录、拼音索引、正文A-M部分和附录201-217页，由聋人工学院计算机教研室主任李凯副教授执笔；笔画索引、英文索引、正文N-Z部分和附录196-200页，由聋人工学院副院长韩梅副教授执笔。北京第四聋人学校教师孙联群负责全书的绘图。

北京师范大学教育学院副院长顾定倩对全书进行了统稿，并主持了全部审定工作。先后参加本书讨论、校对、审定工作的同志还有：长春聋校初传学、裴莹、杨宁春、刘悦、高琪、徐伟，吉林聋校周剑峰，上海聋人青年技校王建名，武汉第一聋校俞伯全，武汉第二聋校刘屏，天津聋校李丽，南京聋校刘苏川，江苏铜山聋校张象，北京第一聋校宋晓华、丁婕，北京第二聋校周泉，北京第三聋校于缘缘、杜秋娴，北京第四聋校谭永定，北京联合大学特殊教育学院张鹏、吴立平，华夏出版社徐聪，北京市残联手语研究会成海、冯永彤、王昕、杨东等。

天津聋人工学院计算机科学与技术专业2001、2002、2003级聋人学生陈博宇、郭琳、华文明、张江宁、刘驰、侯振浩、龚娅、曹佳、袁憬、刘永明、刘泉、吴耀宇、邵伟、高宇、王磊、刁飞、王枫、杜祎、于虎、洪伟也参与了书稿的整理工作。

在整个编写过程中得到中国残联教育就业部和中国聋协领导唐淑芬、杨文娟、杨洋、李东梅同志的指导，黄伟同志一直具体组织此项工作，为这本书付出许多心血。

教育部特教办公室周德茂主任和语言文字应用管理司魏丹处长也对本书寄予了关心和指导。本书的出版得到华夏出版社的大力支持，周国芳、刘娲同志为本书做了精心的编辑工作。现在，经过全国各地上百名同志的参与研究和努力，这本《计算机专业手语》终于出版了，我们感到无比高兴，并向所有为此书出版做出贡献的各界人士表示深深的谢意。

由于计算机技术是一项新兴技术，随着这项技术的迅猛发展还会不断出现新的词汇。同时限于我们的工作水平且经验不足，书中难免有不妥之处，我们将在征求广大读者和专家意见的基础上进行补充和完善。

《计算机专业手语》编写组
2004年12月

目 录

汉语手指字母方案 ·· 1
汉语手指字母图 ·· 3
手势动作图解符号说明 ··· 5

A

安全　安装　安卓系统　按钮（开关） ·· 1

B

百宝箱　百度　百分号　版本　版式 ·· 2
办公自动化　半角　包　保存　保留字　报表 ······································ 3
报警器　报警装置　备份　备注型　背景色　倍频 ······························ 4
倍增　被呼站（被叫站）　本地　逼近　比例　闭合（关闭） ················ 5
编程　编辑　编码　编译　编址　变更 ·· 6
变量　变址　遍历　标记　标识符　标题栏 ··· 7
标注　表达式　表格　并集　并行　病毒 ·· 8
拨号　波特　波特率　波形　播放动画　播放器 ·································· 9
补丁　补码　捕捉　不对称性　布尔运算　布线 ································ 10
步长 ·· 11

C

擦除　采集　菜单（下拉菜单、弹出①）　菜单栏　参考点 ················ 12
参数化　操作系统　测量　差错率　插件　插入 ································ 13
查看器　查询　拆分　常规　常量　抄送 ·· 14
超导　超链接　超媒体　超时　超文本　程序 ···································· 15
程序行　程序设计　程序员　持续时间　冲突　重定向 ······················ 16
重构　重合　重码　重启　重试　重载入 ·· 17
重置　重做　初始化　初始值　处理　触发 ······································· 18
触发器　触摸屏　传感器　传送（传输）　串行　窗口 ······················ 19
窗体　垂直　词法分析　词库　磁道　磁盘 ······································· 20
磁头　磁心体　存储分配　存储器　存储区　存储体 ························· 21
存取　措施 ··· 22

D

搭建　打开　打印①　打印②　打印机 ……………………………… 23
打字　大写　代理服务器　代码　单板机　单调函数 …………… 24
单片机　单稳电路　单元格　当前指示符　导出　导航 …………… 25
导航工具　导入　盗版　登录　等差数列　等级 …………………… 26
等价　等效　底纹　地址流　递归　点光源 ………………………… 27
点划线　电缆　电源　电子版　电子管　电子商务 ………………… 28
电子邮件(发邮件)　电子邮箱　调度　调入　调用　迭代 ……… 29
定点　定时　定位　定义　定制　动画 ……………………………… 30
动画制作　动态　冻结　读入　端点　端节点 ……………………… 31
端口　短路　段①　段②　段落　段名 ……………………………… 32
断点　堆叠　堆栈　对比度　对等式　对话框 ……………………… 33
对齐　对象　多边形　多播(组播)　多媒体　多视图 …………… 34
多义性 ………………………………………………………………… 35

E

二分法(折半法)　二极管　二维　二维码 ………………………… 36

F

发生器　发送　发帖　翻转　繁体字 ………………………………… 37
反病毒程序　反例　反码　反向　反向链接　返回 ………………… 38
范式　防火墙　仿真器　仿制　访问(询问)　放映 ……………… 39
分辨率　分布式　分层　分隔符　分解　分栏 ……………………… 40
分类　分配　分区　分时　分支　封装 ……………………………… 41
服务器　浮点　浮动　符号　幅度　辅助 …………………………… 42
辅助存储器　负载　附加　附件　附着　复合 ……………………… 43
复位　复位启动　复选　复选框　复制　赋值 ……………………… 44
覆盖 …………………………………………………………………… 45

G

高速缓存　格式　格式符　格式化　隔离 …………………………… 46
根目录　跟踪　更新　工具　工具栏　工具箱 ……………………… 47
工艺　工作表　工作簿　工作空间　工作站　公差 ………………… 48
公共　公式　公用块　公用网　公有的　功能键 …………………… 49
共享　构造　固定　固件　挂机　关机 ……………………………… 50
关键词　关键帧　关键字　关联词　管理　光标 …………………… 51
光电鼠标　光缆　光盘　光栅　光晕　广播 ………………………… 52
广域网　规程　规格　轨迹　滚动　滚动条 ………………………… 53
过渡　过滤器 ………………………………………………………… 54

H

海量　函数　汉化　汉字库　焊接 ······· 55
行　行距　耗材　核心　黑客　横幅广告 ······· 56
横截面　宏　后端　后台运行　后退键　后缀 ······· 57
呼叫　互斥　互联网　互联网+　互连性　画布 ······· 58
还原　环绕方式　环网　环形　缓冲区　缓存 ······· 59
幻灯片　灰度值　回车（换行）　回车键　回路　回收站（垃圾箱） ······· 60
回帖　汇编　汇编程序　汇编语言　绘图（画图）　绘图区 ······· 61
绘图仪　活动窗口　或门　或运算 ······· 62

J

击键（按键、单击、键①）　机房　机柜　机架　机器人 ······· 63
机箱（机身）　奇偶校验　基本类　基带　基地址　基线 ······· 64
激光打印机　激活　级联　即插即用　即时通讯　集成 ······· 65
集合　集线器　计量单位　计数　计算机（电脑）　计算机集群 ······· 66
计算机视觉　计算器　记录　寄存器　加粗　加工 ······· 67
加密　加权　加速板　加载点　架构　间距 ······· 68
监控　监视器　兼容性　检波　检测（测试）　检查 ······· 69
检索　检验　减量　剪辑　剪切（裁切）　剪贴板 ······· 70
简码表　简体字　间接地址　建模　渐变　键② ······· 71
键盘　键位　箭头　降序　交互　交互式 ······· 72
交换机　交集　角度　脚本　脚本语言　阶乘 ······· 73
阶码　接插板（接线板）　接插线　接口标准　结点（节点）　结点度 ······· 74
结构　结构图　截屏　截取（剪取）　解保护　解码 ······· 75
解密　解锁　解调器　解析　解压缩　介质 ······· 76
界面　借位　进程　进位数　进制　晶片 ······· 77
晶体管　精度　精确　警告　静电　静态 ······· 78
静态分析　镜头　镜像　纠错　就绪状态　居中① ······· 79
居中②　局部　局域网　矩阵　句法分析　卷标 ······· 80
卷名　绝对地址　角色　均衡器 ······· 81

K

开机（冷启动①）　开始　开始按钮　可靠计算　可靠性 ······· 82
可控性　可扩充性　可信度　可行性　可修改性　可移植性 ······· 83
可用性　刻录　客户端　课件　空操作　空格 ······· 84
空格键　空行　空指令　控件　控制面板　控制器 ······· 85
口令　库　块　宽带　框架　框图 ······· 86
扩展　扩展槽　扩展寻址 ······· 87

L

垃圾邮件　拉伸　累加器　类型　冷启动② ················ 88
例程　粒子系统　连接符　连网　连续运算　联通 ············ 89
联想　链表　链接　链路　亮度　列 ···················· 90
列表　列间距　临界区　零件(部件)　零件图　另存为 ·········· 91
浏览　浏览器　漏洞　录入(键入)　录入法(输入法)　录音 ······· 92
录音笔　路径　路径名　轮廓线　论坛　逻辑 ··············· 93
滤镜 ··· 94

M

麦克风　脉冲　脉冲串　漫反射　冒泡 ··················· 95
枚举　枚举类型　蒙版　密码　密钥　面板 ················ 96
描边　命令　命名　模块　模块化　模拟 ················· 97
模式　模数转换　模型　魔术棒　墨盒　默认值 ·············· 98
模板　母版　目录 ······································ 99

N

内部地址　内存　内聚性　内码　内模式 ················· 100
内置字体　扭曲 ······································ 101

O

耦合　*紧密耦合　*松散耦合 ··························· 102

P

排版　排列　排序　判别式　配置 ····················· 103
喷墨打印机　喷枪　批处理　批号　批量　匹配 ············· 104
偏移　拼接　拼音　频带　频率①　频率② ················ 105
频移　平板电脑　平滑　平台　平移　评价(评估) ············ 106
苹果　屏蔽　屏幕保护(屏保)　瓶颈问题　破解 ············· 107

Q

起点　千兆位　前端　前景色　前台 ···················· 108
前台运行　前缀　潜伏期　嵌入式　嵌套　切换 ············· 109
窃听　清除　清单　清零　请求　区域 ·················· 110
区域搜索　驱动程序　驱动器　取消(撤销)　全加器　全角 ······· 111
全局变量　全屏　全双工　全双向　确定性　确认 ············ 112
群 ·· 113

R

热插拔　热键　热启动①　热启动②　人工呼叫 ·············· 114
人工智能　认证　任务栏　日志　容错　容量 ··············· 115
融合　软回车　软件　软盘　锐化　润色 ················· 116

S

三维①　三维 (3D)②　三维阵列　三星　扫描仪	117
色带　色度　色粉　筛选　删除　闪存盘 (优盘、U 盘、移动硬盘)	118
扇区　上标　上传　上限　上溢　设备	119
设定　设置　身份鉴定　神舟　升级　升序	120
声卡　声明 (说明)　省略　失效率　失真　时间片	121
时间轴　时序　时钟　实地址　实例　实时	122
实体　实体模型　实型　实用程序　实在参数　示波器	123
事件　事务处理　试运行　视窗　视口　视频①（屏幕）	124
视频②　视图　适配器　适应性　收藏夹　首部	125
首页 (起始页)　首字节　授权　书签　输出　输入	126
属性　鼠标　数据　数据保护　数据交换　数据结构	127
数据库　数据库语言　数据类型　数据流　数据模型　数据区	128
数据源　数据值　数据转换　数据组织　数理逻辑　数码	129
数模转换器　数学模型　数值范围　数制　数字媒体　数字签名	130
数组　刷新　衰减　双重缓冲　双击　双极性	131
双绞线　双拼　双向制　双字　双字节　水平	132
顺序访问　私有的　死锁　死锁避免　死循环　送纸器	133
搜狗　搜狐　搜索　搜索引擎　速率　算法	134
算法语言　随机　随机性　碎片　缩放　缩进	135
缩写　索引　锁定	136

T

台式计算机　弹出②　探询　特效　特写①	137
特写②　梯度法　提取　提示①　提示②　填充	138
条码阅读器　条形码　调色板　调试　调整　调制解调器①	139
调制解调器②（猫）　调制速率　停机　停止 (停顿)　通道　通信口	140
通信量　通信网络　通信线路 (通信链路)　通信协议　通讯子网　同步	141
同心　透明度　突发方式　图标　图表　图层	142
图论　图片　图文电视　图像分析　图形　图元	143
退出　退格　吞吐量　拖动　脱机　椭圆	144
拓扑	145

W

外部名　外观　外壳　外模式　外频	146
外循环　完整性　网关　网监　网络端口　网络管理员	147
网络规划　网桥　网上邻居　网页　网站　网址	148
网址域名　微博（博客）　微调　微信　维度　维护	149

伪操作　伪指令　位　位图　位移　文本 ………………………… 150
文本框　文档　文件　文件夹　文件头　文字处理 ……………… 151
无损连接　无线路由器　五笔　误差　误码率 …………………… 152

X

系数　系统校验　系统死锁　下标　下划线 ……………………… 153
下线（离线）　下限　下溢　下载　先行进位　显示 …………… 154
显示器①　显示器②　线型　相对地址　相对误差　向导 …… 155
像素　消除　消磁　消去法　消息传递　消隐 …………………… 156
小写　校园网　效率　效应　协议　斜体 ………………………… 157
写保护　卸载　芯片　新建　信道　信头 ………………………… 158
信息　信源　形式参数　性能　修复　修剪 ……………………… 159
修饰　虚拟　许可　序列　旋钮　旋转 …………………………… 160
选定　选区　选项　选项卡　选择　渲染 ………………………… 161
寻道　寻址　循环进位 ……………………………………………… 162

Y

压缩　延迟　研发　演变　演示 …………………………………… 163
验证　样条曲线　遥控　页边距　页脚　页眉 …………………… 164
页面　一致性　移动　移动计算机（笔记本电脑）　移过　以太网 … 165
异步的　异构性　异或运算　异门　译码　易读性 ……………… 166
溢出　因特网　阴影　音量　音频（声频）　引导 ……………… 167
引擎　引线　引用　隐式说明　隐线消除　影片 ………………… 168
影音　应答　应用　应用程序　映射　映像 ……………………… 169
硬回车　硬件　硬盘　用户　优先级　游戏 ……………………… 170
友好性　有线电视　右对齐　右键（右击）　右向　与非门 …… 171
与运算　语法　语句　语义　语音分析　预览 …………………… 172
预设（预置）　域名　域名系统　元件　源程序　源代码 ……… 173
远程　约定　约束　云计算　运算　运算符 ……………………… 174
运行　运行环境 ……………………………………………………… 175

Z

再定位　在线　载波　载体　增加（增添） ……………………… 176
粘贴　账号　遮罩　针式打印机　帧（逐帧）　帧频 …………… 177
帧中继　真值表　真子集　阵列　整体　整型 …………………… 178
正规文法　正向　执行　直方图　值调用　只读 ………………… 179
只读光盘　纸带　指定　指法　指令　指示灯 …………………… 180
指向　指针　制表　致命错误　智能卡　置换（替换） ………… 181
中断　中继　中缀式　终端　终止　周期 ………………………… 182
主板　主干网　主机　主叫　主控　主频 ………………………… 183
主题　主页　主站　助记符　注册　注释 ………………………… 184

注销　柱面　柱状图　专线　转储（转存）　转接器	185
转录器　转移　转义　转速　装置　状态	186
状态栏　追加　追踪　桌面　资源分配　子程序	187
子串　子集　自变量（变元）　自底向上　自顶向下　自定义	188
自动　自启动（自举）　自旋　自运行批处理　字　字长	189
字段　字符　字符串　字符集　字符型　字号	190
字间距　字节　字块　字母　字幕　字频	191
字体　字型（字样）　字型点阵　总计　总线　纵截面	192
走纸键　阻抗　阻塞　组　组号　组件	193
组装　最大化　最小化　最小项　左对齐　左键	194
左向　作用域　坐标　坐标纸	195
附录词汇：计算机英文术语和缩略词	197
汉语拼音索引	209
部首检词表	218

汉语手指字母方案

（中华人民共和国内务部、教育部、中国文字改革委员会
一九六三年十二月二十九日公布施行）

第一条　汉语手指字母用指式代表字母，按照汉语拼音方案拼成普通话，作为手语的一种——指语。

第二条　汉语拼音方案所规定的二十六个字母，用下列指式表示：

A：拇指伸出，指尖向上，其余四指握拳。
B：手掌伸直，拇指弯回贴在手心，其余四指并齐，指尖向上，手心向前偏左。
C：拇指在下，向上弯曲，其余四指并齐，向下弯曲，相对成C形，虎口朝里。
D：手握拳，拇指搭在中指第二节上，虎口向后上方。
E：中、无名、小三指伸直，分开不并紧，指尖向左，手背朝外，拇指和食指弯回，拇指搭在食指上。
F：食、中二指伸直，分开不并紧，指尖向左，手背朝外，其余三指弯回，拇指搭在无名指上。
G：食指伸直，指尖向左，其余四指握拳，手背朝外。
H：食、中二指并紧伸直，指尖向上，手心向前偏左，其余三指弯回，拇指搭在无名指上。
I：食指伸直，指尖向上，其余四指握拳，拇指搭在中指上，手心向前偏左。
J：食指伸起带弯曲，其余四指握拳，拇指搭在中指上，手心向前偏左。
K：食指伸直，指尖向上，中指伸直跟食指成90度角，拇指跟中指交叉相搭，其余二指弯回，虎口朝里。
L：拇、食二指伸直分开，形成L形，其余三指握拳，虎口向上，手心向前偏左。
M：拇指和小指弯回，拇指搭在小指第二节上，其余三指并齐，向下弯曲，指尖稍向下斜，临空压在拇指上，手心向前偏左。
N：无名指、小指弯回，拇指搭在无名指上，其余二指并齐，向下弯曲，指尖稍向下斜，临空压在拇指上，手心向前偏左。
O：食、中、无名、小四指并齐弯曲，拇指跟食指、中指相抵成空拳，虎口朝里，如O形。
P：拇指跟食指相抵成圆圈，其余三指伸直并齐，指尖向下斜伸，虎口向外稍斜。
Q：拇指跟食指、中指相捏，其余二指弯回，虎口朝里偏左。
R：拇指、食指伸出，拇指指尖向上稍斜，食指指尖向左，手背朝外，其余三指握拳。

S：食、中、无名、小四指并齐弯曲，手指靠近手掌一节跟手掌成 90 度角，拇指向上伸出，手心向左前方。

T：拇指跟中指、无名指相抵，成圆圈，食指和小指伸出，指尖向上，手心向前偏左。

U：手掌伸直，食、中、无名、小四指并齐，指尖向上，拇指分开不贴紧食指，手心向前偏左。

V：食指和中指伸直分开，成 V 形，指尖向上，其余三指弯回，拇指搭在无名指上，手心向前偏左。

W：食、中、无名三指伸直分开，成 W 形，指尖向上，其余二指弯回相搭，手心向前偏左。

X：中指搭在食指上，成交叉形，指尖向上，其余三指握拳，拇指搭在无名指上，手心向前偏左。

Y：拇指和小指伸出，指尖向上，其余三指握拳，手心向前偏左。

Z：食指和小指伸直，指尖向左，手背向外，其余三指弯回，拇指搭在中指和无名指上。

第三条　汉语拼音方案所规定的四组双字母（ZH、CH、SH、NG），用下列指式表示：

ZH：食、中、小三指伸直，指尖向左，手背向外，拇指和无名指弯回，拇指搭在无名指上。

CH：食、中、无名、小四指并齐伸直，跟拇指相捏，手背向上。

SH：食指和中指并齐弯曲，手指靠近手掌一节跟手掌成 90 度角，拇指向上伸出，无名指和小指弯回贴在手心，手心向前偏左。

NG：小指伸直，指尖向左，其余四指握拳，虎口向上，手背朝外。

第四条　汉语拼音方案所规定的两个加符字母（Ê，Ü）用原字母（E，U）附加如下动作表示：

Ê 用 E 的指式，手指上下摇动两下。

Ü 用 U 的指式，手指前后振动两下。

第五条　阴平（ˉ），阳平（ˊ），上声（ˇ），去声（ˋ）四种声调符号，用书空表示。隔音符号（'）也用书空表示。

第六条　汉语手指字母完全用一只右手打出；但是在必要的时候也可以用左手代替（方向作对应的改变）。

汉语手指字母图

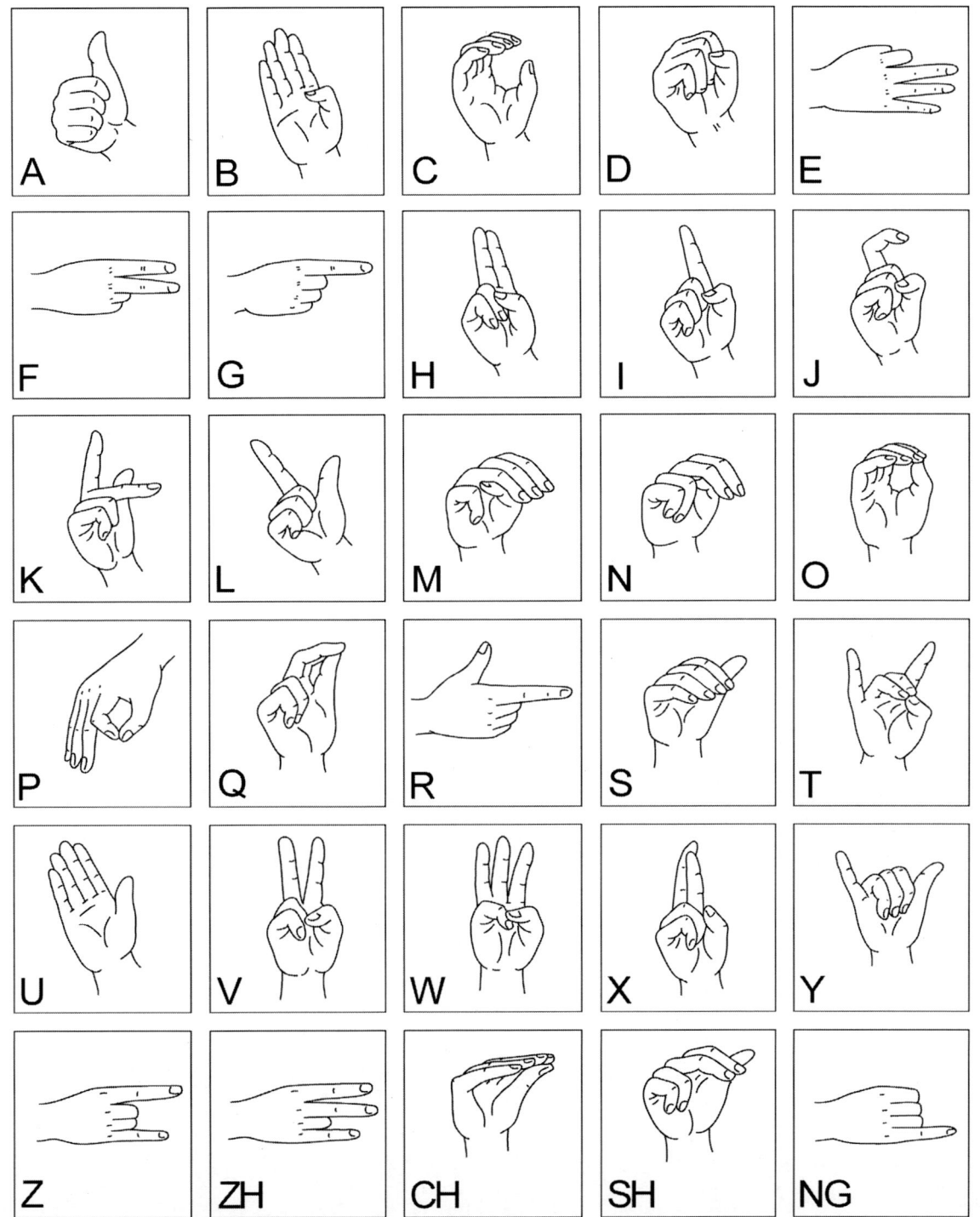

手势动作图解符号说明

符号	说明
	表示手势沿箭头方向移动。
	表示手势上下（或左右、前后）反复移动两次或几次。
	表示手势沿箭头方向一顿一顿移动。
	表示手势沿箭头方向做曲线形（或折线形）移动。
	表示手上下反复跳动。
	表示拇指与其他手指互捻。
	表示五指交替抖动（或点动）几下。
	表示手势向前（或向下）一顿，或到此终止。
	表示握拳的手按①②③④顺序依次伸出手指。
	表示手臂或手指轻轻颤抖。
	表示握拳或撮合的手沿箭头方向放开五指。
	表示双手各向相反方向拧动，并向外拉开。

	手侧立，手指指尖朝前，掌心向左或向右。
	手横立，手指指尖朝左或朝右，掌心向前或向后。
	手直立，手指指尖朝上，掌心向前或向后、向左、向右。
	手斜立，手指指尖朝左斜前方或右斜前方，掌心向左斜前方或右斜前方、左斜后方、右斜后方。
	手垂立，手指指尖朝下，掌心向前或向后、向左、向右。
	手平伸，手指指尖朝前，掌心向上或向下。
	手横伸，手指指尖朝左或朝右，掌心向上或向下。
	手侧伸，手指指尖朝左侧、右侧的斜上方或斜下方，掌心向左侧、右侧的斜上方或斜下方。
	手斜伸，手指指尖朝前、后、左、右的斜上方或斜下方，掌心向前、后、左、右的斜上方或斜下方。

A

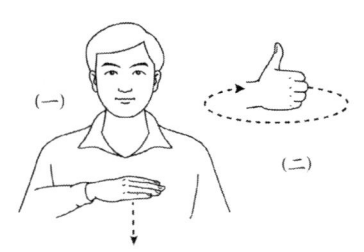

安全 ānquán
（一）一手横伸，掌心向下，自胸部向下一按。
（二）一手伸拇指，顺时针平行转动一圈。

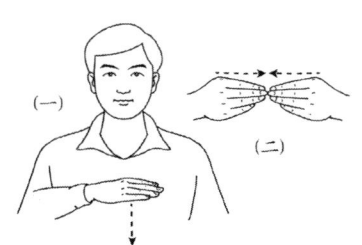

安装 ānzhuāng
（一）一手横伸，掌心向下，自胸部向下一按。
（二）双手横立，五指撮合，从两侧向中间移动，指尖互碰一下。

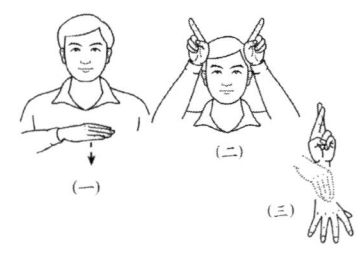

安卓系统 ānzhuóxìtǒng
（一）一手横伸，掌心向下，自胸部向下一按。
（二）双手食指斜立，置于头部两侧，仿安卓系统商标。
（三）左手打手指字母"X"的指式；右手五指撮合，指尖朝下，从左手腕部边向下移动边张开五指。

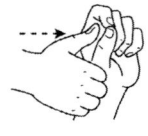

按钮（开关） ànniǔ (kāiguān)
左手拇、食指捏成圆形，虎口朝内；右手伸拇指，在左手虎口处按一下。
（可根据实际模仿按开关的动作）

B

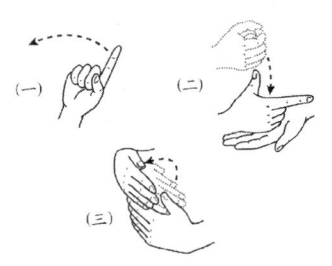

百宝箱 bǎibǎoxiāng
（一）一手食指直立，由左向右挥动一下。
（二）左手横伸；右手握拳，边由上而下砸向左手掌心边张开拇、食指。
（三）左手横立，掌心向内；右手横伸，掌心向下置于左手上，然后上翻，如打开箱盖状。

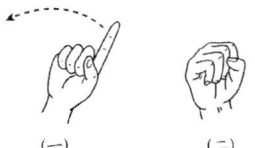

百度 bǎidù
（一）一手食指直立，由左向右挥动一下。
（二）一手打手指字母"D"的指式。

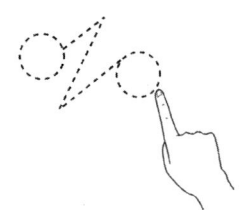

百分号 bǎifēnhào
一手伸食指书空"％"号。

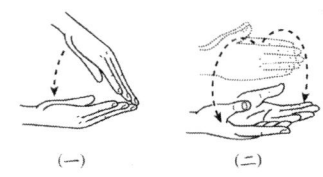

版本 bǎnběn
（一）双手平伸，掌心相对，指尖相抵，左手在下不动，右手向下一按。
（二）双手侧立，掌心相合，再向两边打开。

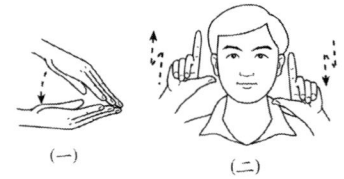

版式 bǎnshì
（一）双手平伸，掌心相对，指尖相抵，左手在下不动，右手向下一按。
（二）双手拇、食指成"⌑"形，置于脸颊两侧，上下交替动两下。

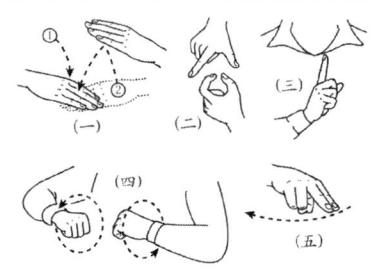

办公自动化 bàngōngzìdònghuà

（一）双手横伸，掌心向下，互拍手背。
（二）双手拇、食指搭成"公"字形，虎口朝外。
（三）一手食指直立，虎口朝内，贴于胸部。
（四）双手握拳屈肘，前后交替转动两下。
（五）一手打手指字母"H"的指式，指尖朝前斜下方，由左向右划一下。

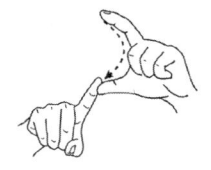

半角 bànjiǎo

左手拇、食指成半圆形，虎口朝内；右手伸食指，自左手食指向左做弧形移动至左手拇指，仿半角符号形状。

包 bāo

左手握拳；右手食、中、无名、小指并拢，手背拱起，由上而下绕左拳转动一下。

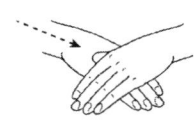

保存 bǎocún

左手横伸，掌心向下；右手平伸，掌心向下，由后向前移入左手下。

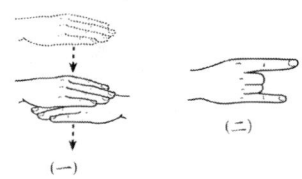

保留字 bǎoliúzì

（一）双手横伸，掌心向下，右手拍一下左手背，并向下一按。
（二）一手打手指字母"Z"的指式。

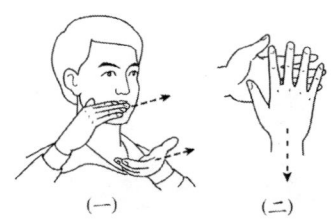

报表 bàobiǎo

（一）双手横伸，掌心上下相对，从嘴部向前移动一下。
（二）双手五指张开，一横一竖搭成方格形，左手不动，右手向下移。

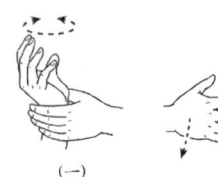

报警器 bàojǐngqì

（一）左手握住右手腕；右手五指微曲，指尖朝上，转动两下。

（二）双手五指弯曲，食、中、无名、小指关节交错相触，并转动一下。

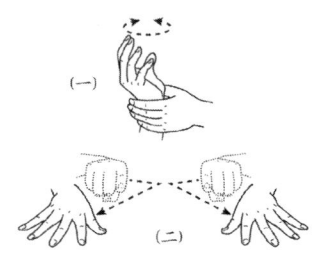

报警装置 bàojǐngzhuāngzhì

（一）左手握住右手腕；右手五指微曲，指尖朝上，转动两下。

（二）双手食指指尖朝前，互碰一下，再分开并张开五指。

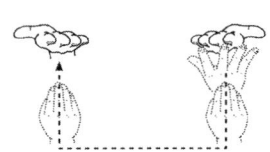

备份 bèifèn

双手平伸，掌心向上，右手贴于左手背，然后五指撮合向右移动，手再张开。

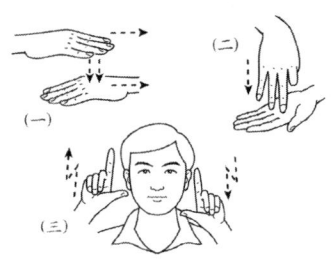

备注型 bèizhùxíng

（一）双手横伸，掌心向下，右手掌边拍左手背，双手边向左侧移动。

（二）左手横伸；右手伸中、无名、小指，指尖朝下，在左手掌心上点一下。

（三）双手拇、食指成"⌊⌋"形，置于脸颊两侧，上下交替动两下。

背景色 bèijǐngsè

（一）一手直立，掌心向内，拍一下同侧肩背部。

（二）一手直立，掌心向内，由一侧向另一侧移动一下。

（三）一手直立，掌心向内，五指分开，在嘴唇部交替点动。

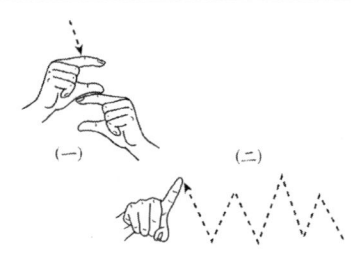

倍频 bèipín

（一）双手拇、食指张开，虎口朝内，右手拇指叠于左手食指之上，表示一倍。

（二）一手伸食指，指尖朝前，做折线形移动。

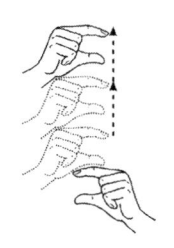

倍增 bèizēng
　　双手拇、食指张开,虎口朝内,上下相叠,左手不动,右手向上移动两次。

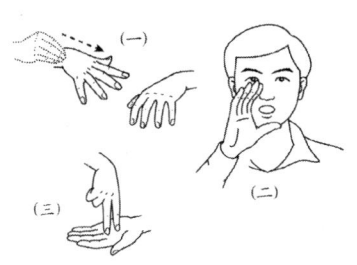

被呼站(被叫站) bèihūzhàn (bèijiàozhàn)
　　(一)左手平伸,五指微曲,指尖朝下;右手五指撮合,指尖朝内,边向左手移动边张开五指。
　　(二)一手五指成"乚"形,虎口贴于嘴边,口微张。
　　(三)左手横伸;右手食、中指分开,指尖朝下,立于左手掌心上。

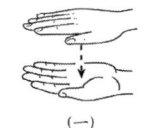 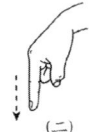

本地 běndì
　　(一)双手平伸,掌心相对,右手向下拍一下左手。
　　(二)一手伸食指,指尖朝下指一下。

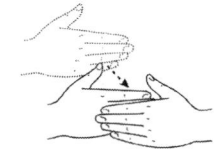

逼近 bījìn
　　双手横立,掌心向内,左手在前不动,右手由后向前贴向左手。

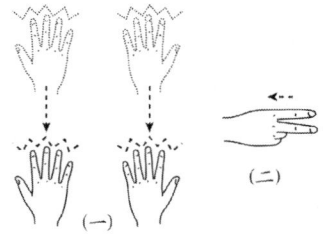

比例 bǐlì
　　(一)双手直立,掌心向内,五指分开,边向下移动边五指交替抖动几下。
　　(二)右手食、中指横伸并稍分开,从左向右微移一下。

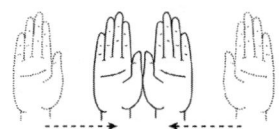

闭合(关闭) bìhé (guānbì)
　　双手直立,掌心向外,从两侧向中间移动至双手相挨。

编程　biānchéng

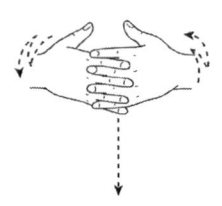

双手斜立，五指交叉相搭，边交替扭动手指边向下移动。

编辑　biānjí

双手斜立，五指交叉相搭，然后交替扭动两下。

编码　biānmǎ

（一）双手斜立，五指交叉相搭，然后交替扭动两下。
（二）左手拇、食指成"⊏"形；右手五指直立分开，手背向外，在"⊏"形内从左向右连续点动手指，表示一串数码。

编译　biānyì

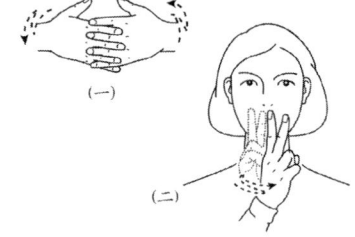

（一）双手斜立，五指交叉相搭，然后交替扭动两下。
（二）右手食、中指直立分开，指背先贴于嘴部，再转动90度，手背向右，重复一次，表示将一种语言译成另一种语言。

编址　biānzhǐ

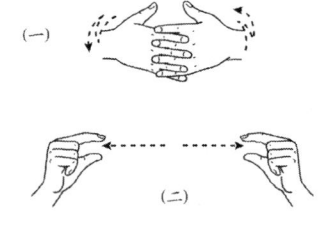

（一）双手斜立，五指交叉相搭，然后交替扭动两下。
（二）双手拇、食指微张，指尖相对，虎口朝内，从中间向两侧拉开。

变更　biàngēng

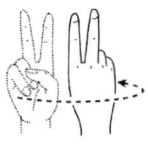

一手食、中指直立分开，由掌心向外转为掌心向内。

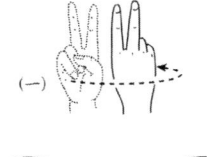

变量 biànliàng
（一）一手食、中指直立分开,由掌心向外转为掌心向内。
（二）一手直立,掌心向内,五指分开,交替点动几下。

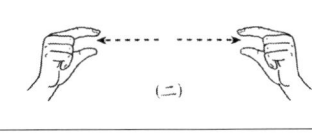

变址 biànzhǐ
（一）一手食、中指直立分开,由掌心向外转为掌心向内。
（二）双手拇、食指微张,指尖相对,虎口朝内,从中间向两侧拉开。

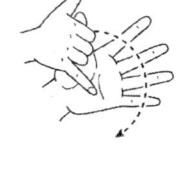

遍历 biànlì
左手侧立,五指张开;右手伸拇、小指,指尖朝前,沿左手由上而下做弧形移动。

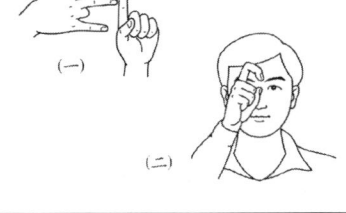

标记 biāojì
（一）左手食指直立;右手打手指字母"ZH"的指式,指尖对准左手食指。
（二）一手打手指字母"J"的指式,置于前额。

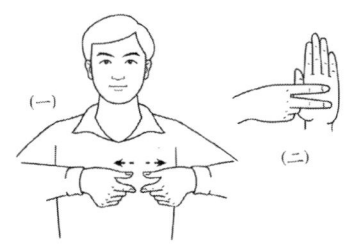

标识符 biāoshífú
（一）双手拇、食指张开,指尖朝内,在左胸部从中间向两侧移动少许距离,表示胸牌。
（二）左手直立,掌心向外;右手打手指字母"F"的指式,贴于左手掌心。
（可根据实际模仿标识符的样式）

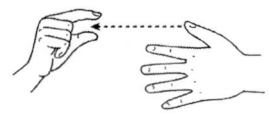

标题栏 biāotílán
左手横立,掌心向内;右手拇、食指张开,指尖朝左,在左手上方由左向右移动一下。
（可根据实际表示标题栏的位置）

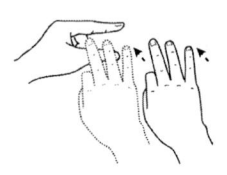

标注 biāozhù

左手拇、食指成"⊏"形,虎口朝内;右手伸中、无名、小指,指尖朝前,在左手"⊏"形内边向右移动边点两下。

表达式 biǎodáshì

(一)双手拇、食指成"∟"形,从脸颊两侧向前移出。
(二)一手拇、食指张开,指尖朝前,由左向右移动一下。

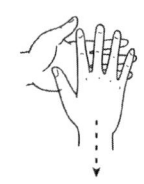

表格 biǎogé

双手五指张开,一横一竖搭成方格形,左手不动,右手向下移。

并集 bìngjí

双手拇、食指成半圆形,虎口朝内,由两侧向中间移动至指尖相抵,仿并集示意图。

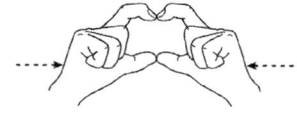

并行 bìngxíng

双手伸食指,指尖朝前,手背向上,同时向前移动。

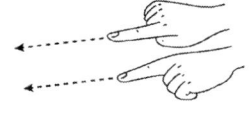

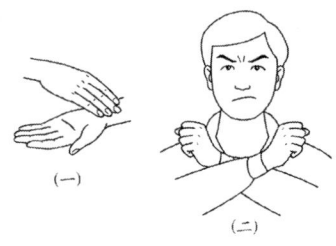

病毒 bìngdú

(一)左手平伸;右手五指并拢,食、中、无名指指尖按于左手腕脉门处。
(二)双手握拳屈肘,腕部交叉置于胸部,仿毒品警示标识。

拨号 bōhào
　　左手伸拇、小指,手背向外,置于耳边,仿接听电话状;右手伸食指,指尖朝下,任意点动几下。
　　(可根据实际模仿拨号的方式)

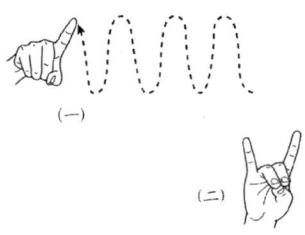
波特 bōtè
　　(一)一手伸食指,指尖朝前,做曲线形移动。
　　(二)一手打手指字母"T"的指式。

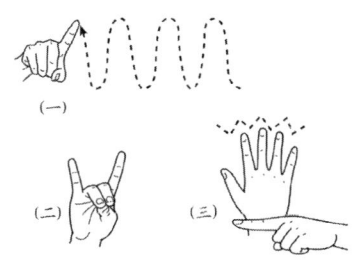
波特率 bōtèlǜ
　　(一)一手伸食指,指尖朝前,做曲线形移动。
　　(二)一手打手指字母"T"的指式。
　　(三)左手食指横伸;右手直立,掌心向内,手腕贴于左手食指,五指交替点动几下。

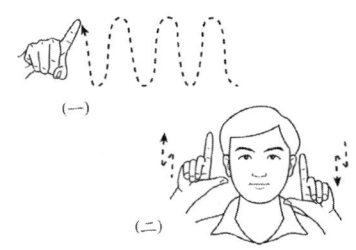
波形 bōxíng
　　(一)一手伸食指,指尖朝前,做曲线形移动。
　　(二)双手拇、食指成"⌐⌐"形,置于脸颊两侧,上下交替动两下。

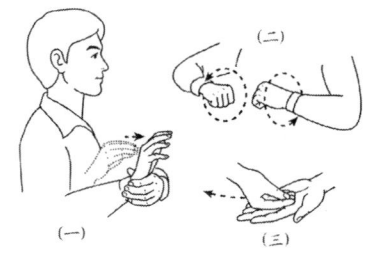
播放动画 bōfàngdònghuà
　　(一)左手五指成半圆形,虎口朝上;右手五指撮合,指尖朝前,边手腕碰向左手虎口边张开五指。
　　(二)双手握拳屈肘,前后交替转动两下。
　　(三)左手横伸;右手五指撮合,指背在左手掌心上抹一下。

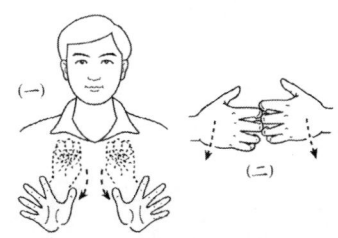
播放器 bōfàngqì
　　(一)双手五指撮合,指尖朝前,然后放开五指。
　　(二)双手五指弯曲,食、中、无名、小指关节交错相触,并转动一下。

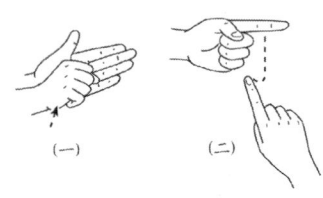

补丁 bǔdīng

（一）左手侧立；右手五指捏成圆形，虎口朝左，贴向左手掌心。

（二）左手食指横伸；右手伸食指，在左手食指下书空"亅"，仿"丁"字形。

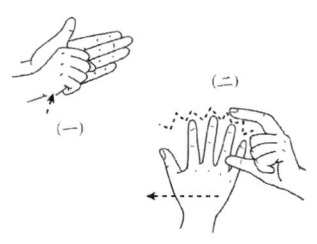

补码 bǔmǎ

（一）左手侧立；右手五指捏成圆形，虎口朝左，贴向左手掌心。

（二）左手拇、食指成"匚"形；右手五指直立分开，手背向外，在"匚"形内从左向右连续点动手指，表示一串数码。

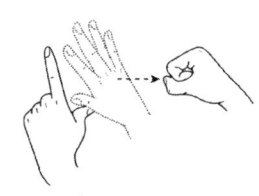

捕捉 bǔzhuō

左手拇、食指成"匸"形，掌心向外；右手直立，掌心向外，五指张开，边向后移动边握拳。

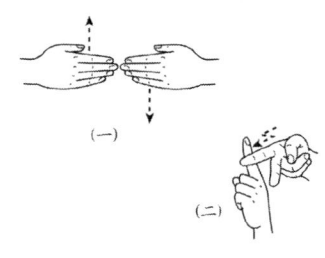

不对称性 bùduìchènxìng

（一）双手横立，掌心向内，然后分别向上下方向移动一下，象征不对称。

（二）左手食指直立；右手食、中指横伸并分开，交替弹一下左手食指背。

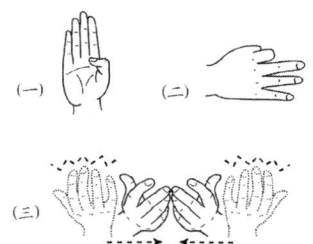

布尔运算 bù'ěryùnsuàn

（一）一手打手指字母"B"的指式。
（二）一手打手指字母"E"的指式。
（三）双手五指微曲，掌心向上，边交替点动边互碰。

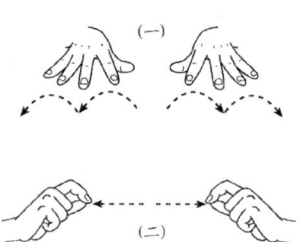

布线 bùxiàn

（一）双手五指张开，指尖朝下，从中间向两侧按动两下。
（二）双手拇、食指相捏，从中间向两侧拉开。

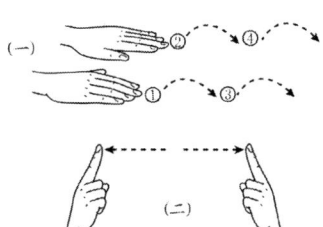

步长 bùcháng

（一）双手平伸，掌心朝下，交替向前移动两下。
（二）双手食指直立，指面相对，从中间向两侧拉开。

C

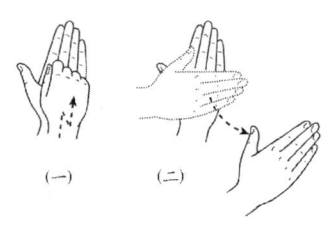
擦除 cāchú
（一）左手直立，掌心向右；右手虚握，虎口朝内，在左手掌心上上下擦动两下。
（二）左手直立，掌心向右；右手侧立，指尖朝前，贴于左手掌心，然后向下一抹。

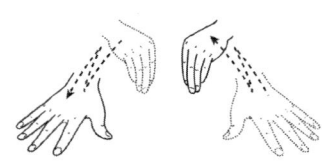
采集 cǎijí
双手平伸，掌心向下，边前后交替移动边五指连续做捏合的动作。

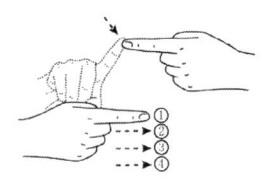
菜单（下拉菜单、弹出①）
càidān（xiàlācàidān、tánchū①）
左手食指横伸；右手食指点一下左手食指尖，然后依次伸出食、中、无名、小指。

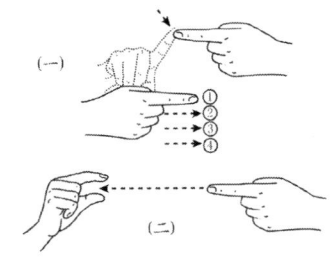
菜单栏 càidānlán
（一）左手食指横伸；右手食指点一下左手食指尖，然后依次伸出食、中、无名、小指。
（二）左手食指横伸；右手拇、食指张开，指尖朝左，自左手食指处向右拉动。

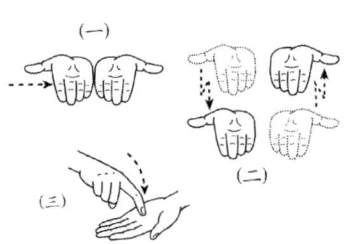
参考点 cānkǎodiǎn
（一）双手平伸，掌心向上，左手不动，右手向左手移动并相碰。
（二）双手平伸，掌心向上，上下交替动两下。
（三）左手横伸；右手食指朝下，在左手掌上点一下。

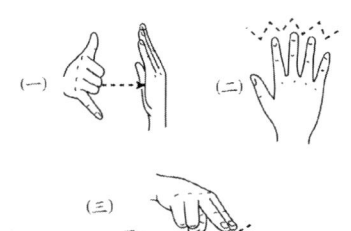

参数化 cānshùhuà

（一）左手直立，掌心向右；右手伸拇、小指，移向左手。
（二）一手直立，掌心向内，五指分开，交替点动几下。
（三）一手打手指字母"H"的指式，指尖朝前斜下方，由左向右划动一下。

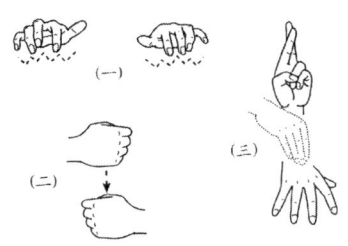

操作系统 cāozuòxìtǒng

（一）双手五指弯曲，指尖朝下，交替点动几下。
（二）双手握拳，一上一下，右拳向下砸一下左拳。
（三）左手打手指字母"X"的指式；右手五指撮合，指尖朝下，从左手腕部边向下移动边张开五指。

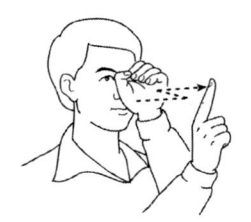

测量 cèliáng

左手虚握，虎口朝内，贴在眼上；右手食指直立，在前面左右移动。
（可根据实际模仿测量的动作）

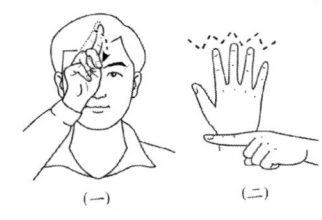

差错率 chācuòlǜ

（一）一手食、中指直立相叠，置于额前，然后中指向下弯动一下。
（二）左手食指横伸；右手直立，掌心向内，手腕贴于左手食指，五指交替点动几下。

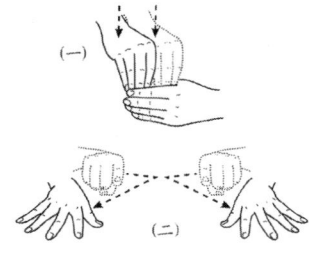
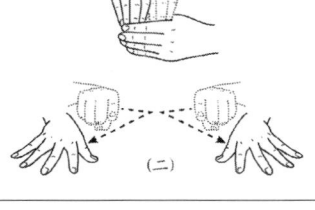

插件 chājiàn

（一）左手五指成"冂"形，虎口朝上；右手五指撮合，指尖朝下，向左手虎口不同位置插两下，表示将计算机部件插到机槽中。
（二）双手食指指尖朝前，互碰一下，再分开并张开五指。

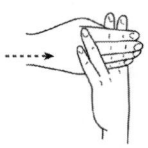

插入 chārù

左手直立，掌心向右；右手五指撮合，掌心向内，插入左手中、无名指间。

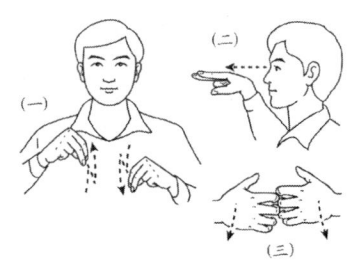

查看器 chákànqì

（一）双手拇、食、中指相捏，指尖朝下，上下交替动两下。

（二）一手食、中指分开，指尖朝前，从眼部向前伸一下。

（三）双手五指弯曲，食、中、无名、小指关节交错相触，并转动一下。

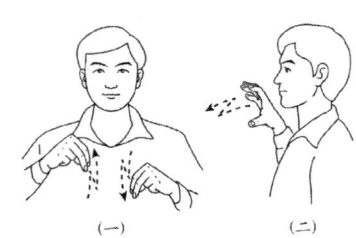

查询 cháxún

（一）双手拇、食、中指相捏，指尖朝下，上下交替动两下。

（二）一手五指微曲，掌心向外，前后微动两下。

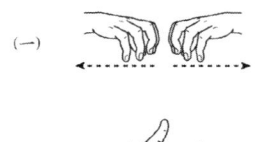

拆分 chāifēn

（一）双手五指弯曲，指尖朝下，同时向两侧扒动。

（二）左手横伸；右手侧立于左手掌心上，并左右拨动一下。

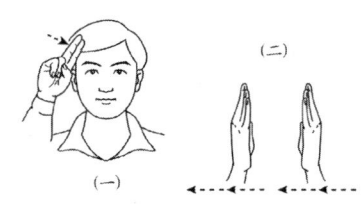

常规 chángguī

（一）一手食、中指直立并拢，掌心向外，向太阳穴处碰一下。

（二）双手直立，掌心相对，一顿一顿向一侧移动两下。

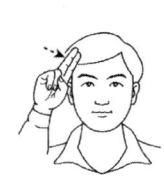

常量 chángliàng

（一）一手食、中指直立并拢，掌心向外，向太阳穴处碰一下。

（二）一手直立，掌心向内，五指分开，交替点动几下。

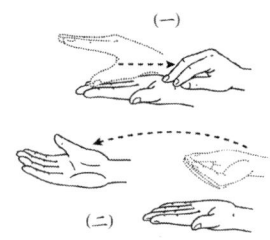

抄送 chāosòng

（一）左手平伸；右手五指张开，掌心向外，边向左手腕方向移动边撮合五指。

（二）左手平伸；右手五指撮合，手背向下，边向外移动边张开五指。

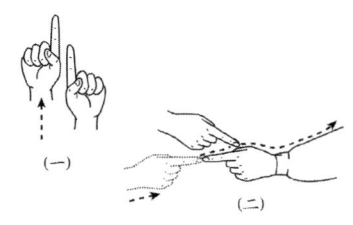

超导 chāodǎo

（一）双手食指直立，手背向内，左手不动，右手向上动一下。

（二）双手食指横伸，左手不动，右手食指移动并触到左手食指，然后沿左手臂向上移动。

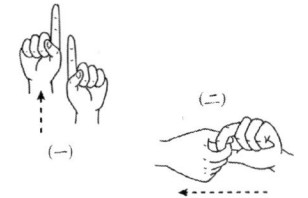

超链接 chāoliànjiē

（一）双手食指直立，手背向内，左手不动，右手向上动一下。

（二）双手拇、食指套环，向一侧移动一下。

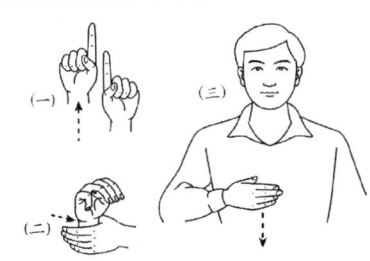

超媒体 chāoméitǐ

（一）双手食指直立，手背向内，左手不动，右手向上动一下。

（二）左手五指成半圆形，虎口朝上；右手打手指字母"M"的指式，手腕碰一下左手虎口。

（三）一手掌心向内，贴于胸部，向下移动一下。

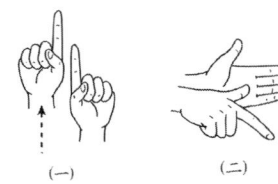

超时 chāoshí

（一）双手食指直立，手背向内，左手不动，右手向上动一下。

（二）左手侧立；右手伸拇、食指，拇指尖抵于左手掌心，食指向下转动。

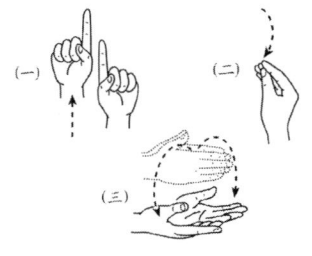

超文本 chāowénběn

（一）双手食指直立，手背向内，左手不动，右手向上动一下。

（二）一手五指如执毛笔，手腕撇动一下。

（三）双手侧立，掌心相合，再向两边打开。

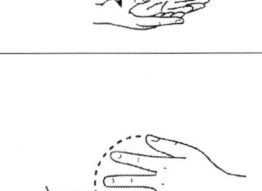

程序 chéngxù

左手横立，五指分开；右手伸食指，自左手拇指依次向下划动。

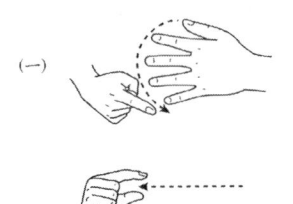

程序行　chéngxùháng

（一）左手横立，五指分开；右手伸食指，自左手拇指依次向下划动。

（二）右手拇、食指张开，指尖朝左，由左向右移动一下。

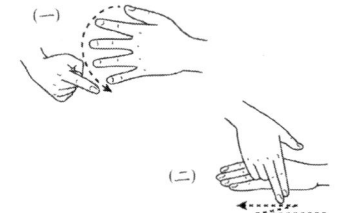

程序设计　chéngxùshèjì

（一）左手横立，五指分开；右手伸食指，自左手拇指依次指向下划动。

（二）左手横伸，掌心向下；右手伸拇、食、中指，食、中指并拢，指尖朝下，沿左手小指边缘划两下。

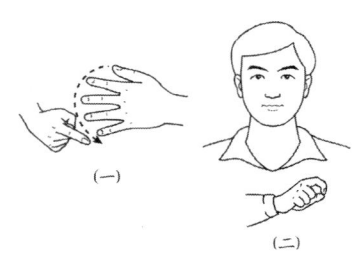

程序员　chéngxùyuán

（一）左手横立，五指分开；右手伸食指，自左手拇指依次向下划动。

（二）右手拇、食指捏成小圆形，虎口朝内，贴于左胸部。

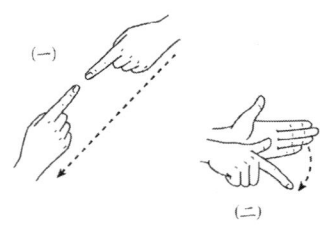

持续时间　chíxùshíjiān

（一）双手伸食指，指尖斜向相对，同时向斜下方移动。

（二）左手侧立；右手伸拇、食指，拇指尖抵于左手掌心，食指向下转动。

冲突　chōngtū

双手握拳，手背向外，互碰一下。

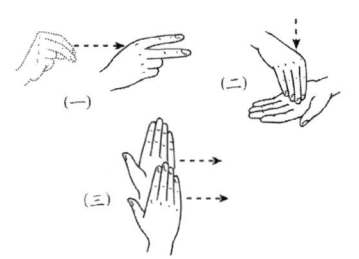

重定向　chóngdìngxiàng

（一）右手拇、食、中指相捏，边向左侧移动边张开食、中指。

（二）左手横伸；右手五指撮合，指尖朝下，按于左手掌心。

（三）双手直立，掌心相对，向前移动一下。

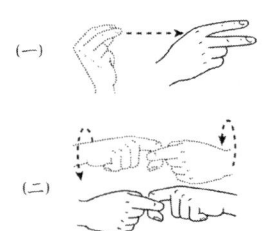

重构 chónggòu
（一）右手拇、食、中指相捏，边向左侧移动边张开食、中指。
（二）双手食指弯曲，互勾两下。

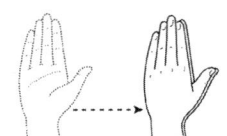

重合 chónghé
双手直立，一反一正，左手在前不动，右手由右向左移动至双手掌心相合。
（可根据实际表示重合的状态）

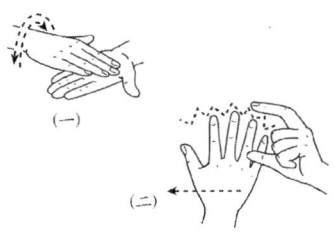

重码 chóngmǎ
（一）左手横伸，掌心向上；右手平伸，掌心贴于左手掌心，然后翻转为掌心向上。
（二）左手拇、食指成"⊂"形；右手五指直立分开，手背向外，在"⊂"形内从左向右连续点动手指，表示一串数码。

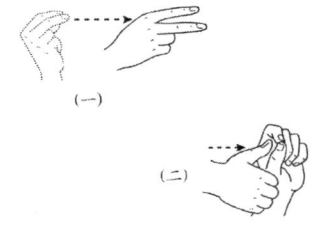

重启 chóngqǐ
（一）右手拇、食、中指相捏，边向左侧移动边张开食、中指。
（二）左手拇、食指相捏成圆形，虎口朝内；右手伸拇指，朝左手虎口处按一下。

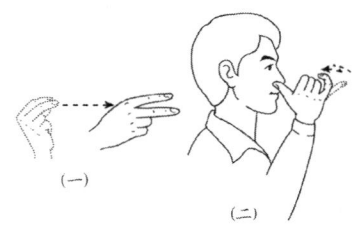

重试 chóngshì
（一）右手拇、食、中指相捏，边向左侧移动边张开食、中指。
（二）一手伸拇、小指，置于鼻侧，小指弯动两下。

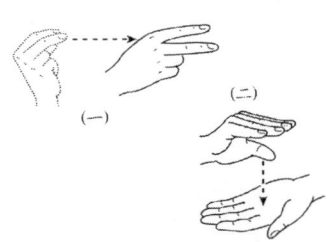

重载入 chóngzǎirù
（一）右手拇、食、中指相捏，边向左侧移动边张开食、中指。
（二）左手横伸；右手五指成"⊐"形，由上而下移向左手掌心上。

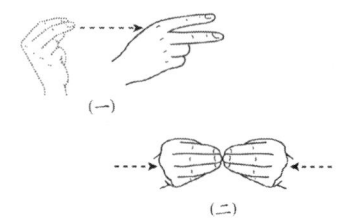

重置 chóngzhì

（一）右手拇、食、中指相捏,边向左侧移动边张开食、中指。

（二）双手横立,五指撮合,从两侧向中间移动,指尖互碰一下。

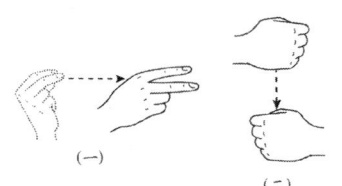

重做 chóngzuò

（一）右手拇、食、中指相捏,边向左侧移动边张开食、中指。

（二）双手握拳,一上一下,右拳向下砸一下左拳。

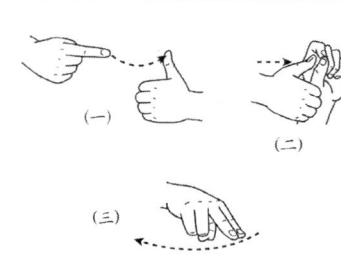

初始化 chūshǐhuà

（一）左手伸拇指;右手伸食指碰一下左手拇指。

（二）左手拇、食指相捏成圆形,虎口朝内;右手伸拇指,朝左手虎口处按一下。

（三）一手打手指字母"H"的指式,指尖朝前斜下方,由左向右划动一下。

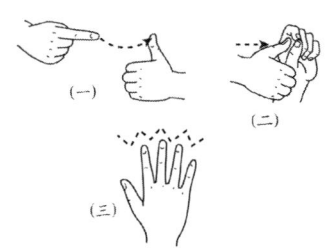

初始值 chūshǐzhí

（一）左手伸拇指;右手伸食指碰一下左手拇指。

（二）左手拇、食指相捏成圆形,虎口朝内;右手伸拇指,朝左手虎口处按一下。

（三）一手五指直立分开,手背向外,手指交替点动几下。

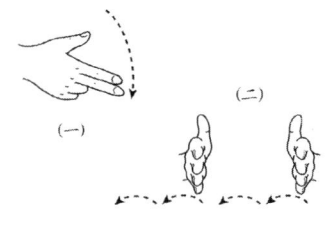

处理 chǔlǐ

（一）一手伸拇、食、中指,食、中指并拢,指尖朝前,由上向下一挥。

（二）双手侧立,掌心相对,一顿一顿向一侧移动两下。

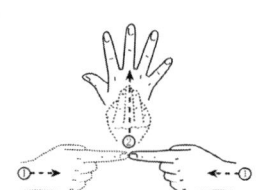

触发 chùfā

双手食指横伸,从两侧向中间移动并互触,然后右手五指撮合,指尖朝上,边向上移动边张开五指。

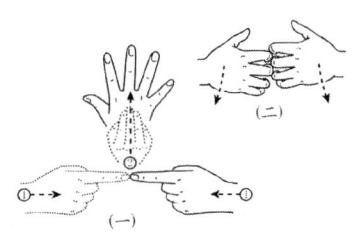

触发器 chùfāqì

（一）双手食指横伸，从两侧向中间移动并互触，然后右手五指撮合，指尖朝上，边向上移动边张开五指。

（二）双手五指弯曲，食、中、无名、小指关节交错相触，并转动一下。

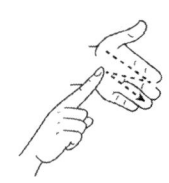

触摸屏 chùmōpíng

左手斜伸，掌心斜向后上方；右手伸食指，指尖在左手掌心上向右划动两下。

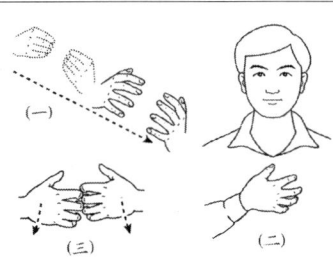

传感器 chuángǎnqì

（一）双手五指撮合，指尖斜向相对，边向斜下方移动边张开五指。

（二）一手五指微曲，指尖朝内，按于胸部。

（三）双手五指弯曲，食、中、无名、小指关节交错相触，并转动一下。

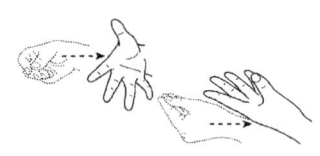

传送（传输） chuánsòng（chuánshū）

双手五指撮合，指尖斜向相对，边由外向内移动边张开五指。

（可根据传送对象的位置决定手的移动方向）

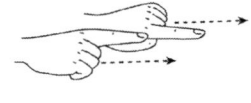

串行 chuànxíng

双手伸食指，指尖朝前，掌心向下，右手食指尖贴于左手食指根部，双手同时向前移动。

窗口 chuāngkǒu

双手拇、食指成"⊓"形。

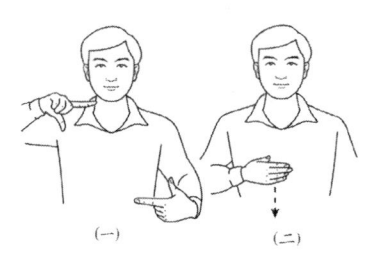

窗体 chuāngtǐ
（一）双手拇、食指成"⌐"形。
（二）一手掌心向内，贴于胸部，向下移动一下。

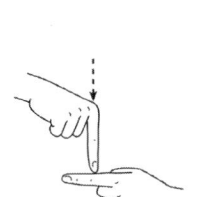

垂直 chuízhí
左手食指横伸；右手食指朝下，垂直落于左手食指中端。

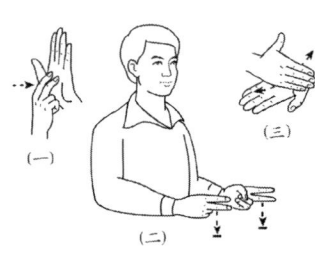

词法分析 cífǎfēnxī
（一）左手直立，掌心朝外；右手食、中指弯曲，指尖朝内，点一下左手掌心。
（二）双手食、中指分开，指尖朝前，同时向下一顿。
（三）左手横伸；右手侧立于左手掌心上，并左右拨动一下，面露思考的表情。

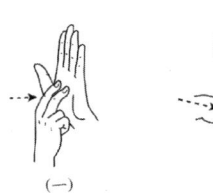

词库 cíkù
（一）左手直立，掌心朝外；右手食、中指弯曲，指尖朝内，点一下左手掌心。
（二）左手斜伸，掌心朝右下方；右手五指微曲，指尖朝下，移入左手下，象征将东西入库。

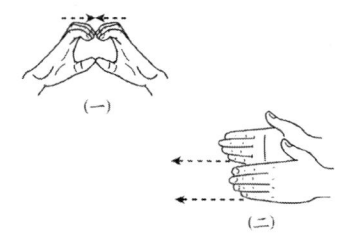

磁道 cídào
（一）双手打手指字母"C"的指式，指尖左右相对，向中间移动并互碰。
（二）双手侧立，掌心相对，向前移动。

磁盘 cípán
（一）双手打手指字母"C"的指式，指尖左右相对，向中间移动并互碰。
（二）双手拇、食指搭成圆形，虎口朝上。

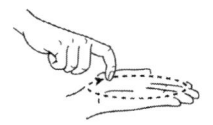
磁头 cítóu
　　左手平伸；右手食指弯曲，指尖朝下，在左手掌心上转动两下。

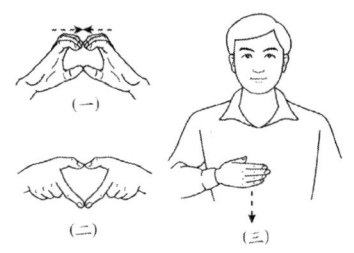
磁心体 cíxīntǐ
　　（一）双手打手指字母"C"的指式，指尖左右相对，向中间移动并互碰。
　　（二）双手拇、食指搭成"♡"形，置于胸部。
　　（三）一手掌心向内，贴于胸部，向下移动一下。

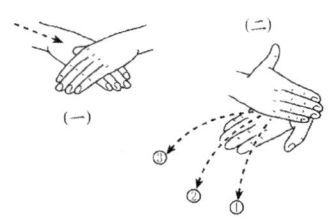
存储分配 cúnchǔfēnpèi
　　（一）左手横伸，掌心向下；右手平伸，掌心向下，由后向前移入左手下。
　　（二）左手平伸；右手横立于左手掌心上，然后向外不同方向拨动几下。

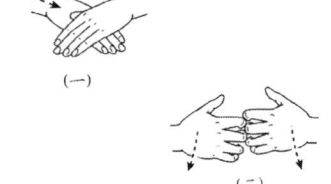
存储器 cúnchǔqì
　　（一）左手横伸，掌心向下；右手平伸，掌心向下，由后向前移入左手下。
　　（二）双手五指弯曲，食、中、无名、小指关节交错相触，并转动一下。

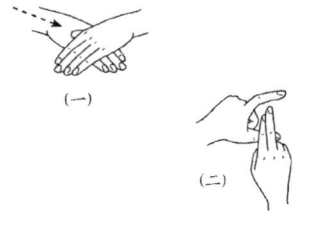
存储区 cúnchǔqū
　　（一）左手横伸，掌心向下；右手平伸，掌心向下，由后向前移入左手下。
　　（二）左手拇、食指成"匚"形，虎口朝内；右手食、中指相叠，置于左手虎口内，仿"区"字形。

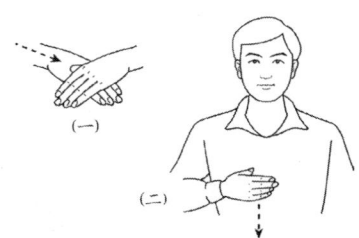
存储体 cúnchǔtǐ
　　（一）左手横伸，掌心向下；右手平伸，掌心向下，由后向前移入左手下。
　　（二）一手掌心向内，贴于胸部，向下移动一下。

存取　cúnqǔ

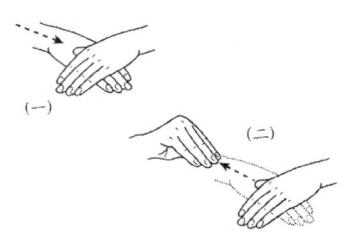

（一）左手横伸，掌心向下；右手平伸，掌心向下，由后向前移入左手下。

（二）左手横伸，掌心向下；右手平伸，掌心向下，边从左手掌心下向后移出边撮合五指。

措施　cuòshī

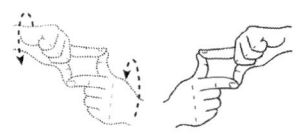

双手拇、食指张开，先一正一反，再一反一正，交替搭成方形。

D

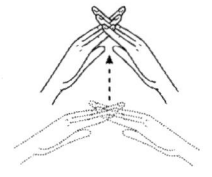
搭建 dājiàn
双手横伸，五指交叉咬合，然后向上抬起，如房顶状。

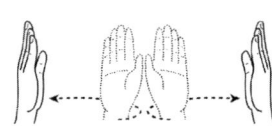
打开 dǎkāi
双手并排直立，掌心向外，然后边向两侧移动边向内转动90度，掌心相对。

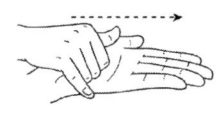
打印① dǎyìn ①
左手平伸；右手打手指字母"Y"的指式，手背向上，在左手掌心上由后向前移动，用于表示激光打印。

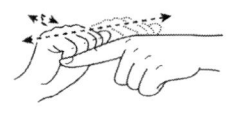
打印② dǎyìn ②
左手食指横伸；右手握拳，手背向内，左右来回敲击几下左手食指，用于表示针式打印。

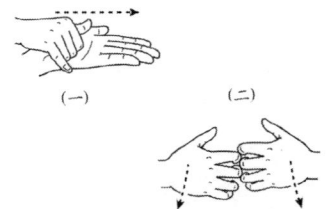
打印机 dǎyìnjī
（一）左手平伸；右手打手指字母"Y"的指式，手背向上，在左手掌心上由后向前移动，用于表示激光打印。
（二）双手五指弯曲，食、中、无名、小指关节交错相触，并转动一下。
（可根据实际模仿打印机的工作状态）

打字 dǎzì

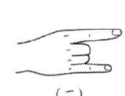

（一）双手五指弯曲，指尖朝下，交替点动几下，仿敲键盘打字样。
（二）一手打手指字母"Z"的指式。

大写 dàxiě

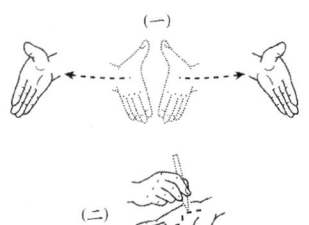

（一）双手侧立，掌心相对，同时向两侧移动，幅度要大些。
（二）左手横伸；右手如执笔状，在左手掌心上做写字的动作。

代理服务器 dàilǐfúwùqì

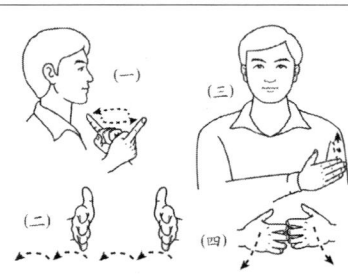

（一）双手食指直立，手腕相搭，前后转动一下。
（二）双手侧立，掌心相对，一顿一顿向一侧移动两下。
（三）右手横立，在左上臂处向上抹两下。
（四）双手五指弯曲，食、中、无名、小指关节交错相触，并转动一下。

代码 dàimǎ

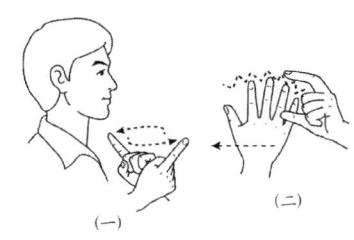

（一）双手食指直立，手腕相搭，前后转动一下。
（二）左手拇、食指成"匚"形；右手五指直立分开，手背向外，在"匚"形内从左向右连续点动手指，表示一串数码。

单板机 dānbǎnjī

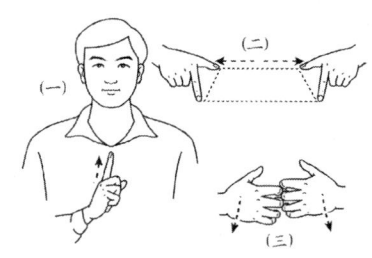

（一）一手食指直立，贴于胸前，向上微动一下。
（二）双手拇、食指张开，指尖朝下，从中间向两侧拉开。
（三）双手五指弯曲，食、中、无名、小指关节交错相触，并转动一下。

单调函数 dāndiàohánshù

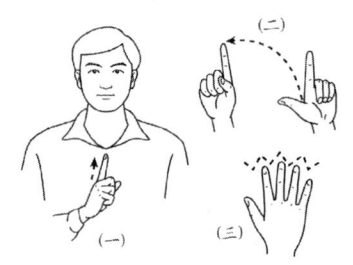

（一）一手食指直立，贴于胸前，向上微动一下。
（二）左手拇、食指成"⌐"形，虎口朝内；右手食指从左手虎口处向右上方划弧线，模仿函数的一种坐标表示法。
（三）一手直立，掌心向内，五指分开，交替点动几下。

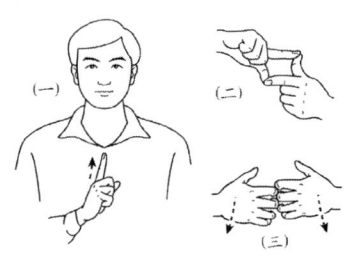

单片机 dānpiànjī
（一）一手食指直立，贴于胸前，向上微动一下。
（二）双手拇、食指搭成小"口"形。
（三）双手五指弯曲，食、中、无名、小指关节交错相触，并转动一下。

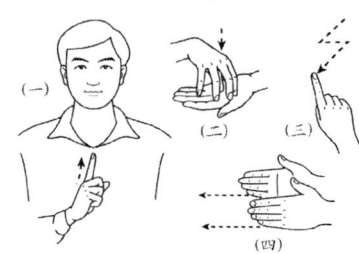

单稳电路 dānwěndiànlù
（一）一手食指直立，贴于胸前，向上微动一下。
（二）左手横伸；右手五指弯曲，指尖朝下，在左手掌心上向下一按。
（三）一手食指书空"ㄣ"形。
（四）双手侧立，掌心相对，向前移动。

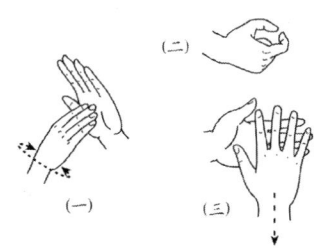

单元格 dānyuángé
（一）左手斜伸，掌心朝右下方；右手五指并拢，指尖抵于左手掌心，转动两下。
（二）一手拇、食指弯曲成一个圆形，指尖稍分开。
（三）双手五指张开，一横一竖搭成方格形，左手不动，右手向下移。

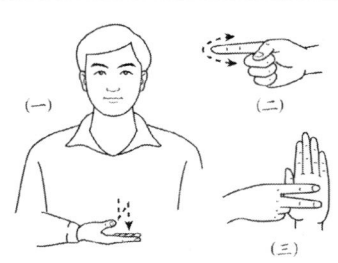

当前指示符 dāngqiánzhǐshìfú
（一）一手横伸，上下颠动两下。
（二）一手伸食指，指尖朝前，左右移动两下。
（三）左手直立，掌心向外；右手打手指字母"F"的指式，贴于左手掌心。

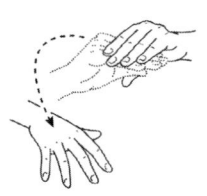

导出 dǎochū
左手五指成"⊏"形，虎口朝内；右手五指撮合，指尖朝前，从左手虎口内抽出，再向右前方做弧形移动并张开五指。
（可根据实际表示导出的形式）

导航 dǎoháng
左手握拳，虎口朝上；右手伸食指，指尖朝前，置于左手上，左右转动两下。

导航工具 dǎohánggōngjù

（一）左手握拳，虎口朝上；右手伸食指，指尖朝前，置于左手上，左右转动两下。
（二）左手食、中指与右手食指搭成"工"字形。
（三）双手食指指尖朝前，互碰一下，再分开并张开五指。

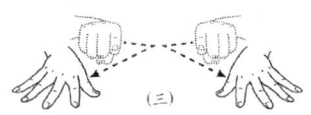

导入 dǎorù

左手五指成"匚"形，虎口朝内；右手五指分开，手背朝上，先从右前方向后做弧形移动，再撮合五指移入左手虎口内。

（可根据实际表示导入的形式）

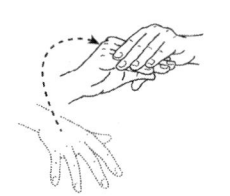

盗版 dàobǎn

（一）左手臂横伸，左手握拳；右手五指弯曲，置于左手臂下，然后边向右移动边握拳，表示暗中偷窃。
（二）双手平伸，掌心相对，指尖相抵，左手在下不动，右手向下一按。

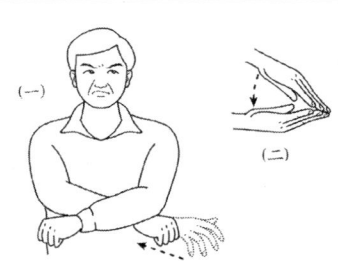

登录 dēnglù

左手拇、食指成"匚"形，虎口朝内；右手伸中、无名、小指，指尖朝前，在左手虎口处点一下。

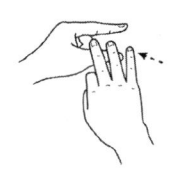

等差数列 děngchāshùliè

（一）右手食、中指横伸并稍分开，从左向右微移一下。
（二）双手平伸，掌心向下，左手不动，右手向下一沉。
（三）一手直立，掌心向内，五指分开，交替点动几下。
（四）一手拇、食指张开，指尖朝前，由上而下移动一下。

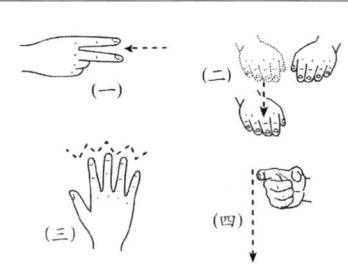

等级 děngjí

左手直立，掌心向右；右手平伸，掌心向下，贴左手掌心一顿一顿向上移动几下。

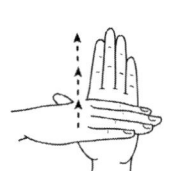

等价　děngjià
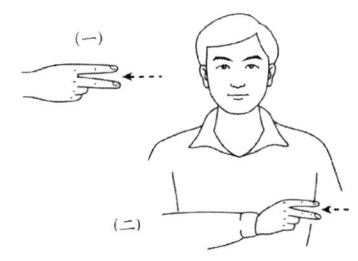
（一）右手食、中指横伸并稍分开，从左向右微移一下。
（二）右手伸食、中指，划一下左臂。

等效　děngxiào
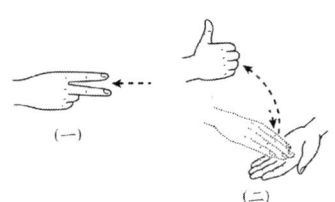
（一）右手食、中指横伸并稍分开，从左向右微移一下。
（二）左手横伸；右手掌先拍一下左手掌，再伸出拇指。

底纹　dǐwén
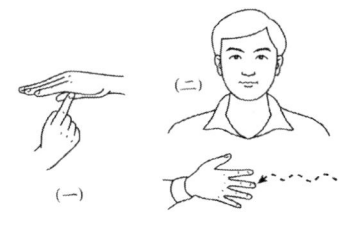
（一）左手横伸，掌心向下；右手伸食指，指一下左手掌心。
（二）一手五指张开，掌心贴于胸部，从一侧向另一侧做曲线形移动。

地址流　dìzhǐliú
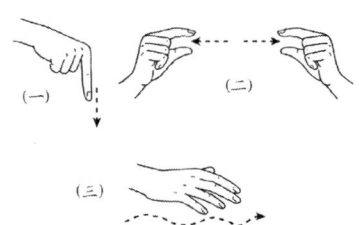
（一）一手伸食指，指尖朝下指一下。
（二）双手拇、食指微张，指尖相对，虎口朝内，从中间向两侧拉开。
（三）一手横伸，掌心向下，向一侧做波纹状移动。

递归　dìguī
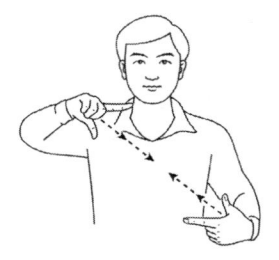
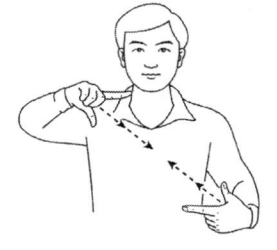
双手拇、食指成"⊐"形，然后边一顿一顿向中间移动边逐渐缩小。

点光源　diǎnguāngyuán
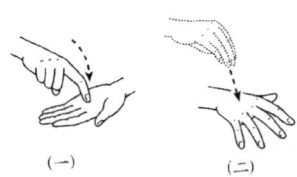
（一）左手横伸；右手食指朝下，在左手掌上点一下。
（二）一手五指撮合，指尖朝下，然后边向下移动边放开五指。
（可根据光源的位置决定手移动的方向）

点划线 diǎnhuàxiàn

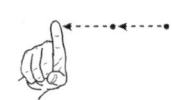

一手伸食指,指尖朝前一点,再横向划一下,然后再点一下,再划一下。
(可根据实际表示点划线的状态)

电缆 diànlǎn

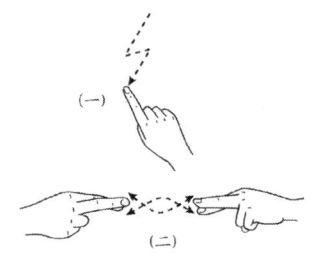

(一)一手食指书空"丩"形。
(二)双手食、中指相叠,指尖相对,边向相反方向拧动边向外拉开。

电源 diànyuán

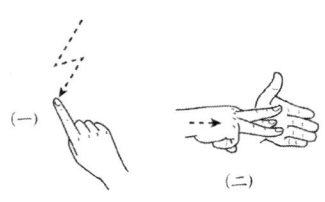

(一)一手食指书空"丩"形。
(二)左手侧立,掌心向右;右手食、中、无名指叉开,插向左手掌心。

电子版 diànzǐbǎn

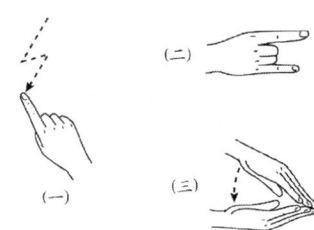

(一)一手食指书空"丩"形。
(二)一手打手指字母"Z"的指式。
(三)双手平伸,掌心相对,指尖相抵,左手在下不动,右手向下一按。

电子管 diànzǐguǎn

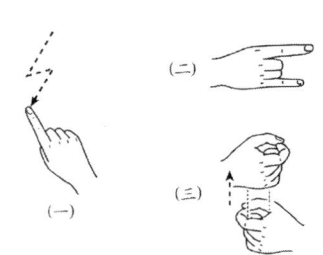

(一)一手食指书空"丩"形。
(二)一手打手指字母"Z"的指式。
(三)双手拇、食指捏成小圆形,上下相叠,左手在下不动,右手向上微移。

电子商务 diànzǐshāngwù

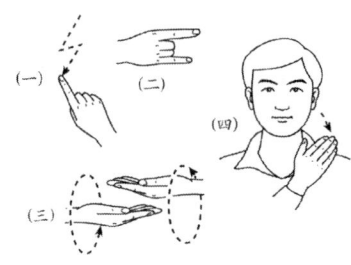

(一)一手食指书空"丩"形。
(二)一手打手指字母"Z"的指式。
(三)双手横伸,前后交替转动两下。
(四)右手食、中、无名、小指并拢,按向左肩部。

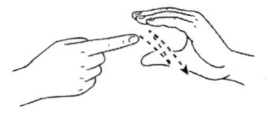
电子邮件（发邮件） diànzǐyóujiàn（fāyóujiàn）
　　左手五指成"匚"形，虎口朝内；右手食指横伸，自左手虎口中部反复向外划动两下。

电子邮箱 diànzǐyóuxiāng
　　左手五指成"匚"形，虎口朝内；右手横伸，自左手虎口中部反复向外划动两下。

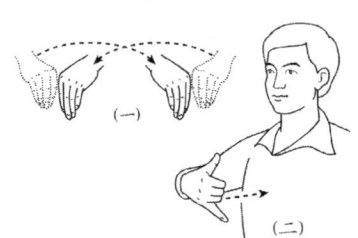
调度 diàodù
　　（一）双手五指撮合，指尖上下相对，交替平行转动两下。
　　（二）双手平伸，掌心向下，五指分开，前后交替微按两下。

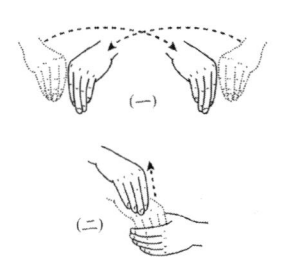
调入 diàorù
　　（一）双手五指撮合，指尖朝下，然后腕部交叉互换位置。
　　（二）一手伸拇、小指，指尖朝内，从外向里移至胸前。

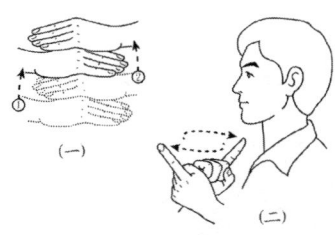
调用 diàoyòng
　　（一）双手五指撮合，指尖朝下，然后腕部交叉互换位置。
　　（二）左手五指成"匚"形；右手五指撮合，指尖朝下，从左手虎口内抽出。

迭代 diédài
　　（一）双手横伸，掌心向下，交替向上迭起。
　　（二）双手食指直立，手腕相搭，前后转动一下。

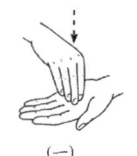 

定点 dìngdiǎn
（一）左手横伸；右手五指撮合，指尖朝下，按于左手掌心。
（二）左手横伸；右手食指朝下，在左手掌上点一下。

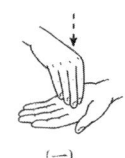 

定时 dìngshí
（一）左手横伸；右手五指撮合，指尖朝下，按于左手掌心。
（二）左手侧立；右手伸拇、食指，拇指尖抵于左手掌心，食指向下转动。

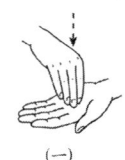 

定位 dìngwèi
（一）左手横伸；右手五指撮合，指尖朝下，按于左手掌心。
（二）左手横伸；右手伸拇指，置于左手掌心上。

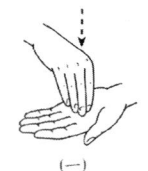 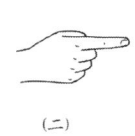

定义 dìngyì
（一）左手横伸；右手五指撮合，指尖朝下，按于左手掌心。
（二）一手食指横伸。

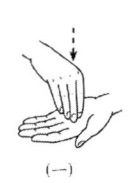 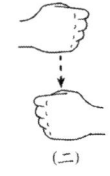

定制 dìngzhì
（一）左手横伸；右手五指撮合，指尖朝下，按于左手掌心。
（二）双手握拳，一上一下，右拳向下砸一下左拳。

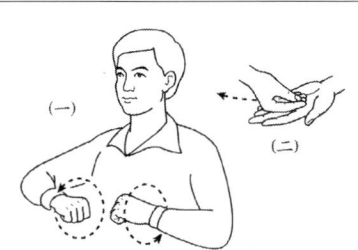

动画 dònghuà
（一）双手握拳屈肘，前后交替转动两下。
（二）左手横伸；右手五指撮合，手背在左手掌心上抹一下。

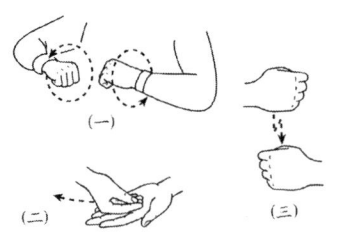

动画制作 dònghuàzhìzuò
（一）双手握拳屈肘，前后交替转动两下。
（二）左手横伸；右手五指撮合，手背在左手掌心上抹一下。
（三）双手握拳，一上一下，右拳向下砸两下左拳。

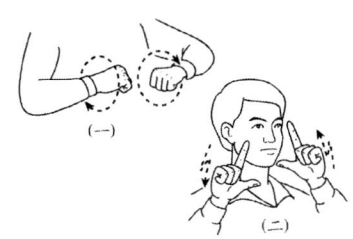

动态 dòngtài
（一）双手握拳屈肘，前后交替转动两下。
（二）双手拇、食指成"∟⏋"形，置于脸颊两侧，上下交替动两下。

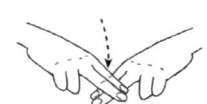

冻结 dòngjié
双手食、中指并拢，手背向上，左手不动，右手由上而下斜向搭于左手食、中指上。

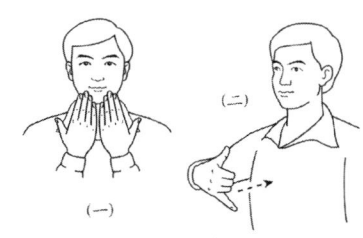

读入 dúrù
（一）双手斜伸，掌心向内，如读书状。
（二）一手伸拇、小指，指尖朝内，从外向里移至胸前。

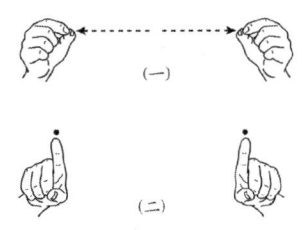

端点 duāndiǎn
（一）双手拇、食指相捏，从中间向两侧拉开。
（二）双手伸食指，指尖朝前一点，表示线的两端。

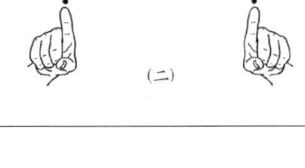

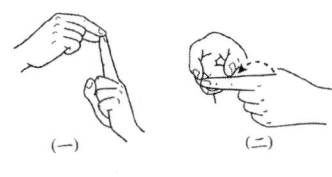

端节点 duānjiédiǎn
（一）左手食指直立；右手拇、食指捏住左手食指指尖。
（二）左手食指横伸；右手拇、食指弯曲，指尖先抵于左手食指指根，再抵于指中关节和指尖处。

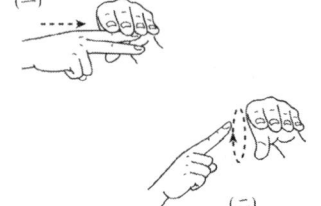

端口　duānkǒu

（一）左手五指成"匚"形，虎口朝内；右手食、中指分开，手背向上，插入左手虎口内。
（二）左手五指成"匚"形，虎口朝内；右手伸食指，指尖朝外，沿左手虎口转一圈。

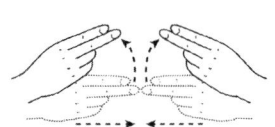

短路　duǎnlù

双手食、中指并拢，从两侧向中间移动至指尖相抵，然后立即同时向上抬起，仿电线短路后崩断状。

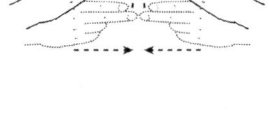

段①　duàn ①

双手横伸，掌心向下，一上一下，用于表示文章段。

段②　duàn ②

双手食指直立，一顿一顿向一侧移动两下，用于表示字段、时间段。

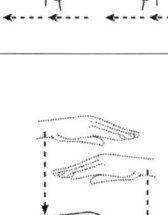

段落　duànluò

双手横伸，掌心向下，一上一下，然后同时向下移动一次。

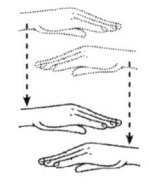

段名　duànmíng

（一）双手横伸，掌心向下，一上一下。
（二）左手中、无名、小指横伸；右手伸食指，自左手中指向下划动。

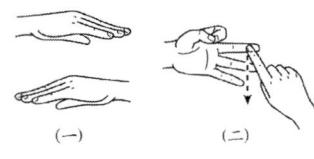

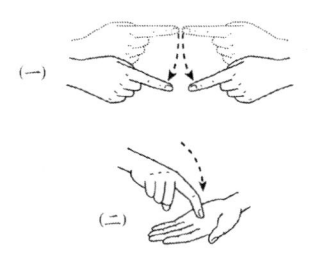

断点 duàndiǎn
（一）双手食指横伸，指尖相对，同时向下一甩。
（二）左手横伸；右手食指朝下，在左手掌上点一下。

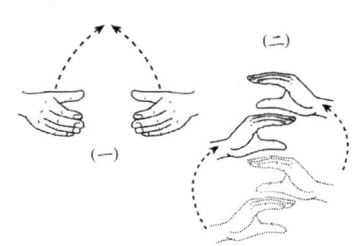

堆叠 duīdié
（一）双手五指弯曲，掌心相对，由下而上做弧形移动。
（二）双手五指成"⊏⊐"形，虎口朝内，交替向上移动。

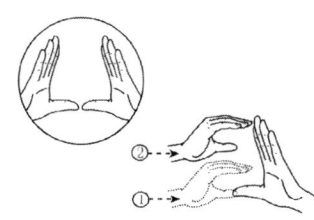

堆栈 duīzhàn
双手五指成"⌊⌋"形，虎口朝内，然后左手不动，右手五指成"⊐"形，由下而上移向左手两次，仿堆栈的数据排列结构。

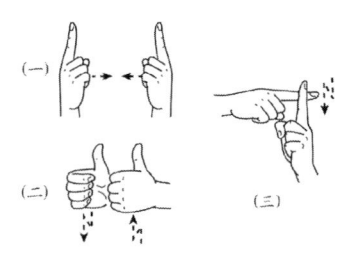

对比度 duìbǐdù
（一）双手食指直立，指面相对，从两侧向中间微移。
（二）双手伸拇指，上下交替动两下。
（三）左手食指直立；右手食指横贴在左手食指上，然后上下微动两下。

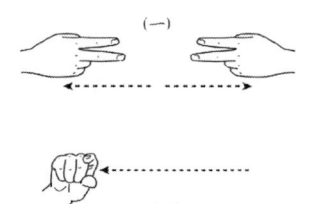

对等式 duìděngshì
（一）双手食、中指横伸并稍分开，手背向外，指尖相对，从中间向两侧移动一下。
（二）一手拇、食指张开，指尖朝前，由左向右移动一下。

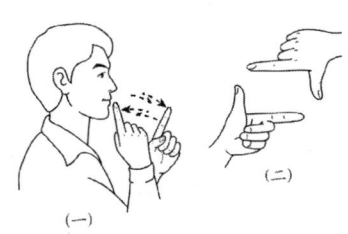

对话框 duìhuàkuàng
（一）双手食指直立，在嘴前前后交替挥动两下。
（二）双手拇、食指成"⊐"形。

对齐 duìqí

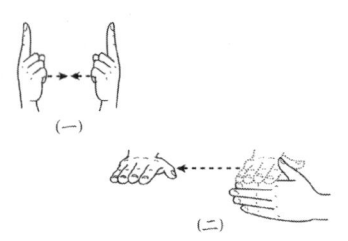

（一）双手食指直立,指面相对,从两侧向中间微移。
（二）左手横立；右手平伸,掌心向下,在左手上由左向右划一下。

对象 duìxiàng

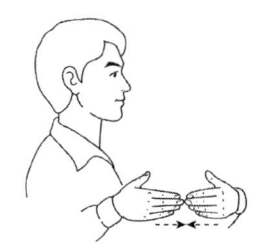

双手侧立,指尖前后相对,同时移动至指尖相抵。

多边形 duōbiānxíng

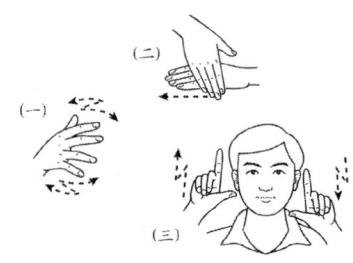

（一）一手侧立,五指张开,向外抖动几下。
（二）左手横伸,掌心向下；右手食、中、无名、小指并拢,指尖朝下,沿左手小指边缘划一下。
（三）双手拇、食指成"⌊⌋"形,置于脸颊两侧,上下交替动两下。

多播（组播） duōbō (zǔbō)

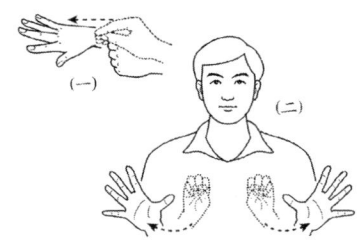

（一）左手握拳,虎口朝上；右手五指撮合,手背向上,置于左手上,然后边向前移动边放开五指,象征多播一点对多点的通信。
（二）双手五指撮合,指尖朝前,然后放开五指。

多媒体 duōméitǐ

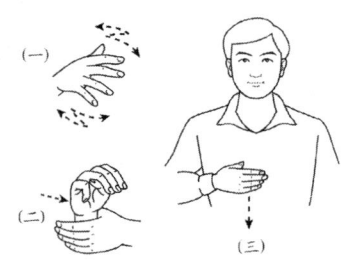

（一）一手侧立,五指张开,向外抖动几下。
（二）左手五指成半圆形,虎口朝上；右手打手指字母"M"的指式,手腕碰一下左手虎口。
（三）一手掌心向内,贴于胸部,向下移动一下。

多视图 duōshìtú

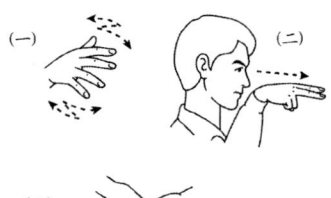

（一）一手侧立,五指张开,向外抖动几下。
（二）一手食、中指分开,指尖朝前,从眼部向前伸一下。
（三）左手横伸；右手五指撮合,指背在左手掌心上抹一下。

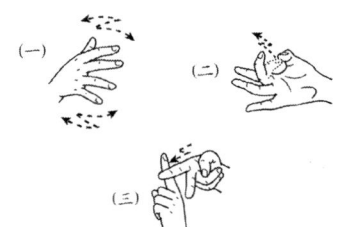

多义性 duōyìxìng

（一）一手侧立，五指张开，向外抖动几下。

（二）一手平伸，掌心向上，拇、中指相捏，弹动两下。

（三）左手食指直立；右手食、中指横伸并分开，交替弹一下左手食指背。

E

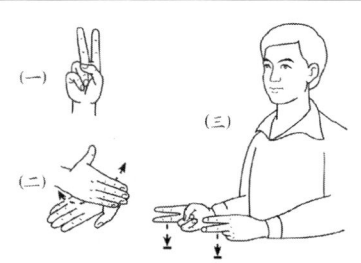

二分法（折半法） èrfēnfǎ (zhébànfǎ)
（一）一手食、中指直立，手背向内。
（二）左手横伸；右手侧立于左手掌心上，并左右拨动一下。
（三）双手食、中指分开，指尖朝前，同时向下一顿。

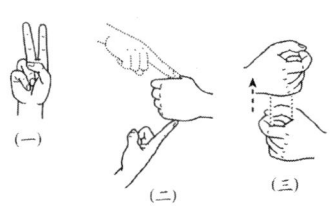

二极管 èrjíguǎn
（一）一手食、中指直立，手背向内。
（二）左手握拳；右手伸食指，先指一下左手虎口，再指一下左手底部。
（三）双手拇、食指捏成小圆形，上下相叠，左手在下不动，右手向上微移。

二维 èrwéi
（一）一手食、中指直立，手背向内。
（二）一手打手指字母"W"的指式。

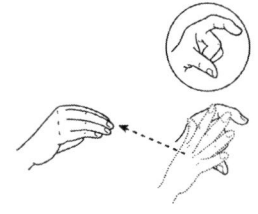

二维码 èrwéimǎ
左手拇、食指成"⊂"形，虎口朝内；右手五指张开，置于左手虎口上，然后边向后移动边撮合五指。

F

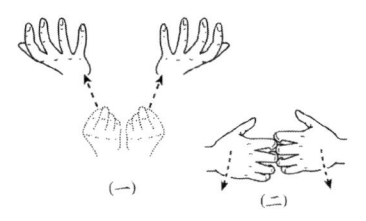

发生器 fāshēngqì
（一）双手五指撮合，指尖朝上，然后边向上微移边张开五指。
（二）双手五指弯曲，食、中、无名、小指关节交错相触，并转动一下。

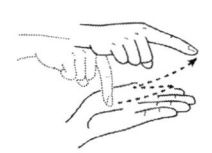

发送 fāsòng
左手平伸；右手食指指尖朝下，从左手掌心上连续向外划动两下。

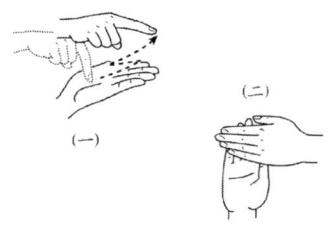

发帖 fātiě
（一）左手平伸；右手食指指尖朝下，从左手掌心上连续向外划动两下。
（二）左手横立；右手直立，贴于左手掌心。

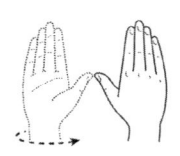

翻转 fānzhuǎn
一手直立，掌心向前，然后翻转为掌心向后。
（可根据实际情况选择翻转的动作）

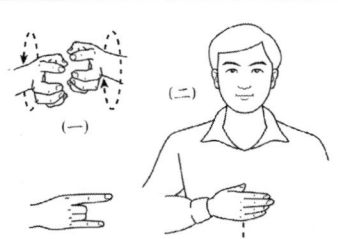

繁体字 fántǐzì
（一）双手五指弯曲，指尖左右相对，前后反向转动两下。
（二）一手掌心向内，贴于胸部，向下移动一下。
（三）一手打手指字母"Z"的指式。

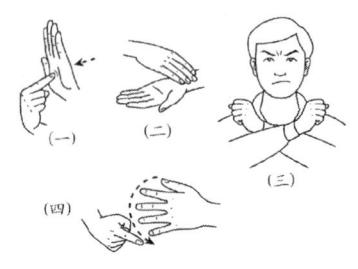

反病毒程序 fǎnbìngdúchéngxù

（一）左手直立，掌心朝外；右手食指指尖抵于左手掌心，左手用力向前推出。
（二）左手平伸，掌心向上；右手五指并拢，食、中、无名指指尖按于左手腕脉门处。
（三）双手握拳屈肘，腕部交叉置于胸部，仿毒品警示标识。
（四）左手横立，五指分开；右手伸食指，自左手拇指依次向下划动。

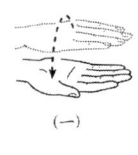 

反例 fǎnlì

（一）一手平伸，掌心向下，然后翻转为掌心向上。
（二）左手直立，掌心朝外；右手食指指尖抵于左手掌心，双手向前微动一下。

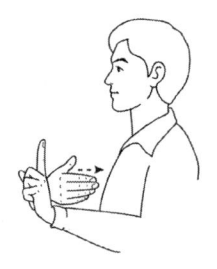

反码 fǎnmǎ

（一）一手平伸，掌心向下，然后翻转为掌心向上。
（二）左手拇、食指成"匚"形；右手五指直立分开，手背向外，在"匚"形内从左向右连续点动手指，表示一串数码。

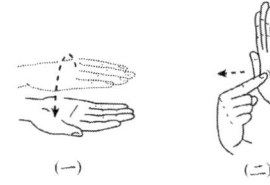

反向 fǎnxiàng

左手食指直立；右手侧立，指尖朝内，由外向内移动一下。

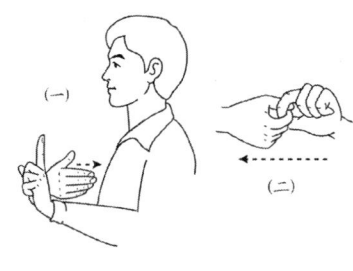

反向链接 fǎnxiàngliànjiē

（一）左手食指直立；右手侧立，指尖朝内，由外向内移动一下。
（二）双手拇、食指套环，向一侧移动一下。

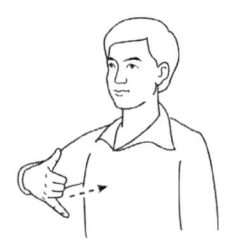

返回 fǎnhuí

一手伸拇、小指，指尖朝内，从外向里移至胸前。

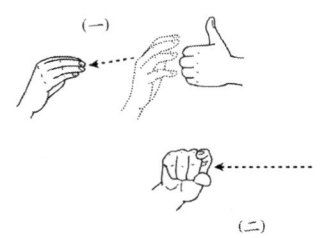

范式 fànshì
（一）左手伸拇指，掌心向内；右手五指张开对着左手，然后边向右移动边收拢五指。
（二）一手拇、食指张开，指尖朝前，由左向右移动一下。

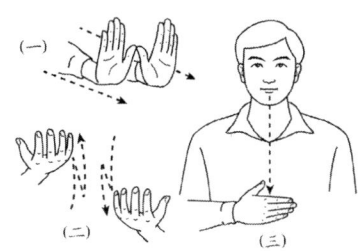

防火墙 fánghuǒqiáng
（一）双手直立，掌心向外推出。
（二）双手五指微曲并张开，指尖朝上，上下交替动两下，如火苗跳动状。
（三）一手横立，掌心向内，由上而下移动。

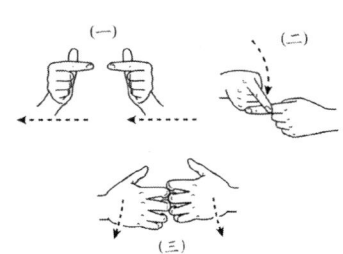

仿真器 fǎngzhēnqì
（一）双手拇、食指搭成"十"字形，同时向一侧移动。
（二）左手食指横伸；右手食指先直立，再向下敲一下左手食指。
（三）双手五指弯曲，食、中、无名、小指关节交错相触，并转动一下。

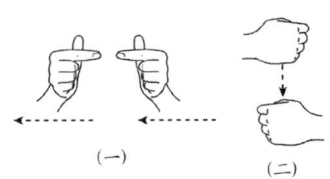

仿制 fǎngzhì
（一）双手拇、食指搭成"十"字形，同时向一侧移动。
（二）双手握拳，一上一下，右拳向下砸一下左拳。

访问（询问） fǎngwèn (xúnwèn)
一手五指微曲，掌心向外，前后微动两下。

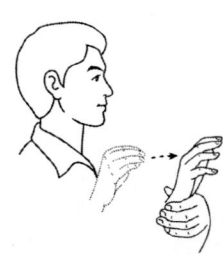

放映 fàngyìng
左手五指成半圆形，虎口朝上；右手五指撮合，指尖朝前，边手腕碰向左手虎口边张开五指。

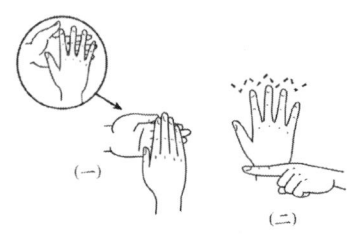

分辨率 fēnbiànlǜ

（一）双手五指分开，一横一竖搭成方格形，然后手指做开合的动作。

（二）左手食指横伸；右手直立，掌心向内，手腕贴于左手食指，五指交替点动几下。

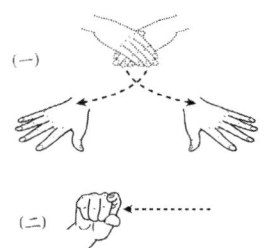

分布式 fēnbùshì

（一）双手斜向相叠，掌心朝下，五指并拢，边向两侧移动边张开五指。

（二）一手拇、食指张开，指尖朝前，由左向右移动一下。

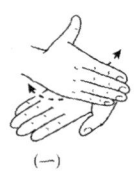 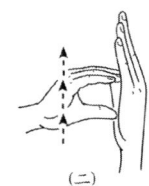

分层 fēncéng

（一）左手横伸；右手侧立于左手掌心上，并左右拨动一下。

（二）左手直立，掌心向右；右手五指成"冂"形，指尖抵于左手掌心，并一顿一顿向上移。

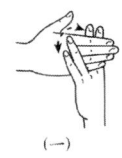 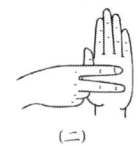

分隔符 fēngéfú

（一）左手直立，掌心向内；右手侧立于左手中、无名指指缝间，并向两边做分开的动作。

（二）左手直立，掌心向外；右手打手指字母"F"的指式，贴于左手掌心。

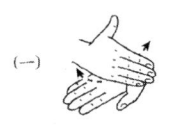

分解 fēnjiě

（一）左手横伸；右手侧立于左手掌心上，并左右拨动一下。

（二）双手五指撮合，指尖朝下，从中间向两侧移动。

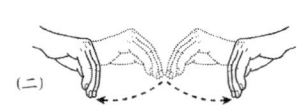

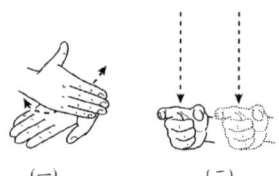

分栏 fēnlán

（一）左手横伸；右手侧立于左手掌心上，并左右拨动一下。

（二）一手拇、食指张开，指尖朝前，虎口朝上，由上向下、由左向右移动两下。

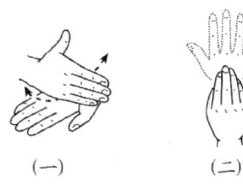

分类 fēnlèi

（一）左手横伸；右手侧立于左手掌心上，并左右拨动一下。

（二）一手五指张开，指尖朝上，边向下移动边撮合五指。

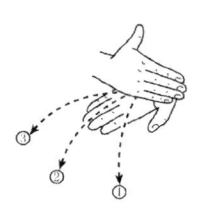

分配 fēnpèi

左手平伸；右手横立于左手掌心上，然后向外不同方向拨动几下。

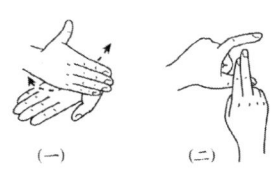

分区 fēnqū

（一）左手横伸；右手侧立于左手掌心上，并左右拨动一下。

（二）左手拇、食指成"匚"形，虎口朝内；右手食、中指相叠，置于左手虎口内，仿"区"字形。

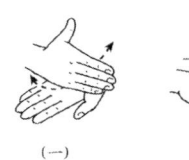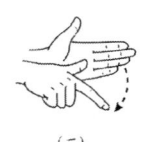

分时 fēnshí

（一）左手横伸；右手侧立于左手掌心上，并左右拨动一下。

（二）左手侧立；右手伸拇、食指，拇指尖抵于左手掌心，食指向下转动。

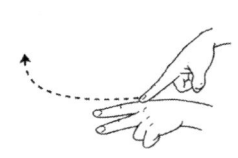

分支 fēnzhī

左手食、中指分开，指尖朝前；右手食指沿左手食指向右移动，表示分支。

封装 fēngzhuāng

（一）左手五指成半圆形，虎口朝上；右手五指撮合，由上而下移入左手虎口内。

（二）双手食、中指并拢，搭成"×"形，手背向上，同时向斜后方移动一下。

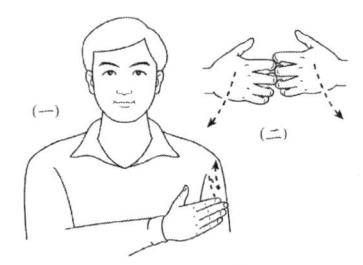

服务器 fúwùqì

（一）右手横立，在左上臂处向上抹两下。
（二）双手五指弯曲，食、中、无名、小指关节交错相触，并转动一下。

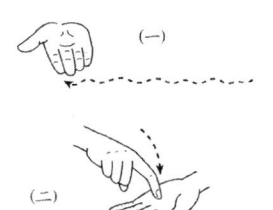

浮点 fúdiǎn

（一）一手平伸，掌心向上，边上下微微晃动边向一侧移动。
（二）左手横伸；右手食指朝下，在左手掌上点一下。

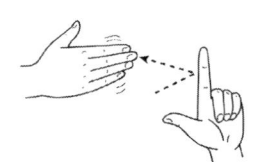

浮动 fúdòng

左手拇、食指成"⌐"形，掌心向外；右手横立，指尖碰一下左手食指，然后边微微晃动边向右上方移动，仿计算机处于屏幕保护时出现的浮动的图形。

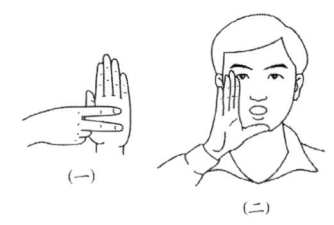

符号 fúhào

（一）左手直立，掌心向外；右手打手指字母"F"的指式，贴于左手掌心。
（二）一手五指成"⌐"形，虎口贴于嘴边，口微张。

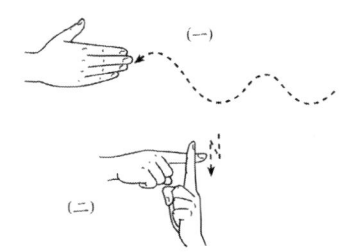

幅度 fúdù

（一）一手横立，掌心向内，做横向波纹状移动。
（二）左手食指直立；右手食指横贴在左手食指上，然后上下微动两下。
（可根据实际表示幅度的情况）

辅助 fǔzhù

左手伸拇指；右手掌轻拍两下左手拇指背。

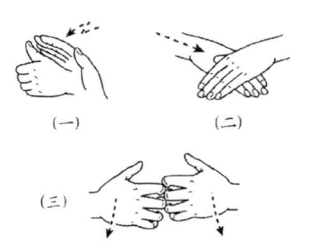

辅助存储器　fǔzhùcúnchǔqì
（一）左手伸拇指；右手掌轻拍两下左手拇指背。
（二）左手横伸，掌心向下；右手平伸，掌心向下，由后向前移入左手下。
（三）双手五指弯曲，食、中、无名、小指关节交错相触，并转动一下。

负载　fùzài
右手五指成"⊐"形，按向左肩部。

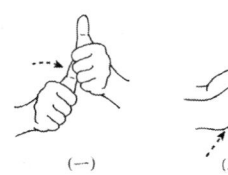

附加　fùjiā
（一）双手伸拇指，左手不动，右手拇指靠向左手掌心。
（二）左手侧立；右手拇、食指捏成小圆形，贴向左手掌心。

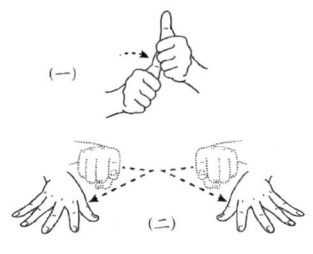

附件　fùjiàn
（一）双手伸拇指，左手不动，右手拇指靠向左手掌心。
（二）双手食指指尖朝前，互碰一下，再分开并张开五指。

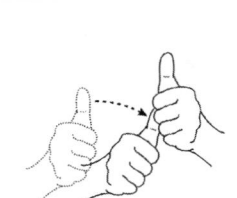

附着　fùzhuó
双手伸拇指，左手不动，右手拇指靠向左手掌心。

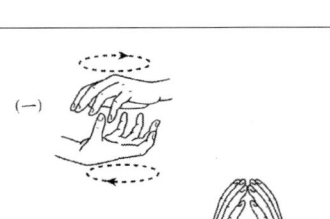

复合　fùhé
（一）双手五指微曲，掌心上下相对，交替平行转动两下。
（二）双手直立，五指微曲，从两侧向中间移动。

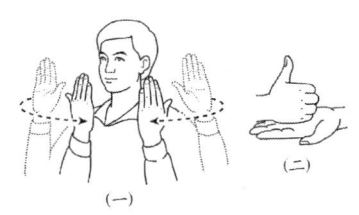

复位 fùwèi

（一）双手直立，掌心向外，置于头两侧，边向前移动边转为掌心向内。

（二）左手横伸；右手伸拇指，置于左手掌心上。

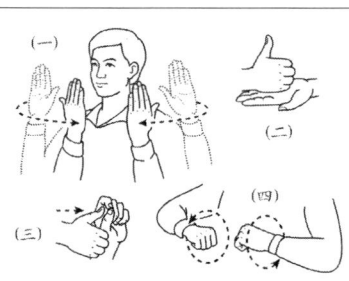

复位启动 fùwèiqǐdòng

（一）双手直立，掌心向外，置于头两侧，边向前移动边转为掌心向内。

（二）左手横伸；右手伸拇指，置于左手掌心上。

（三）左手拇、食指相捏成圆形，虎口朝内；右手伸拇指，朝左手虎口处按一下。

（四）双手握拳屈肘，前后交替转动两下。

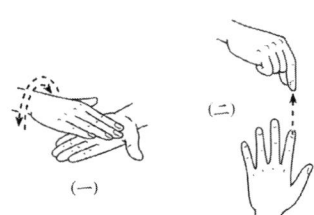

复选 fùxuǎn

（一）左手横伸，掌心向上；右手平伸，掌心贴于左手掌心，然后翻转为掌心向上。

（二）左手直立，五指张开，掌心向内；右手拇、食指捏一下左手食指，然后向上一提。

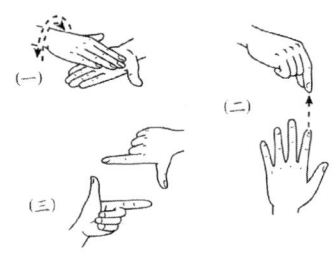

复选框 fùxuǎnkuàng

（一）左手横伸，掌心向上；右手平伸，掌心贴于左手掌心，然后翻转为掌心向上。

（二）左手直立，五指张开，掌心向内；右手拇、食指捏一下左手食指，然后向上一提。

（三）双手拇、食指成"⌐"形。

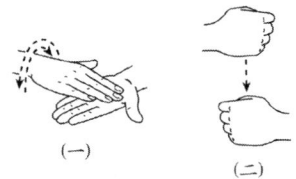

复制 fùzhì

（一）左手横伸，掌心向上；右手平伸，掌心贴于左手掌心，然后翻转为掌心向上。

（二）双手握拳，一上一下，右拳向下砸一下左拳。

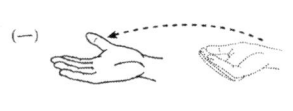

赋值 fùzhí

（一）一手五指撮合，边向外移动边张开五指，如给别人东西。

（二）左手食指直立；右手食指横贴在左手食指上，然后上下微动两下。

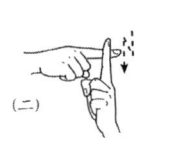

覆盖 fùgài

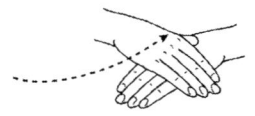
左手横伸,掌心向下;右手平伸,由右向左移过左手。

G

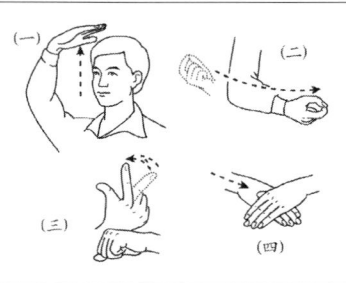

高速缓存 gāosùhuǎncún
（一）一手横伸，掌心向下，向上举过头。
（二）一手拇、食指捏成小圆形，从一侧向另一侧做快速划动。
（三）双手手背相贴，左手握拳，右手伸拇、食指，食指指尖朝上，前后晃动两下。
（四）左手横伸，掌心向下；右手平伸，掌心向下，由后向前移入左手下。

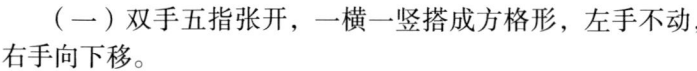

格式 géshì
（一）双手五指张开，一横一竖搭成方格形，左手不动，右手向下移。
（二）一手拇、食指张开，指尖朝前，由左向右移动一下。

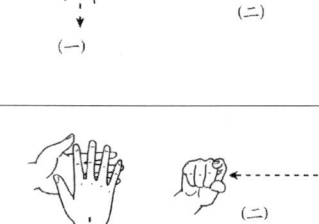

格式符 géshìfú
（一）双手五指张开，一横一竖搭成方格形，左手不动，右手向下移。
（二）一手拇、食指张开，指尖朝前，由左向右移动一下。
（三）左手直立，掌心向外；右手打手指字母"F"的指式，贴于左手掌心。

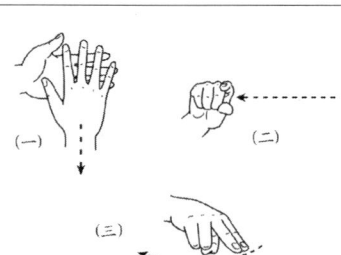

格式化 géshìhuà
（一）双手五指张开，一横一竖搭成方格形，左手不动，右手向下移。
（二）一手拇、食指张开，指尖朝前，由左向右移动一下。
（三）一手打手指字母"H"的指式，指尖朝前斜下方，由左向右划动一下。

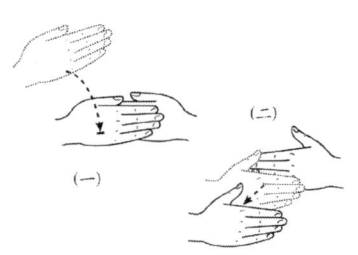

隔离 gélí
（一）双手横立，左手在后不动，右手向下一顿，挡住左手。
（二）双手横立，左手在后不动，右手向前移动一下。

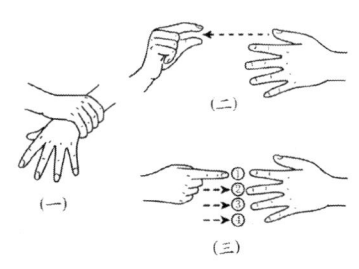

根目录 gēnmùlù
（一）右手握住左手腕；左手五指分开，指尖朝下。
（二）左手横立，五指分开；右手拇、食指张开，指尖朝左，自左手拇指旁向右移动一下。
（三）左手横立，五指分开；右手握拳，然后依次伸出食、中、无名、小指，表示数字一、二、三、四……

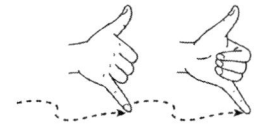

跟踪 gēnzōng
双手伸拇、小指，一前一后，同时向前移动。

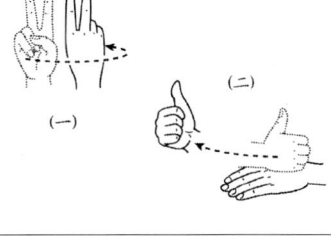

更新 gēngxīn
（一）一手食、中指直立分开，由掌心向外转为掌心向内。
（二）左手横伸，掌心向下；右手伸拇指，从左手背上向左手指尖方向划动。

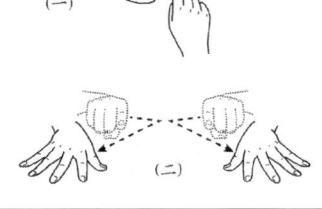

工具 gōngjù
（一）左手食、中指与右手食指搭成"工"字形。
（二）双手食指指尖朝前，互碰一下，再分开并张开五指。

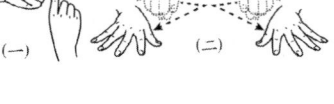
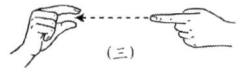

工具栏 gōngjùlán
（一）左手食、中指与右手食指搭成"工"字形。
（二）双手食指指尖朝前，互碰一下，再分开并张开五指。
（三）左手食指横伸；右手拇、食指张开，指尖朝左，自左手食指处向右拉动。

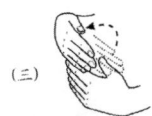

工具箱 gōngjùxiāng
（一）左手食、中指与右手食指搭成"工"字形。
（二）双手食指指尖朝前，互碰一下，再分开并张开五指。
（三）左手横立，掌心向内；右手横伸，掌心向下，贴于左手上，然后向上翻动，如开箱盖状。

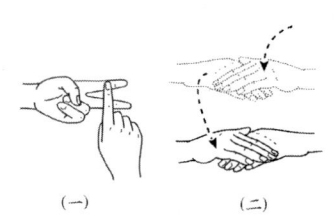

工艺 gōngyì
（一）左手食、中指与右手食指搭成"工"字形。
（二）双手横伸，掌心向下，互拍两下手背，表示手艺、技术之意。

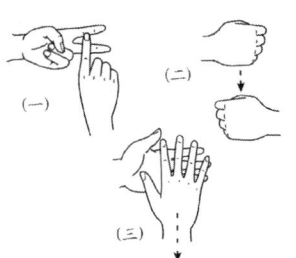

工作表 gōngzuòbiǎo
（一）左手食、中指与右手食指搭成"工"字形。
（二）双手握拳，一上一下，右拳向下砸一下左拳。
（三）双手五指张开，一横一竖搭成方格形，左手不动，右手向下移。

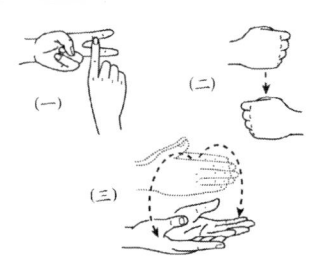

工作簿 gōngzuòbù
（一）左手食、中指与右手食指搭成"工"字形。
（二）双手握拳，一上一下，右拳向下砸一下左拳。
（三）双手侧立，掌心相合，再向两边打开。

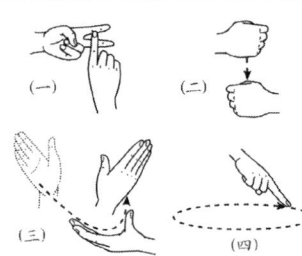

工作空间 gōngzuòkōngjiān
（一）左手食、中指与右手食指搭成"工"字形。
（二）双手握拳，一上一下，右拳向下砸一下左拳。
（三）左手斜伸，掌心斜向后上方；右手侧立，小指外缘由右向左朝左手虎口处刮一下。
（四）一手伸食指，指尖朝下划一大圈。

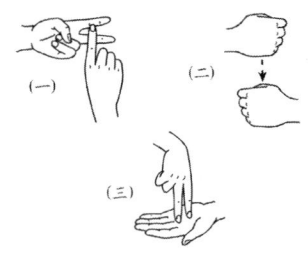

工作站 gōngzuòzhàn
（一）左手食、中指与右手食指搭成"工"字形。
（二）双手握拳，一上一下，右拳向下砸一下左拳。
（三）左手横伸；右手食、中指分开，指尖朝下，立于左手掌心上。

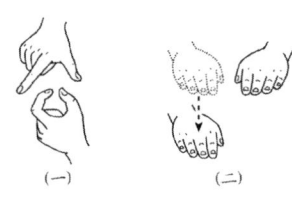

公差 gōngchā
（一）双手拇、食指搭成"公"字形，虎口朝外。
（二）双手平伸，掌心向下，左手不动，右手向下一沉。

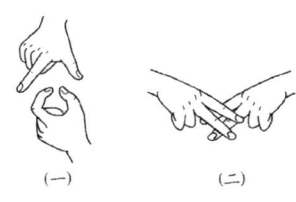

公共 gōnggòng
（一）双手拇、食指搭成"公"字形，虎口朝外。
（二）双手食、中指搭成"共"字形。

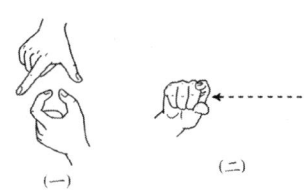

公式 gōngshì
（一）双手拇、食指搭成"公"字形，虎口朝外。
（二）一手拇、食指张开，指尖朝前，由左向右移动一下。

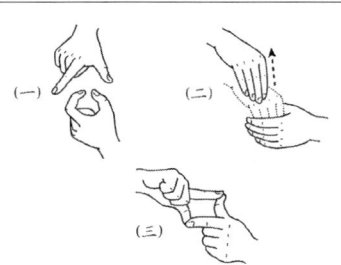

公用块 gōngyòngkuài
（一）双手拇、食指搭成"公"字形，虎口朝外。
（二）左手五指成"匚"形；右手五指撮合，指尖朝下，从左手虎口内抽出。
（三）双手拇、食指搭成"囗"形。

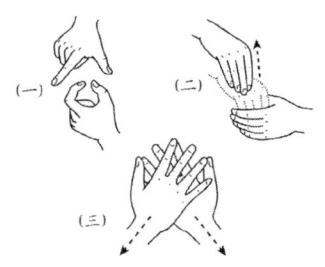

公用网 gōngyòngwǎng
（一）双手拇、食指搭成"公"字形，虎口朝外。
（二）左手五指成"匚"形；右手五指撮合，指尖朝下，从左手虎口内抽出。
（三）双手五指分开，手背向外，交叉搭成格子，并向两侧斜下方移动。

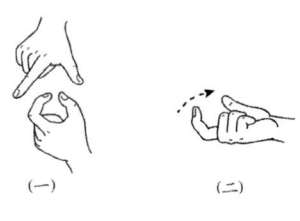

公有的 gōngyǒude
（一）双手拇、食指搭成"公"字形，虎口朝外。
（二）一手伸拇、食指，手背向下，拇指不动，食指向内弯动一下。

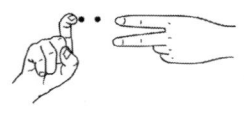

功能键 gōngnéngjiàn
左手打手指字母"F"的指式；右手食指弯曲，指尖朝前，由左向右点击两下，表示键盘上的"F"键是功能键。

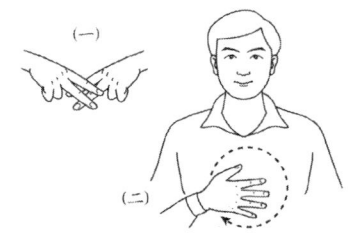

共享 gòngxiǎng

（一）双手食、中指搭成"共"字形。
（二）一手掌心向内，贴于胸部转动一下，脸露笑容。

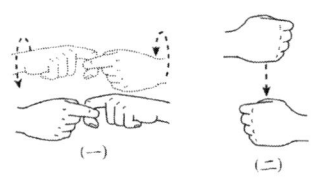

构造 gòuzào

（一）双手食指弯曲，互勾两下。
（二）双手握拳，一上一下，右拳向下砸一下左拳。

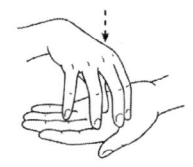

固定 gùdìng

左手横伸；右手五指弯曲，指尖朝下，在左手掌心上向下一按。

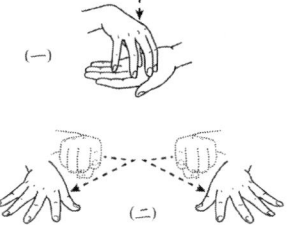

固件 gùjiàn

（一）左手横伸；右手五指弯曲，指尖朝下，在左手掌心上向下一按。
（二）双手食指指尖朝前，互碰一下，再分开并张开五指。

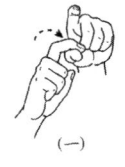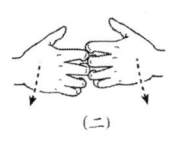

挂机 guàjī

（一）左手拇、食指成"⊏"形；右手食指微曲，挂在左手拇指上。
（二）双手五指弯曲，食、中、无名、小指关节交错相触，并转动一下。

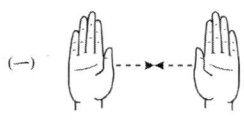

关机 guānjī

（一）双手直立，掌心向外，从两侧向中间移动。
（二）双手五指弯曲，食、中、无名、小指关节交错相触，并转动一下。

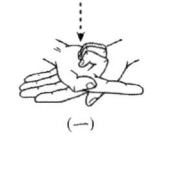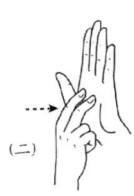

关键词 guānjiàncí

（一）左手横伸；右手伸食指，拇指尖按于食指根部，用力砸向左手掌心。

（二）左手直立，掌心朝外；右手食、中指弯曲，点一下左手掌心。

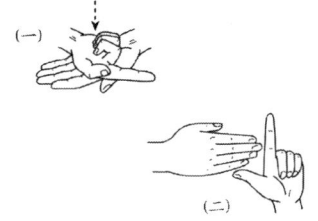

关键帧 guānjiànzhēn

（一）左手横伸；右手伸食指，拇指尖按于食指根部，用力砸向左手掌心。

（二）左手拇、食指成"⌊"形；右手横立，掌心向内，置于左手虎口内。

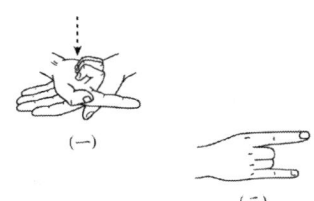

关键字 guānjiànzì

（一）左手横伸；右手伸食指，拇指尖按于食指根部，用力砸向左手掌心。

（二）一手打手指字母"Z"的指式。

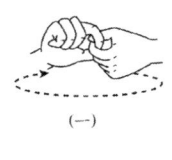

关联词 guānliáncí

（一）双手拇、食指套环，顺时针平行转一圈。

（二）左手直立，掌心朝外；右手食、中指弯曲，点一下左手掌心。

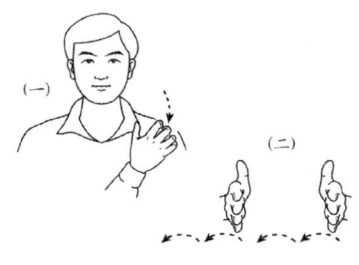

管理 guǎnlǐ

（一）右手五指微曲，指尖朝内，按向左肩部。

（二）双手侧立，掌心相对，一顿一顿向一侧移动两下。

光标 guāngbiāo

（一）一手五指撮合，指尖朝下，然后边向下移动边放开五指。

（二）一手伸食指，指尖朝前，随意移动两下。

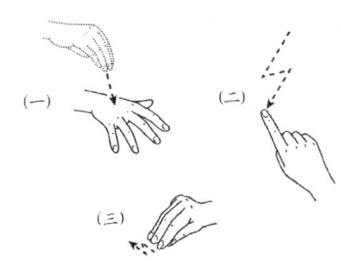

光电鼠标 guāngdiànshǔbiāo

（一）一手五指撮合，指尖朝下，然后边向下移动边放开五指。

（二）一手食指书空"4"形。

（三）一手五指撮合，手背向上，微动两下，如握鼠标移动状。

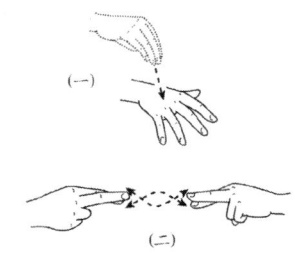

光缆 guānglǎn

（一）一手五指撮合，指尖朝下，然后边向下移动边放开五指。

（二）双手食、中指相叠，指尖相对，边向相反方向拧动边向外拉开。

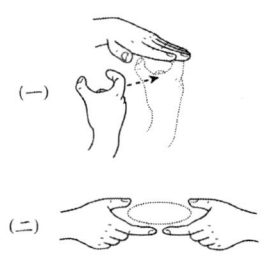

光盘 guāngpán

（一）左手横伸，掌心向下；右手拇、食指成半圆形，虎口朝上，从后向前移至左手下，仿光驱读入光盘状。

（二）双手拇、食指搭成圆形，虎口朝上。

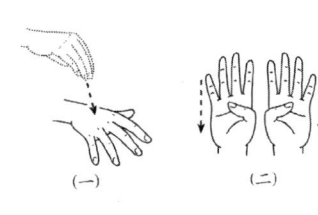

光栅 guāngshān

（一）一手五指撮合，指尖朝下，然后边向下移动边放开五指。

（二）双手拇指贴于掌心，其他四指直立分开，由上而下微移一下。

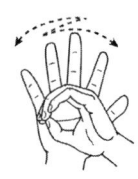

光晕 guāngyùn

左手五指相捏成圆形，虎口朝内；右手直立，掌心朝外，五指张开，在左手周边随意晃动几下。

广播 guǎngbō

一手五指微曲，对着嘴部，模仿话筒；然后双手直立，掌心向外，置于嘴的两边，向外移动两下。

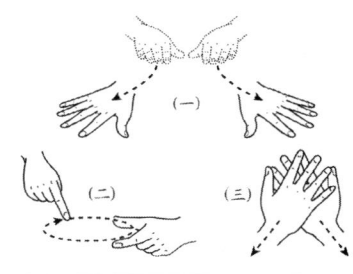

广域网 guǎngyùwǎng

（一）双手平伸，掌心向下，从中间向两侧做弧形移动，五指同时张开。

（二）左手拇、食指成半圆形，虎口朝上；右手食指指尖朝下，沿左手拇、食指转一圈。

（三）双手五指分开，手背向外，交叉搭成格子，并向两侧斜下方移动。

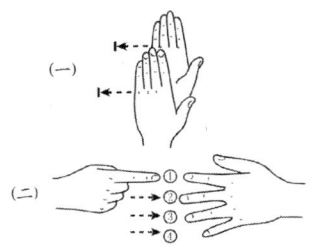

规程 guīchéng

（一）双手直立，掌心相对，向前一顿。

（二）左手横立，五指分开；右手握拳，在左手旁依次伸出食、中、无名、小指。

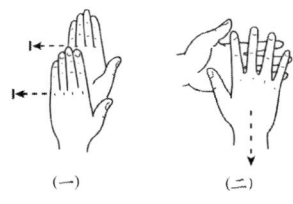

规格 guīgé

（一）双手直立，掌心相对，向前一顿。

（二）双手五指张开，一横一竖搭成方格形，左手不动，右手向下移。

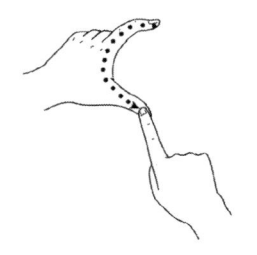

轨迹 guǐjì

左手拇、食指成半圆形，虎口朝内；右手食指由左手食指尖向左手拇指尖做弧形点动。

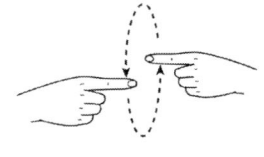

滚动 gǔndòng

双手食指横伸，一上一下，交替向前转动。

（可根据实际模仿滚动的样子）

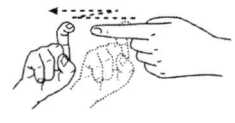

滚动条 gǔndòngtiáo

左手食指横伸（或直立）；右手食指弯曲，指尖抵于左手食指，然后向左右（或上下）拉动，表示横向（或纵向）滚动条。

（可根据实际决定右手食指的移动方向）

过渡 guòdù

左手平伸；右手先横立于左手肘部，然后移至左手指尖。

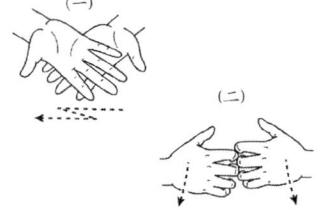

过滤器 guòlǜqì

（一）双手五指张开，斜向相搭，掌心向上，平行晃动两下。

（二）双手五指弯曲，食、中、无名、小指关节交错相触，并转动一下。

H

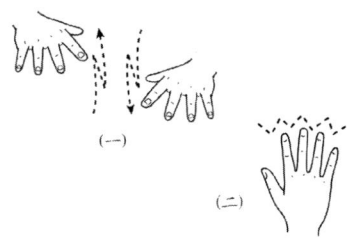

海量 hǎiliàng
（一）双手平伸，掌心向下，上下交替移动，动作幅度要大。
（二）一手直立，掌心向内，五指分开，交替点动几下。

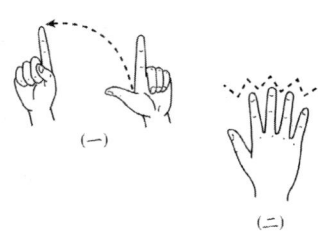

函数 hánshù
（一）左手拇、食指成"⌐"形，虎口朝内；右手食指从左手虎口处向右上方划弧线，模仿函数的一种坐标表示法。
（二）一手直立，掌心向内，五指分开，交替点动几下。

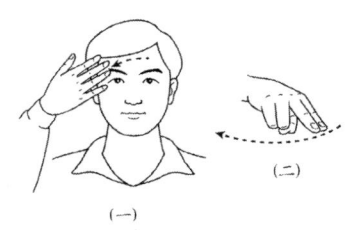

汉化 hànhuà
（一）一手五指分开，指尖贴于额头，然后向一侧一抹，如流汗状。
（二）一手打手指字母"H"的指式，指尖朝前斜下方，由左向右划动一下。

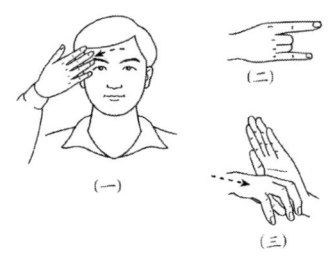

汉字库 hànzìkù
（一）一手五指分开，指尖贴于额头，然后向一侧一抹，如流汗状。
（二）一手打手指字母"Z"的指式。
（三）左手斜伸，掌心朝右下方；右手五指微曲，指尖朝下，移入左手下。

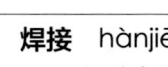

焊接 hànjiē
左手食指横伸；右手拇、食指伸出，食指指尖抵于左手食指，并点动两下，如焊接的动作。

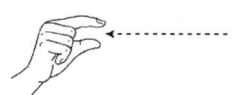

行 háng

右手拇、食指张开,指尖朝左,由左向右移动一下。

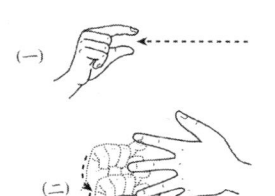

行距 hángjù

(一)右手拇、食指张开,指尖朝左,由左向右移动一下。
(二)左手横立,五指分开,掌心向内;右手拇、食指分开少许距离,插入左手各指指缝间,表示间距。

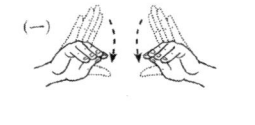

耗材 hàocái

(一)双手直立,掌心向外,然后五指逐步捏合。
(二)双手食指指尖朝前,互碰一下,再分开并张开五指。

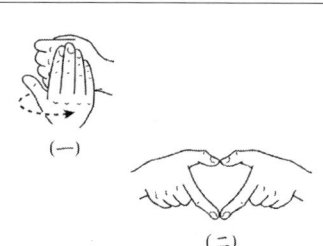

核心 héxīn

(一)左手握拳;右手直立,手背向外,由右向左绕左手转半圈。
(二)双手拇、食指搭成"♡"形,置于胸部中间。

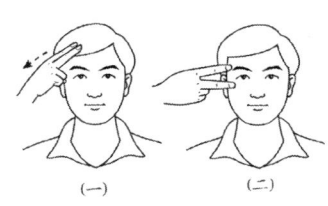

黑客 hēikè

(一)一手打手指字母"H"的指式,并摸一下头发。
(二)一手食、中指分开,手背向外,置于眼角一侧。

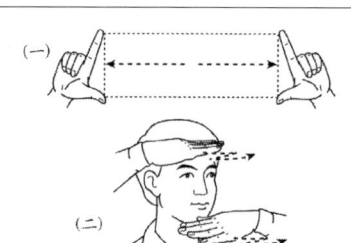

横幅广告 héngfúguǎnggào

(一)双手拇、食指张开,掌心向外,从中间向两侧拉动。
(二)双手横伸,掌心向下,置于头部,一上一下,向前来回移动两下。

横截面 héngjiémiàn

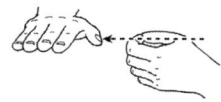

左手五指成圆形,虎口朝上;右手平伸,掌心向下,在左手上向右切一下。

宏 hóng

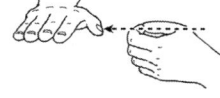

双手打手指字母"H"的指式,然后五指微曲,掌心相对,由两侧向中间移动。

后端 hòuduān

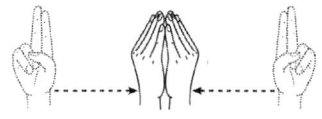

(一)一手五指并拢,指尖朝下,向身后挥动一下。
(二)左手食指直立;右手拇、食指捏住左手食指指尖。

后台运行 hòutáiyùnxíng

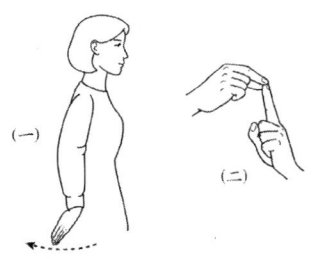

(一)一手五指并拢,指尖朝下,向身后挥动一下。
(二)双手平伸,掌心向下,从中间向两侧平移,再折而下移成"冂"形。
(三)双手横立,五指分开,一上一下,交替向上移动。

后退键 hòutuìjiàn

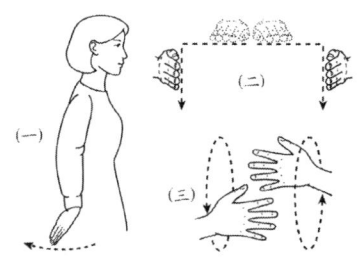

(一)左手平伸;右手伸拇、小指,小指尖抵于左手指尖,再向后移动。
(二)一手食指弯曲,指尖朝下点一下。

后缀 hòuzhuì

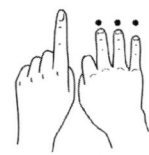

左手食指直立;右手伸中、无名、小指,指尖朝前,在左手食指右侧点一下。

呼叫 hūjiào

一手五指成"凵"形,虎口贴于嘴边,口微张。

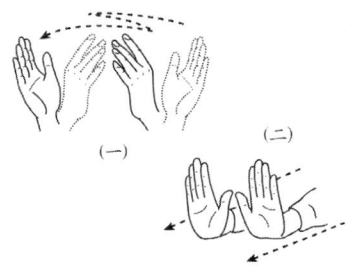

互斥 hùchì

(一)双手直立,掌心相对,左右晃动两下。
(二)双手直立,掌心向外推出。

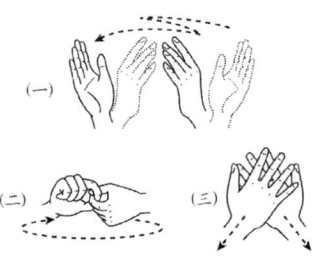

互联网 hùliánwǎng

(一)双手直立,掌心相对,左右晃动两下。
(二)双手拇、食指套环,顺时针平行转一圈。
(三)双手五指分开,手背向外,交叉搭成格子,并向两侧斜下方移动。

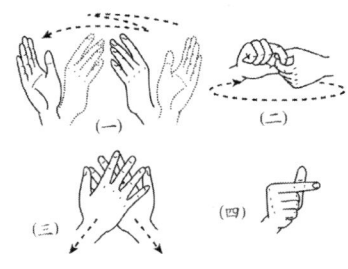

互联网+ hùliánwǎngjiā

(一)双手直立,掌心相对,左右晃动两下。
(二)双手拇、食指套环,顺时针平行转一圈。
(三)双手五指分开,手背向外,交叉搭成格子,并向两侧斜下方移动。
(四)一手拇、食指搭成"+"形。

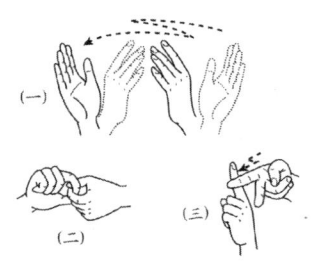

互连性 hùliánxìng

(一)双手直立,掌心相对,左右晃动两下。
(二)双手拇、食指套环。
(三)左手食指直立;右手食、中指横伸并分开,交替弹一下左手食指背。

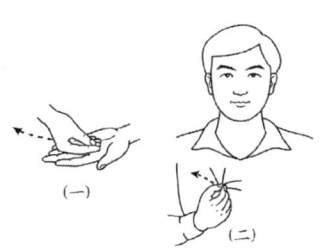

画布 huàbù

(一)左手横伸;右手五指撮合,指背在左手掌心上抹一下。
(二)一手拇、食指揪一下胸前衣服。

还原 huányuán

（一）双手直立，掌心向外，置于头两侧，边向前移动边转为掌心向内。

（二）一手直立，掌心向内，向肩后挥动一下。

环绕方式 huánràofāngshì

（一）左手横立；右手食指横伸，由后向前绕左手转一圈。

（二）双手拇、食指搭成"囗"形。

（三）一手拇、食指张开，指尖朝前，由左向右移动一下。

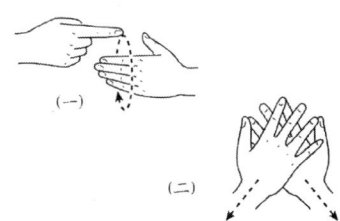

环网 huánwǎng

（一）左手横立；右手食指横伸，由后向前绕左手转一圈。

（二）双手五指分开，手背向外，交叉搭成格子，并向两侧斜下方移动。

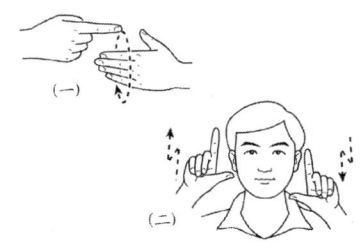

环形 huánxíng

（一）左手横立；右手食指横伸，由后向前绕左手转一圈。

（二）双手拇、食指成"⌊ ⌋"形，置于脸颊两侧，上下交替动两下。

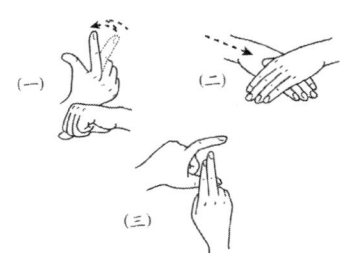

缓冲区 huǎnchōngqū

（一）双手手背相贴，左手握拳，右手伸拇、食指，食指指尖朝上，前后晃动两下。

（二）左手横伸，掌心向下；右手平伸，掌心向下，由后向前移入左手下。

（三）左手拇、食指成"⌐"形，虎口朝内；右手食、中指相叠，置于左手虎口内，仿"区"字形。

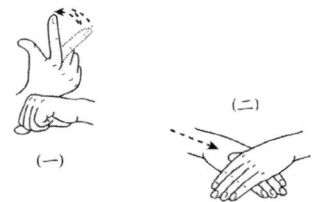

缓存 huǎncún

（一）双手手背相贴，左手握拳，右手伸拇、食指，食指指尖朝上，前后晃动两下。

（二）左手横伸，掌心向下；右手平伸，掌心向下，由后向前移入左手下。

幻灯片 huàndēngpiàn

一手连续打手指字母"PPT"的指式。
（可根据实际情况选择放幻灯片的动作）

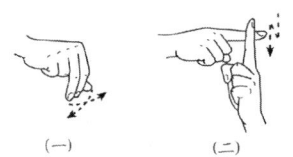

灰度值 huīdùzhí

（一）一手拇、食、中指相捏，指尖朝下捻动两下。
（二）左手食指直立；右手食指横贴在左手食指上，然后上下微动两下。

回车（换行） huíchē (huànháng)

一手食指弯曲，指尖朝前，做"⏎"形划动，表示键盘上的回车键符号。

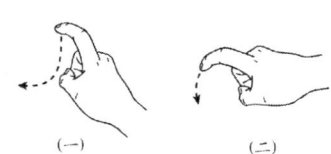

回车键 huíchējiàn

（一）一手食指弯曲，指尖朝前，做"⏎"形划动，表示键盘上的回车键符号。
（二）一手食指弯曲，指尖朝下点一下。

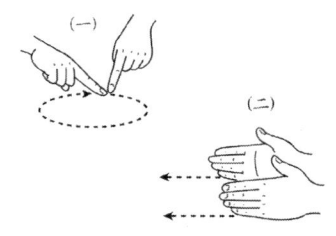

回路 huílù

（一）左手伸食指，指尖朝下；右手伸食指，从左手食指指尖出发平行转动一周。
（二）双手侧立，掌心相对，向前移动。

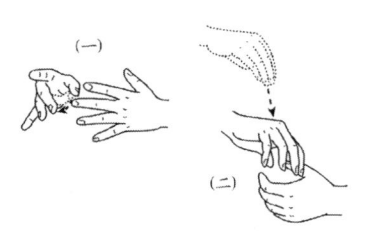

回收站（垃圾箱） huíshōuzhàn (lājīxiāng)

（一）左手横立，五指张开；右手拇、中指相捏，向外弹击左手中指。
（二）左手五指成半圆形，虎口朝上；右手五指撮合，由上而下投向左手虎口。

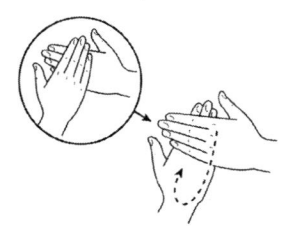

回帖 huítiě
　　左手横立;右手直立,掌心向内,从左手外移到左手内,然后手背贴于左手掌心。

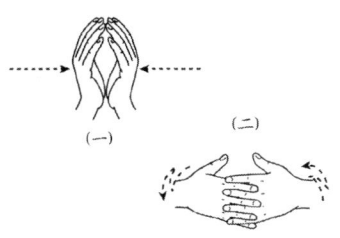

汇编 huìbiān
　　(一)双手直立,五指微曲,从两侧向中间移动。
　　(二)双手斜立,五指交叉相搭,然后交替扭动两下。

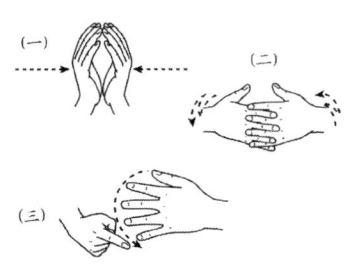

汇编程序 huìbiānchéngxù
　　(一)双手直立,五指微曲,从两侧向中间移动。
　　(二)双手斜立,五指交叉相搭,然后交替扭动两下。
　　(三)左手横立,五指分开;右手伸食指,自左手拇指依次向下划动。

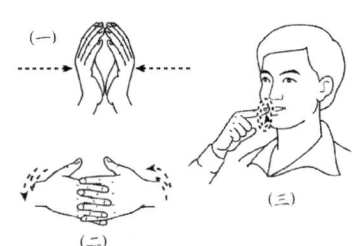
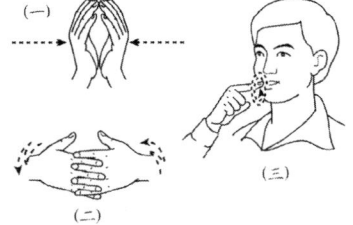

汇编语言 huìbiānyǔyán
　　(一)双手直立,五指微曲,从两侧向中间移动。
　　(二)双手斜立,五指交叉相搭,然后交替扭动两下。
　　(三)一手食指横伸,在嘴前前后转动两下。

绘图(画图) huìtú (huàtú)
　　左手横伸;右手五指撮合,指背在左手掌心上抹两下。

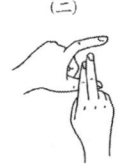

绘图区 huìtúqū
　　(一)左手横伸;右手五指撮合,指背在左手掌心上抹两下。
　　(二)左手拇、食指成"匚"形,虎口朝内;右手食、中指相叠,置于左手虎口内,仿"区"字形。

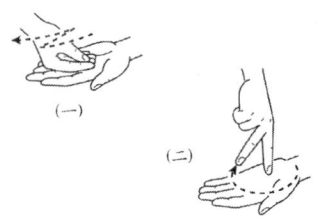

绘图仪 huìtúyí

（一）左手横伸；右手五指撮合，指背在左手掌心上抹两下。

（二）左手横伸，掌心向上；右手食、中指分开，食指尖抵于左手掌心，中指转动半圈，如用圆规画圆。

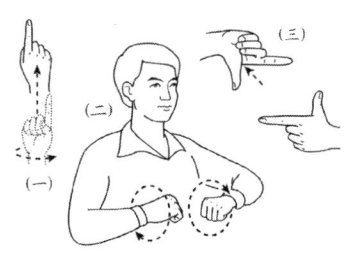

活动窗口 huódòngchuāngkǒu

（一）一手食指直立，边转动手腕边向上移动。

（二）双手握拳屈肘，前后交替转动两下。

（三）双手拇、食指成"冂"形，左手不动，右手向上拉动一下。

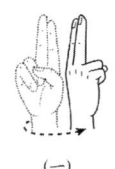

或门 huòmén

（一）右手打手指字母"H"的指式，手腕向左转动90度。

（二）双手并排直立，掌心向外，五指并拢。

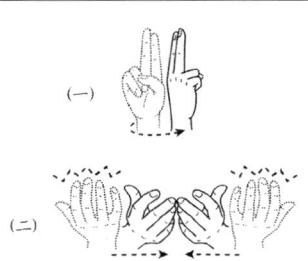

或运算 huòyùnsuàn

（一）右手打手指字母"H"的指式，手腕向左转动90度。

（二）双手五指微曲，掌心向上，边交替点动边互碰。

J

击键（按键、单击、键①）
jījiàn (ànjiàn、dānjī、jiàn ①)

一手食指弯曲，指尖朝下点一下。既表示击键的动词意义，也表示键的名词意义。

机房　jīfáng

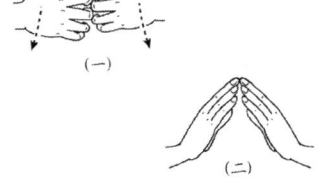

（一）双手五指弯曲，食、中、无名、小指关节交错相触，并转动一下。
（二）双手搭成"∧"形。

机柜　jīguì

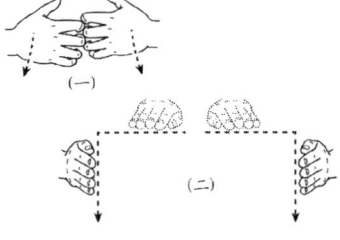

（一）双手五指弯曲，食、中、无名、小指关节交错相触，并转动一下。
（二）双手平伸，掌心向下，高齐肩，先从中间向两侧移动，再折而下移，如柜子形状。

机架　jījià

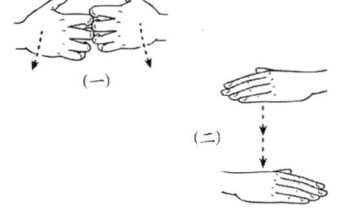

（一）双手五指弯曲，食、中、无名、小指关节交错相触，并转动一下。
（二）双手横伸，掌心向下，左手在上不动，右手一顿一顿向下移动两下。

机器人　jīqìrén

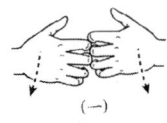

（一）双手五指弯曲，食、中、无名、小指关节交错相触，并转动一下。
（二）双手食指搭成"人"字形。

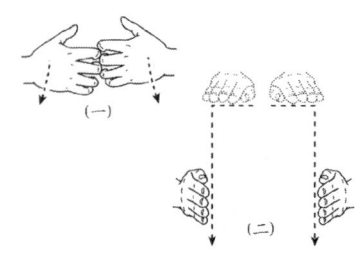

机箱（机身） jīxiāng (jīshēn)

（一）双手五指弯曲，食、中、无名、小指关节交错相触，并转动一下。

（二）双手平伸，掌心向下，先从中间向两侧移动，再折而下移，如计算机机箱形状。

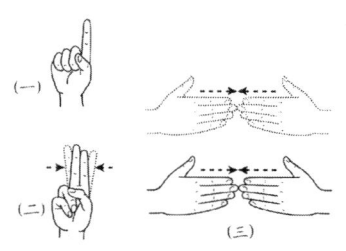

奇偶校验 jī'ǒujiàoyàn

（一）一手食指直立。

（二）一手食、中指直立分开，手背向内，然后并拢。

（三）双手横立，掌心向内，边由上而下移动边互碰手指。

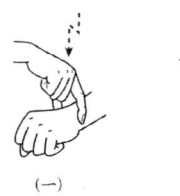

基本类 jīběnlèi

（一）左手握拳；右手拇、食指张开，指尖朝下，朝左手腕部两侧插两下。

（二）一手五指张开，指尖朝上，边向下移动边撮合五指。

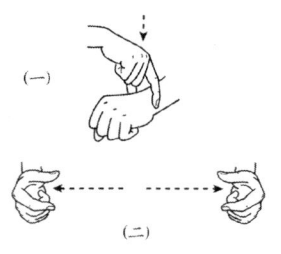

基带 jīdài

（一）左手握拳；右手拇、食指张开，指尖朝下，插于左手腕部两侧。

（二）双手拇、食指张开，指尖相对，虎口朝上，从中间向两侧拉开。

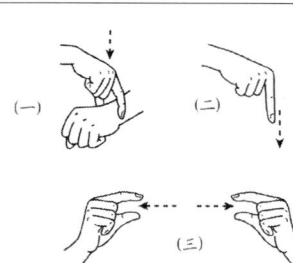

基地址 jīdìzhǐ

（一）左手握拳；右手拇、食指张开，指尖朝下，插于左手腕部两侧。

（二）一手伸食指，指尖朝下指一下。

（三）双手拇、食指微张，指尖相对，虎口朝内，从中间向两侧拉开。

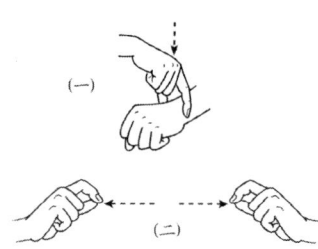

基线 jīxiàn

（一）左手握拳；右手拇、食指张开，指尖朝下，插于左手腕部两侧。

（二）双手拇、食指相捏，从中间向两侧拉开。

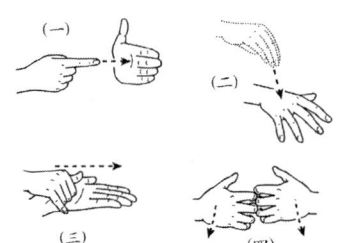

激光打印机 jīguāngdǎyìnjī
（一）左手侧立，掌心朝右；右手伸食指，向左手掌心点一下。
（二）一手五指撮合，指尖朝下，然后边向下移动边放开五指。
（三）左手平伸；右手打手指字母"Y"的指式，手背向上，在左手掌心上由后向前移动。
（四）双手五指弯曲，食、中、无名、小指关节交错相触，并转动一下。

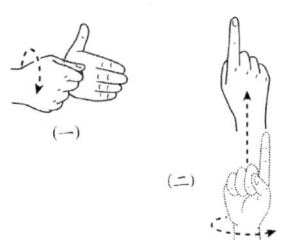

激活 jīhuó
（一）左手侧立；右手拇、食指相捏，指尖对着左手，顺时针拧动一下。
（二）一手食指直立，边转动手腕边向上移动。

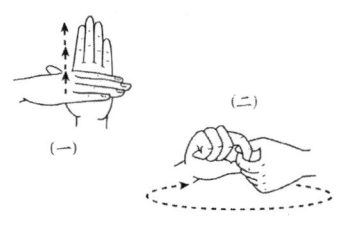

级联 jílián
（一）左手直立，掌心向右；右手平伸，掌心向下，贴左手掌心一顿一顿向上移动几下。
（二）双手拇、食指套环，顺时针平行转一圈。

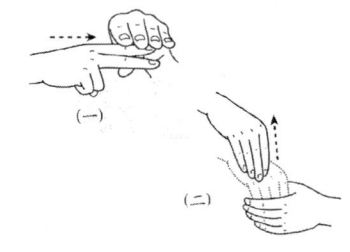

即插即用 jíchājíyòng
（一）左手五指成"匚"形，虎口朝内；右手食、中指分开，插入左手虎口内。
（二）左手五指成"匚"形，虎口朝上；右手五指撮合，指尖朝下，从左手虎口内抽出。

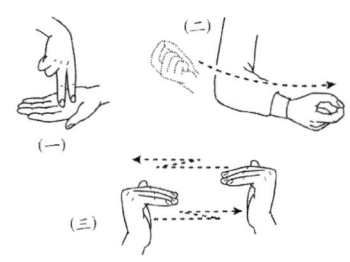

即时通讯 jíshítōngxùn
（一）左手横伸；右手食、中指分开，指尖朝下，立于左手掌心上。
（二）一手拇、食指捏成小圆形，从一侧向另一侧做快速划动。
（三）双手弯成直角，指尖相对，交错移动，表示彼此通讯往来。

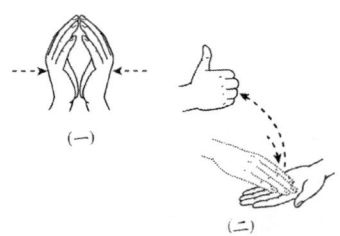

集成 jíchéng
（一）双手直立，五指微曲，从两侧向中间移动。
（二）左手横伸；右手掌先拍一下左手掌，再伸出拇指。

集合 jíhé
双手直立，五指微曲，从两侧向中间移动。

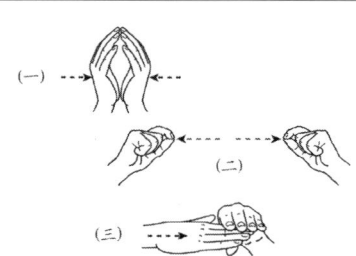

集线器 jíxiànqì
（一）双手直立，五指微曲，从两侧向中间移动。
（二）双手拇、食指相捏，从中间向两侧拉开。
（三）左手五指成"匚"形，虎口朝内；右手食、中、无名、小指指尖朝前，插入左手虎口内。

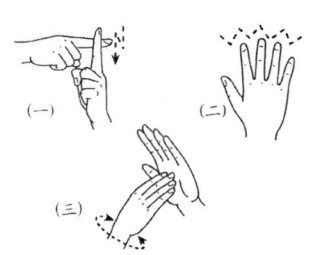

计量单位 jìliàngdānwèi
（一）左手食指直立；右手食指横贴在左手食指上，然后上下微动两下。
（二）一手直立，掌心向内，五指分开，交替点动几下。
（三）左手斜伸，掌心朝右下方；右手五指并拢，指尖抵于左手掌心，转动两下。

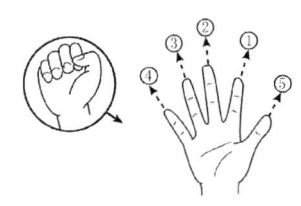

计数 jìshù
一手握拳，手背向内，然后依次伸出食、中、无名、小、拇指。
（可根据实际表示计数的方式）

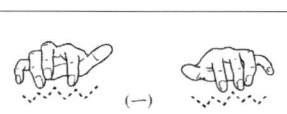
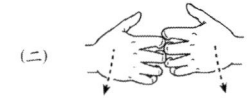

计算机（电脑） jìsuànjī(diànnǎo)
（一）双手五指弯曲，指尖朝下，交替点动几下，如按计算机键盘状。
（二）双手五指弯曲，食、中、无名、小指关节交错相触，并转动一下。
（可根据实际省略动作二）

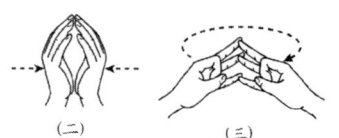

计算机集群 jìsuànjījíqún
（一）双手五指弯曲，指尖朝下，交替点动几下，如按计算机键盘状。
（二）双手直立，五指微曲，从两侧向中间移动。
（三）双手中、无名、小指搭成三个"人"字形，指尖朝前，顺时针转一圈。

计算机视觉 jìsuànjīshìjué

（一）双手五指弯曲，指尖朝下，交替点动几下，如按计算机键盘状。

（二）一手食、中指分开，指尖朝前，从眼部向前伸一下。

（三）一手食指指尖抵于太阳穴处，然后头微微抬起。

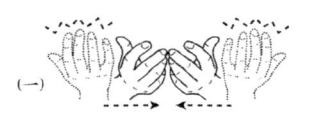

计算器 jìsuànqì

（一）双手五指微曲，掌心向上，边交替点动边互碰。

（二）左手横伸；右手食指在左手掌心上随意点几下，如按计算器数字键。

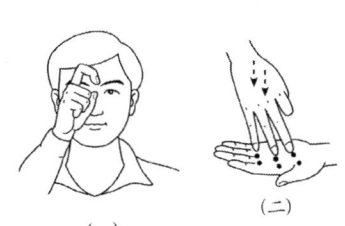

记录 jìlù

（一）一手打手指字母"J"的指式，置于前额。

（二）左手横伸；右手伸中、无名、小指，指尖朝下，在左手掌心上点两下。

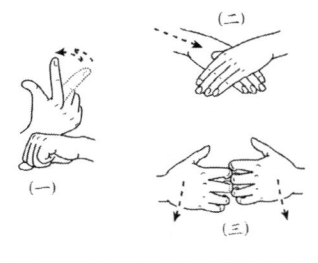

寄存器 jìcúnqì

（一）双手手背相贴，左手握拳，右手伸拇、食指，食指指尖朝上，前后晃动两下。

（二）左手横伸，掌心向下；右手平伸，掌心向下，由后向前移入左手下。

（三）双手五指弯曲，食、中、无名、小指关节交错相触，并转动一下。

加粗 jiācū

（一）左手侧立；右手拇、食指捏成小圆形，贴向左手掌心。

（二）双手五指成半圆形，虎口朝上，然后从中间向两侧移动。

加工 jiāgōng

（一）左手侧立；右手拇、食指捏成小圆形，贴向左手掌心。

（二）左手食、中指与右手食指搭成"工"字形。

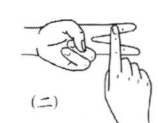

加密 jiāmì
（一）左手侧立；右手拇、食指捏成小圆形，贴向左手掌心。
（二）一手食、中指相叠置于嘴部，嘴闭拢。

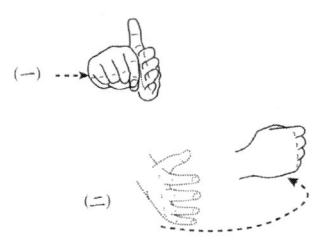

加权 jiāquán
（一）左手侧立；右手拇、食指捏成小圆形，贴向左手掌心。
（二）右手侧立，五指微曲，边向左做弧形移动边握拳。

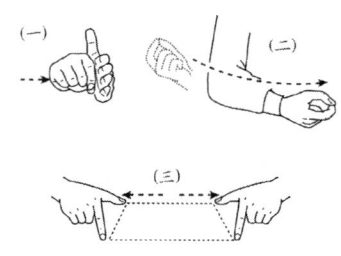

加速板 jiāsùbǎn
（一）左手侧立；右手拇、食指捏成小圆形，贴向左手掌心。
（二）一手拇、食指捏成小圆形，从一侧向另一侧做快速划动。
（三）双手拇、食指张开，指尖朝下，从中间向两侧拉开。

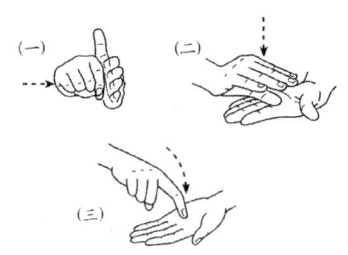

加载点 jiāzàidiǎn
（一）左手侧立；右手拇、食指捏成小圆形，贴向左手掌心。
（二）左手横伸；右手五指成"⊐"形，由上而下移向左手掌心上。
（三）左手横伸；右手食指朝下，在左手掌上点一下。

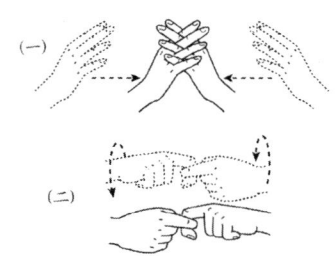

架构 jiàgòu
（一）双手五指张开，指尖朝上，从两侧向中间移动，斜向交叉相搭。
（二）双手食指弯曲，互勾两下。

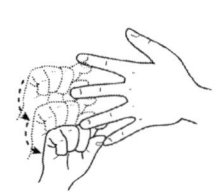

间距 jiānjù
左手横立，五指分开，掌心向内；右手拇、食指分开少许距离，插入左手各指指缝间，表示间距。
（可根据实际表示间距的状态）

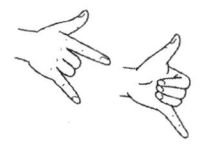
监控　jiānkòng
　　左手伸拇、小指；右手伸拇、食、小指，手背向右，指尖对着左手。

监视器　jiānshìqì
　　一手伸拇、食、中指，食、中指并拢，指尖斜向下方，置于头的一侧上方，仿监视摄像头。

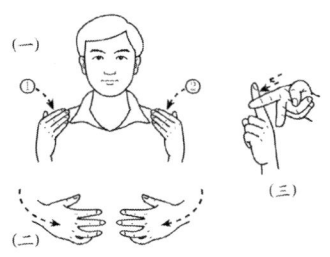
兼容性　jiānróngxìng
　　（一）双手直立，手背向外，交替拍一下同侧肩膀。
　　（二）双手侧立，五指微曲，从两侧向中间移动至右手掌贴左手背，如抱拢状。
　　（三）左手食指直立；右手食、中指横伸并分开，交替弹一下左手食指背。

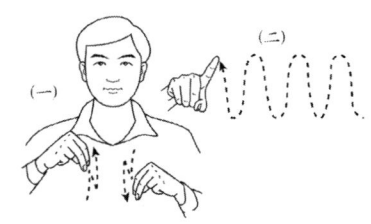
检波　jiǎnbō
　　（一）双手拇、食、中指相捏，指尖朝下，上下交替动两下。
　　（二）一手伸食指，指尖朝前，做曲线形移动。

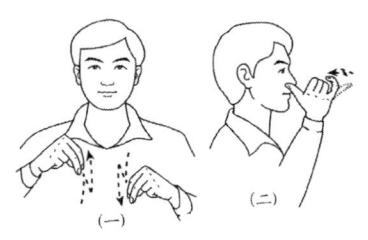
检测（测试）　jiǎncè (cèshì)
　　（一）双手拇、食、中指相捏，指尖朝下，上下交替动两下。
　　（二）一手伸拇、小指，置于鼻的一侧，小指弯动两下。

检查　jiǎnchá
　　双手拇、食、中指相捏，指尖朝下，上下交替动两下。

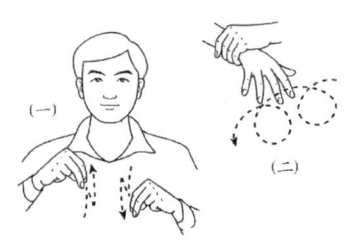

检索 jiǎnsuǒ

（一）双手拇、食、中指相捏，指尖朝下，上下交替动两下。
（二）左手握住右手腕；右手五指张开，掌心向下，边转动边向右移动。

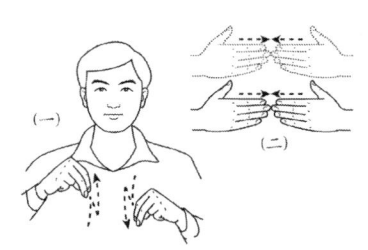

检验 jiǎnyàn

（一）双手拇、食、中指相捏，指尖朝下，上下交替动两下。
（二）双手横立，掌心向内，边由上而下移动边互碰手指。

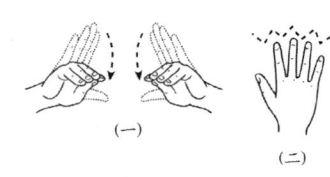

减量 jiǎnliàng

（一）双手直立，掌心向外，然后五指逐步捏合。
（二）一手直立，掌心向内，五指分开，交替点动几下。

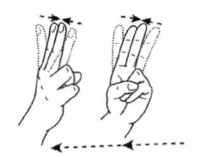

剪辑 jiǎnjí

双手食、中指直立分开，掌心相对，边向一侧移动边夹动手指。

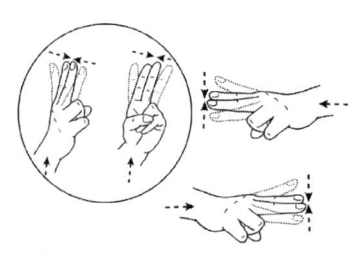

剪切（裁切） jiǎnqiē（cáiqiē）

双手食、中指直立分开，掌心相对，边向上移动边夹动手指；然后再一上一下，手背向上，边向对侧移动边夹动手指。

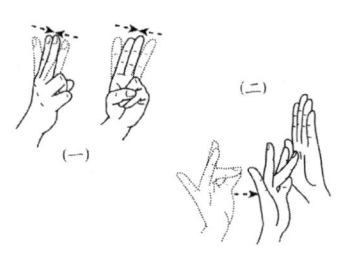

剪贴板 jiǎntiēbǎn

（一）双手食、中指直立分开，掌心相对，夹动一下。
（二）左手直立，掌心向右；右手拇、中指相捏，然后边张开边中指贴向左手掌心。

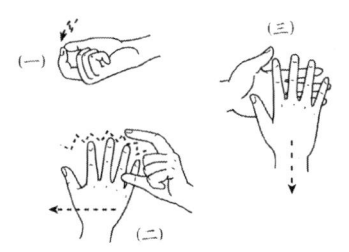

简码表 jiǎnmǎbiǎo
（一）一手拇、食指相捏，掌心向上，上下微动两下。
（二）左手拇、食指成"匚"形；右手五指直立分开，手背向外，在"匚"形内从左向右连续点动手指，表示一串数码。
（三）双手五指张开，一横一竖搭成方格形，左手不动，右手向下移。

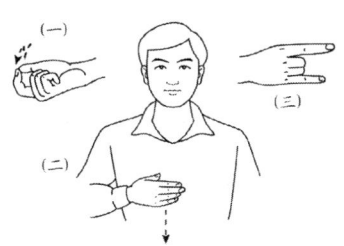

简体字 jiǎntǐzì
（一）一手拇、食指相捏，掌心向上，上下微动两下。
（二）一手掌心向内，贴于胸部，向下移动一下。
（三）一手打手指字母"Z"的指式。

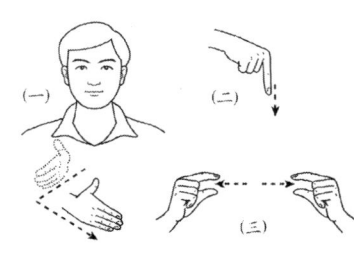

间接地址 jiànjiēdìzhǐ
（一）一手侧立，五指并拢，向前做">"形移动。
（二）一手伸食指，指尖朝下指一下。
（三）双手拇、食指微张，指尖相对，虎口朝内，从中间向两侧拉开。

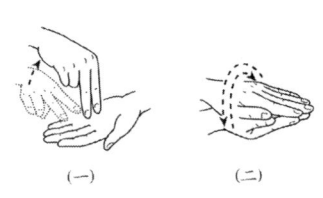

建模 jiànmó
（一）左手横伸；右手食、中指分开，先平放于左手掌心上，然后竖立起来。
（二）双手平伸，手背拱起相合，左右翻转两下。

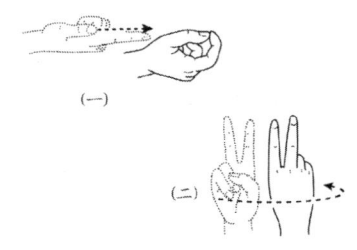

渐变 jiànbiàn
（一）一手食指横伸，拇指按于食指根部，慢慢向食指尖移动。
（二）一手食、中指直立分开，由掌心向外转为掌心向内。

键② jiàn ②
左手拇、食指成"匚"形，虎口朝上；右手伸食指，朝左手虎口处点一下，只用于表示键的名词意义。

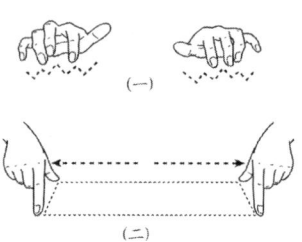

键盘 jiànpán
（一）双手五指弯曲，指尖朝下，交替点动几下。
（二）双手拇、食指张开，指尖朝下，从中间向两侧拉开，如键盘大小。

键位 jiànwèi
（一）双手五指弯曲，指尖朝下，交替点动几下。
（二）双手拇、食指搭成"口"形，由一侧向另一侧一顿一顿移动两下。

箭头 jiàntóu
左手食指横伸；右手拇、食指张开，虎口朝内，置于左手食指尖，然后边向右微移边捏合。

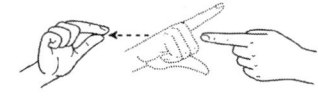

降序 jiàngxù
左手横立，五指张开，掌心向内；右手食指直立，掌心向外，在左手旁向下移动。

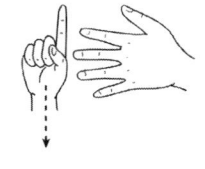

交互 jiāohù
（一）双手横伸，手背向下，五指捏合，左右互换位置。
（二）双手直立，掌心相对，左右晃动两下。

交互式 jiāohùshì
（一）双手横伸，手背向下，五指捏合，左右互换位置。
（二）双手直立，掌心相对，左右晃动两下。
（三）一手拇、食指张开，指尖朝前，由左向右移动一下。

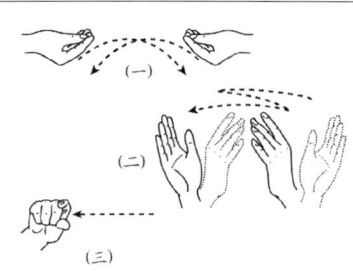

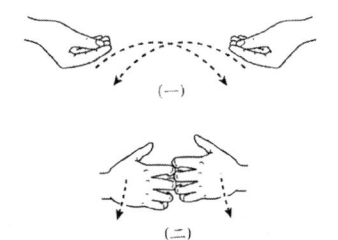

交换机 jiāohuànjī
（一）双手横伸，手背向下，五指捏合，左右互换位置。
（二）双手五指弯曲，食、中、无名、小指关节交错相触，并转动一下。

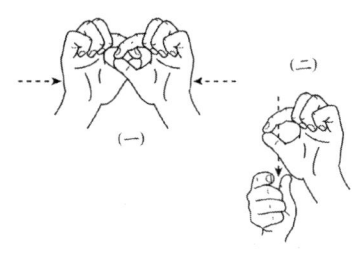

交集 jiāojí
（一）双手拇、食指捏成圆形，虎口朝内，由两侧向中间交错移动，拇、食指部分相叠，仿交集示意图。
（二）左手拇、食指捏成圆形，虎口朝内；右手拇、食指张开，指尖朝外，在左手拇、食指处由上而下划动一下，表示交集的部分。

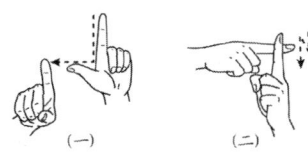

角度 jiǎodù
（一）左手拇、食指成"∟"形；右手伸食指，沿左手拇、食指划一下。
（二）左手食指直立；右手食指横贴在左手食指上，然后上下微动两下。

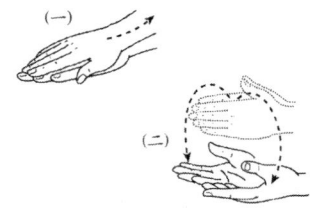

脚本 jiǎoběn
（一）左手平伸，手背向上；右手五指并拢，在左手背上从前向后摸一下。
（二）双手侧立，掌心相合，再向两边打开。

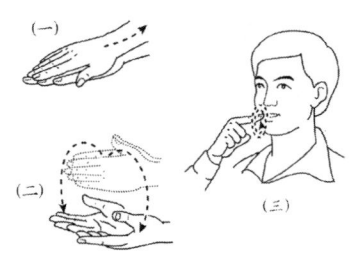

脚本语言 jiǎoběnyǔyán
（一）左手平伸，手背向上；右手五指并拢，在左手背上从前向后摸一下。
（二）双手侧立，掌心相合，再向两边打开。
（三）一手食指横伸，在嘴前前后转动两下。

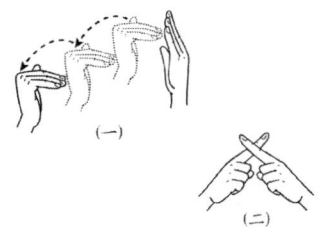

阶乘 jiēchéng
（一）左手直立，掌心向右；右手五指成直角形，指尖抵于左手指尖处，然后依次向右下方移动两下，如台阶形状。
（二）双手食指交叉成"×"形，表示乘号。

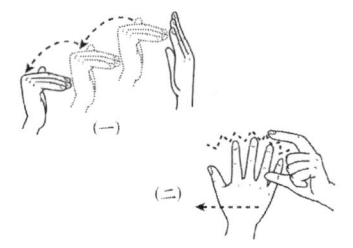

阶码 jiēmǎ
（一）左手直立，掌心向右；右手五指成直角形，指尖抵于左手指尖处，然后依次向右下方移动两下，如台阶形状。
（二）左手拇、食指成"匚"形；右手手背向外，五指直立分开，在"匚"形内从左向右连续点动手指。

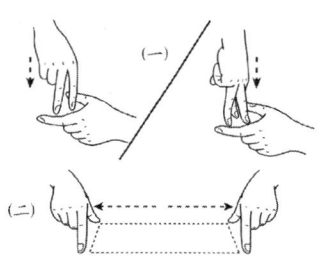

接插板（接线板） jiēchābǎn (jiēxiànbǎn)
（一）左手拇、食指成"匚"形，虎口朝上；右手食、中指叉开，指尖朝下，插入左手虎口内（表示三相插头时，右手食、中、无名指叉开）。
（二）双手拇、食指张开，指尖朝下，从中间向两侧拉开，如插板。

接插线 jiēchāxiàn
（一）左手五指成"匚"形，虎口朝内；右手拇、食、中指分开，指尖朝前，插入左手虎口内。
（二）双手拇、食指相捏，从中间向两侧拉开。

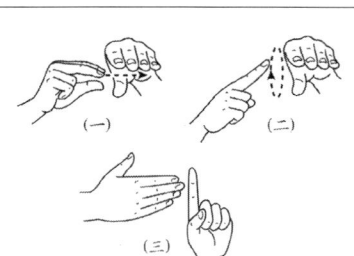

接口标准 jiēkǒubiāozhǔn
（一）左手五指成"匚"形，虎口朝内；右手拇、食、中指分开，指尖朝前，插入左手虎口内。
（二）左手五指成"匚"形，虎口朝内；右手伸食指，指尖朝前，沿左手虎口转一圈。
（三）左手食指直立；右手侧立，指向左手食指。

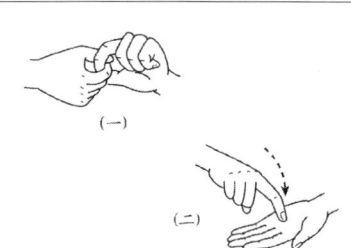

结点（节点） jiédiǎn (jiédiǎn)
（一）双手拇、食指套环。
（二）左手横伸；右手食指朝下，在左手掌上点一下。

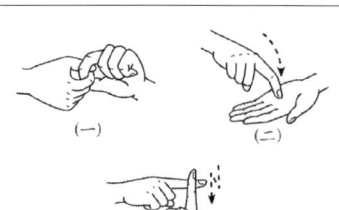

结点度 jiédiǎndù
（一）双手拇、食指套环。
（二）左手横伸；右手食指朝下，在左手掌上点一下。
（三）左手食指直立；右手食指横贴在左手食指上，然后上下微动两下。

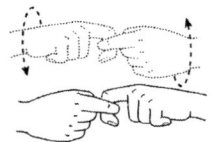

结构 jiégòu

双手食指弯曲，互勾两下。

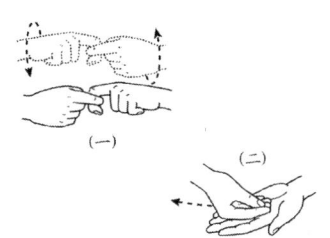

结构图 jiégòutú

（一）双手食指弯曲，互勾两下。
（二）左手横伸；右手五指撮合，指背在左手掌心上抹一下。

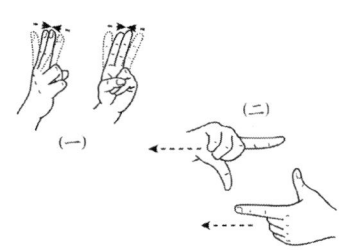

截屏 jiépíng

（一）双手食、中指直立分开，掌心相对，夹动一下。
（二）双手拇、食指成"⌐"形，从一侧移向另一侧。

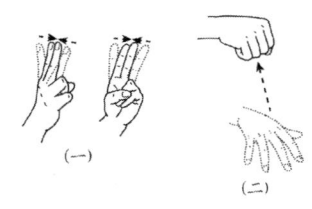

截取（剪取） jiéqǔ (jiǎnqǔ)

（一）双手食、中指直立分开，掌心相对，夹动一下。
（二）一手五指张开，指尖朝下，边向上移动边握拳。
（可根据实际表示截取的动作）

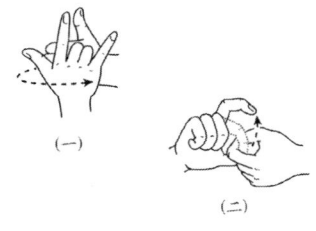

解保护 jiěbǎohù

（一）左手伸拇指；右手拇、食、小指直立，手背向外，由右向左绕左手转半圈。
（二）双手拇、食指套环，然后右手食指张开。

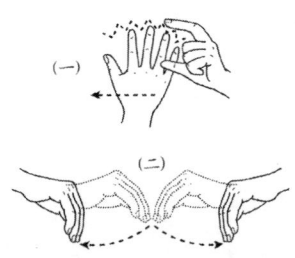

解码 jiěmǎ

（一）左手拇、食指成"⌐"形；右手五指直立分开，手背向外，在"⌐"形内从左向右连续点动手指，表示一串数码。
（二）双手五指撮合，指尖朝下，从中间向两侧移动。

解密 jiěmì

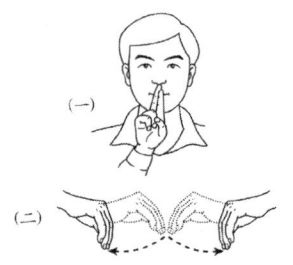

（一）一手食、中指相叠置于嘴部，嘴闭拢。
（二）双手五指撮合，指尖朝下，从中间向两侧移动。

解锁 jiěsuǒ

双手拇、食指套环，然后右手食指张开。

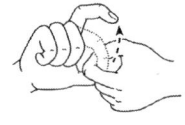

解调器 jiětiáoqì

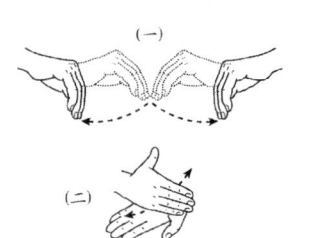

（一）双手五指撮合，指尖朝下，从中间向两侧移动。
（二）双手五指撮合，指尖上下相对，交替平行转动两下。
（三）双手五指弯曲，食、中、无名、小指关节交错相触，并转动一下。

解析 jiěxī

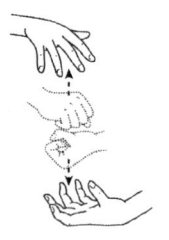

（一）双手五指撮合，指尖朝下，从中间向两侧移动。
（二）左手横伸；右手侧立于左手掌心上，并左右拨动一下。

解压缩 jiěyāsuō

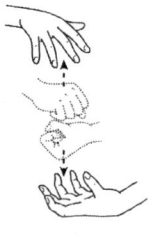

双手握拳，拳心上下相贴，然后边分别向上下方向移动边放开五指。

介质 jièzhì

（一）左手拇、食指与右手食、中指搭成"介"字。
（二）左手握拳，手背向上；右手食、中指横伸并分开，交替弹一下左手背。

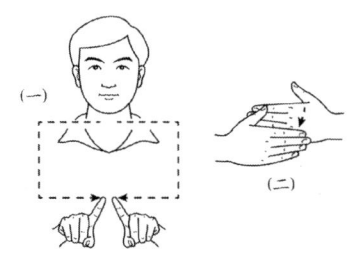

界面 jièmiàn

（一）双手伸食指，指尖朝前，做"⊏⊐"形移动。
（二）左手横立；右手摸一下左手背。

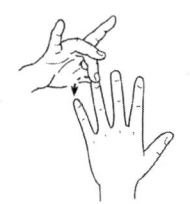

借位 jièwèi

左手直立，五指张开，掌心向内；右手拇、中指相捏，从左手无名指尖移至左手小指指尖，表示减法上的借位运算。

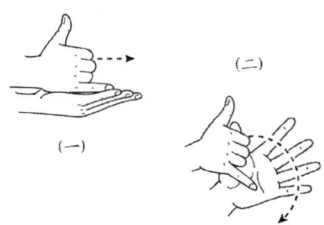

进程 jìnchéng

（一）左手平伸；右手伸拇、小指，小指指尖抵于左手掌心并向前移动。
（二）左手侧立，五指张开；右手伸拇、小指，指尖朝前，沿左手由上而下做弧形移动。

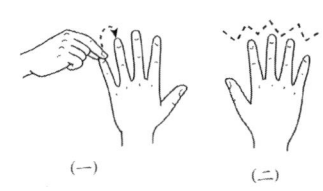

进位数 jìnwèishù

（一）左手直立，五指张开，掌心向内；右手拇、食指相捏，从左手小指尖移至左手无名指尖，表示加法上的进位运算。
（二）一手直立，掌心向内，五指分开，交替点动几下。

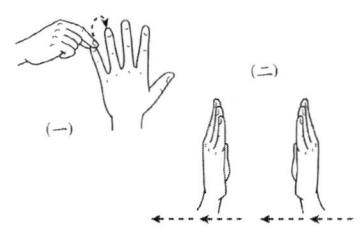

进制 jìnzhì

（一）左手直立，五指张开，掌心向内；右手拇、食指相捏，从左手小指尖移至左手无名指尖。
（二）双手直立，掌心相对，一顿一顿向一侧移动两下。

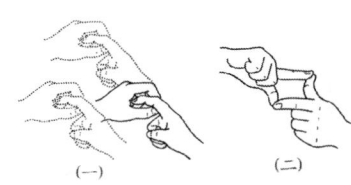

晶片 jīngpiàn

（一）左手拇、食指与右手食指搭成"日"字形，然后在下面连打两次，仿"晶"字形。
（二）双手拇、食指搭成小"口"形。

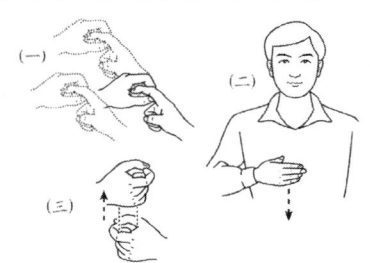

晶体管 jīngtǐguǎn

（一）左手拇、食指与右手食指搭成"日"字形，然后在下面连打两次，仿"晶"字形。
（二）一手掌心向内，贴于胸部，向下移动一下。
（三）双手拇、食指捏成小圆形，上下相叠，左手在下不动，右手向上微移。

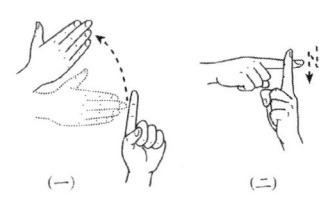

精度 jīngdù

（一）左手食指直立；右手侧立，指尖对准左手食指，用力向后一抬。
（二）左手食指直立；右手食指横贴在左手食指上，然后上下微动两下。

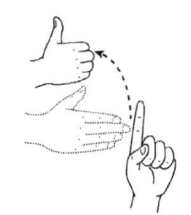

精确 jīngquè

左手食指直立；右手侧立，指尖对准左手食指，边用力向后一抬边食、中、无名、小指握拳，只伸出拇指。

警告 jǐnggào

左手五指微曲，指尖朝下；右手食指直立，置于左手下，同时用力向前反复移动两下，面带严肃的表情。

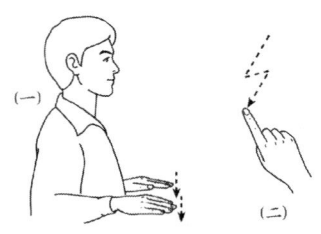

静电 jìngdiàn

（一）双手平伸，掌心向下，同时缓缓向下微按。
（二）一手食指书空"ㄣ"形。

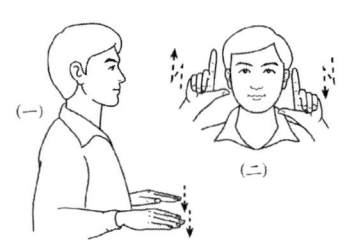

静态 jìngtài

（一）双手平伸，掌心向下，同时缓缓向下微按。
（二）双手拇、食指成"⌴"形，置于脸颊两侧，上下交替动两下。

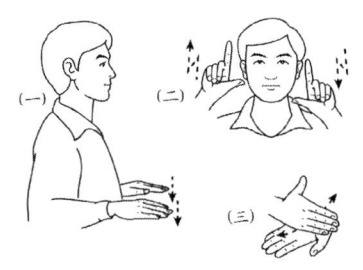

静态分析 jìngtàifēnxī

（一）双手平伸，掌心向下，同时缓缓向下微按。

（二）双手拇、食指成"⌐⌐"形，置于脸颊两侧，上下交替动两下。

（三）左手横伸；右手侧立于左手掌心上，并左右拨动一下，面露思考的表情。

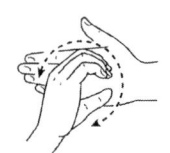

镜头 jìngtóu

左手横立，手背向外；右手五指成半圆形，置于左手前，转动两下。

（可根据实际模仿镜头的样式）

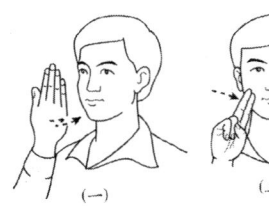

镜像 jìngxiàng

（一）一手直立，掌心向内，在面前晃动两下，如照镜子的动作。

（二）一手食、中指直立并拢，掌心向外，朝面颊部碰一下。

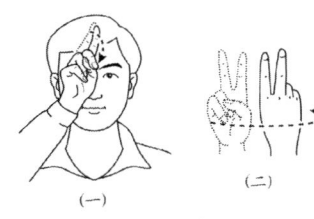

纠错 jiūcuò

（一）一手食、中指直立相叠，置于额前，然后中指向下弯动一下。

（二）一手食、中指直立分开，由掌心向外转为掌心向内。

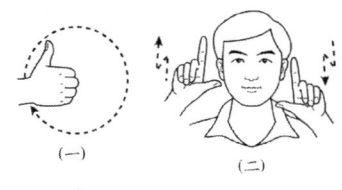

就绪状态 jiùxùzhuàngtài

（一）一手伸拇指，在面前上下转动一圈。

（二）双手拇、食指成"⌐⌐"形，置于脸颊两侧，上下交替动两下。

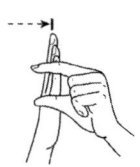

居中① jūzhōng ①

左手拇、食指成"⊏"形，虎口朝内；右手直立，从右向左移至左手"⊏"形中间，用于表示水平居中。

居中② jūzhōng ②

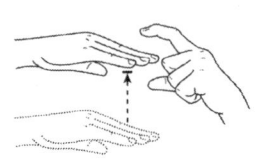

左手拇、食指成"匚"形,虎口朝内;右手横伸,掌心朝下,由下而上移至左手"匚"形中间,用于表示垂直居中。

局部 júbù

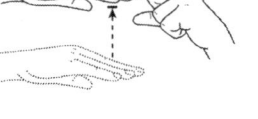

左手横立,手背向外;右手伸食指,指尖在左手背上划一小圆形,象征整体中的一部分。

局域网 júyùwǎng

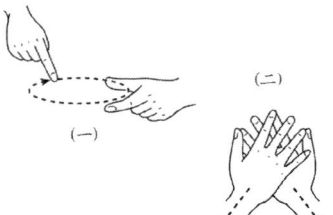

(一)左手拇、食指成半圆形,虎口朝上;右手食指指尖朝下,沿左手拇、食指转一圈。
(二)双手五指分开,手背向外,交叉搭成格子,并向两侧斜下方移动。

矩阵 jǔzhèn

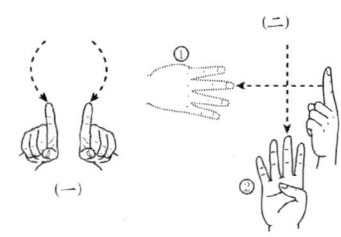

(一)双手食指书空"( )"形。
(二)左手食指直立,掌心向右;右手横立,掌心向内,拇指弯回,食、中、无名、小指分开,先横向移动一下,再掌心向外,纵向移动一下。

句法分析 jùfǎfēnxī

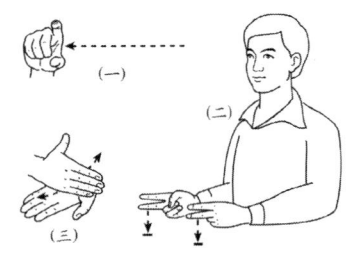

(一)一手拇、食指张开,指尖朝前,由左向右移动一下。
(二)双手食、中指分开,指尖朝前,同时向下一顿。
(三)左手横伸;右手侧立于左手掌心上,并左右拨动一下,面露思考的表情。

卷标 juànbiāo

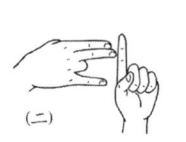

(一)双手虚握,虎口相对,同时向前转动两下。
(二)左手食指直立;右手打手指字母"ZH"的指式,指尖对准左手食指。

卷名　juànmíng

（一）双手虚握，虎口相对，同时向前转动两下。
（二）左手中、无名、小指横伸；右手伸食指，自左手中指向下划动。

绝对地址　juéduìdìzhǐ

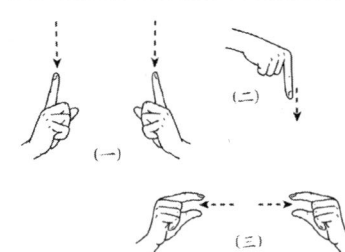

（一）双手食指直立，由上而下移动一下。
（二）一手伸食指，指尖朝下指一下。
（三）双手拇、食指微张，指尖相对，虎口朝内，从中间向两侧拉开。

角色　juésè

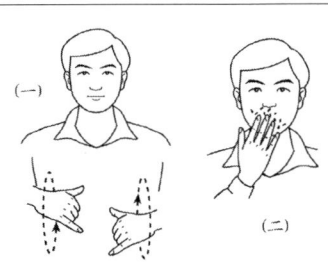

（一）双手伸拇、小指，手背向外，前后交替转动两下。
（二）一手直立，掌心向内，五指分开，在嘴唇部交替点动。

均衡器　jūnhéngqì

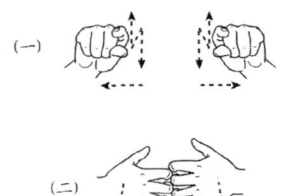

（一）双手拇、食指微张，指尖朝前，边上下微移边分别向两侧移动，表示均衡器上的波形变化。
（二）双手五指弯曲，食、中、无名、小指关节交错相触，并转动一下。

K

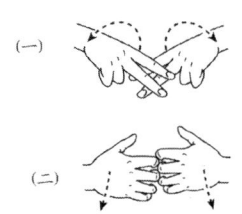

开机(冷启动①) kāijī (lěngqǐdòng ①)
（一）双手食、中指分开，斜向搭成"开"字形，手背向上，然后同时向上转动手腕。
（二）双手五指弯曲，食、中、无名、小指关节交错相触，并转动一下。

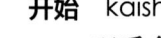

开始 kāishǐ
　　双手食、中指分开，斜向搭成"开"字形，手背向上，然后同时向上转动手腕。

开始按钮 kāishǐ 'ànniǔ
（一）双手食、中指分开，斜向搭成"开"字形，手背向上，然后同时向上转动手腕。
（二）左手拇、食指相捏成圆形，虎口朝内；右手伸拇指，朝左手虎口处按一下。

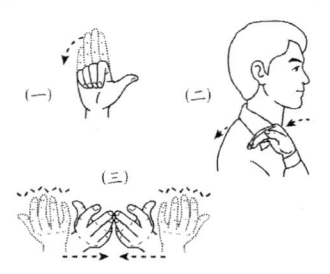

可靠计算 kěkàojìsuàn
（一）一手直立，掌心向外，然后食、中、无名、小指弯曲一下。
（二）右手食、中、无名、小指弯曲，指尖朝内碰一下右肩，身体随之向后微倾。
（三）双手五指微曲，掌心向上，边交替点动边互碰。

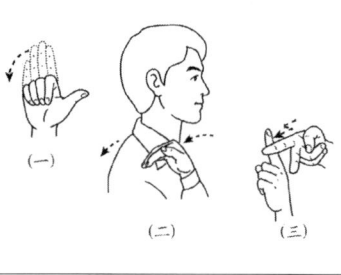

可靠性 kěkàoxìng
（一）一手直立，掌心向外，然后食、中、无名、小指弯曲一下。
（二）右手食、中、无名、小指弯曲，指尖朝内碰一下右肩，身体随之向后微倾。
（三）左手食指直立；右手食、中指横伸并分开，交替弹一下左手食指背。

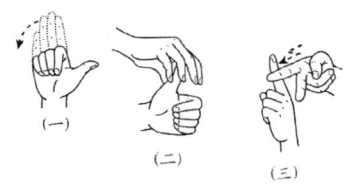

可控性 kěkòngxìng

（一）一手直立，掌心向外，然后食、中、无名、小指弯曲一下。

（二）左手伸拇指；右手五指弯曲，指尖朝下，罩在左手拇指上。

（三）左手食指直立；右手食、中指横伸并分开，交替弹一下左手食指背。

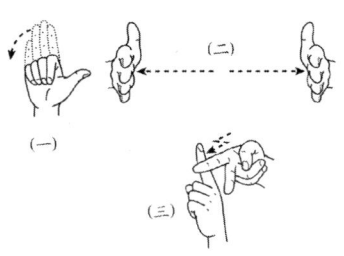

可扩充性 kěkuòchōngxìng

（一）一手直立，掌心向外，然后食、中、无名、小指弯曲一下。

（二）双手侧立，掌心相对，从中间向两侧移动。

（三）左手食指直立；右手食、中指横伸并分开，交替弹一下左手食指背。

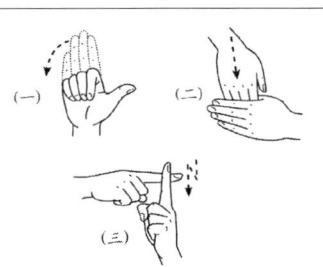

可信度 kěxìndù

（一）一手直立，掌心向外，然后食、中、无名、小指弯曲一下。

（二）左手五指成"匚"形，虎口朝上；右手五指并拢，指尖朝下，插入左手"匚"形中。

（三）左手食指直立；右手食指横贴在左手食指上，然后上下微动两下。

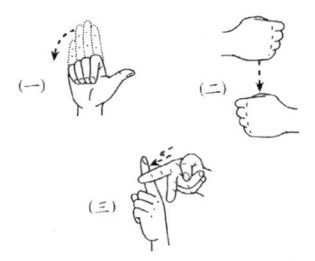

可行性 kěxíngxìng

（一）一手直立，掌心向外，然后食、中、无名、小指弯曲一下。

（二）双手握拳，一上一下，右拳向下砸一下左拳。

（三）左手食指直立；右手食、中指横伸并分开，交替弹一下左手食指背。

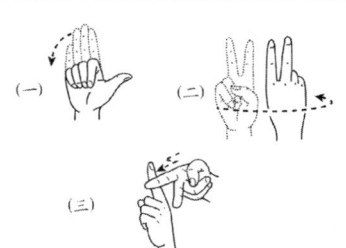

可修改性 kěxiūgǎixìng

（一）一手直立，掌心向外，然后食、中、无名、小指弯曲一下。

（二）一手食、中指直立分开，由掌心向外转为掌心向内。

（三）左手食指直立；右手食、中指横伸并分开，交替弹一下左手食指背。

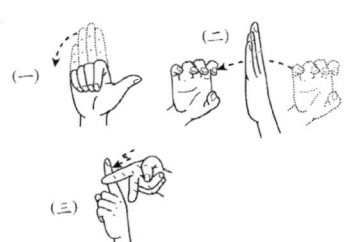

可移植性 kěyízhíxìng

（一）一手直立，掌心向外，然后食、中、无名、小指弯曲一下。

（二）左手直立，掌心向右；右手五指微曲，指尖朝前，从左手一侧移到另一侧。

（三）左手食指直立；右手食、中指横伸并分开，交替弹一下左手食指背。

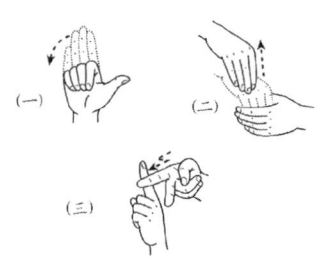

可用性 kěyòngxìng

（一）一手直立，掌心向外，然后食、中、无名、小指弯曲一下。

（二）左手五指成"匚"形；右手五指撮合，指尖朝下，从左手虎口内抽出。

（三）左手食指直立；右手食、中指横伸并分开，交替弹一下左手食指背。

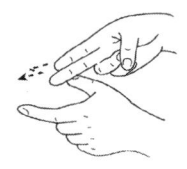

刻录 kèlù

左手拇、食指成半圆形，虎口朝上；右手食、中指并拢，指尖朝下，在左手上方划动两下。

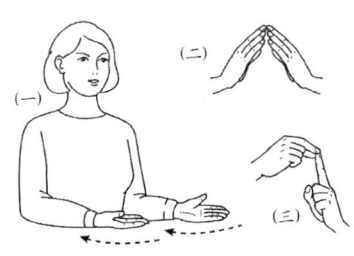

客户端 kèhùduān

（一）双手平伸，掌心向上，同时向一侧移动一下。
（二）双手搭成"∧"形。
（三）左手食指直立；右手拇、食指捏住左手食指指尖。

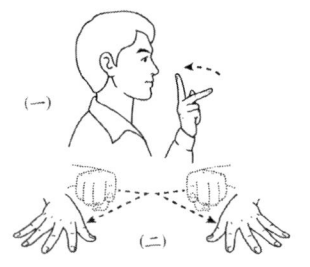

课件 kèjiàn

（一）一手打手指字母"K"的指式，指尖朝前，向后晃动一下。
（二）双手食指指尖朝前，互碰一下，再分开并张开五指。

空操作 kòngcāozuò

（一）左手斜伸，掌心斜向后上方；右手侧立，小指外缘由右向左朝左手虎口处刮一下。
（二）双手五指弯曲，指尖朝下，交替点动几下。
（三）双手握拳，一上一下，右拳向下砸一下左拳。

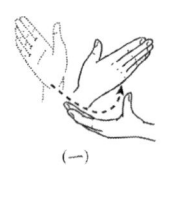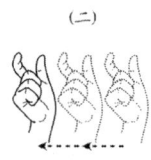

空格 kònggé

（一）左手斜伸，掌心斜向后上方；右手侧立，小指外缘由右向左朝左手虎口处刮一下。
（二）一手拇、食指张开，指尖朝上，一顿一顿向一侧移动。
（可根据实际表示空格的状态）

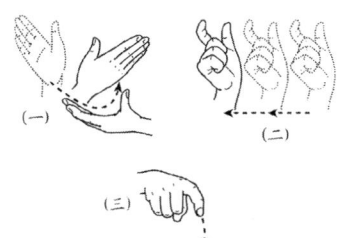

空格键 kònggéjiàn

（一）左手斜伸，掌心斜向后上方；右手侧立，小指外缘由右向左朝左手虎口处刮一下。

（二）一手拇、食指张开，指尖朝上，一顿一顿向一侧移动。

（三）一手食指弯曲，指尖朝下点一下，如按键的动作。

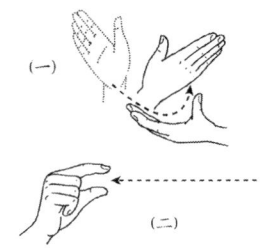

空行 kònghánɡ

（一）左手斜伸，掌心斜向后上方；右手侧立，小指外缘由右向左朝左手虎口处刮一下。

（二）右手拇、食指张开，指尖朝左，由左向右移动一下。（可根据实际表示空行的状态）

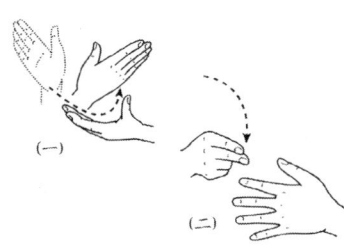

空指令 kòngzhǐlìng

（一）左手斜伸，掌心斜向后上方；右手侧立，小指外缘由右向左朝左手虎口处刮一下。

（二）左手横立，五指分开；右手食、中指直立并拢，然后向下一挥，指向左手食指。

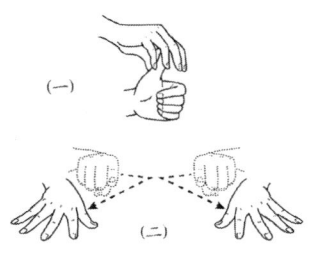

控件 kòngjiàn

（一）左手伸拇指；右手五指弯曲，指尖朝下，罩在左手拇指上。

（二）双手食指指尖朝前，互碰一下，再分开并张开五指。

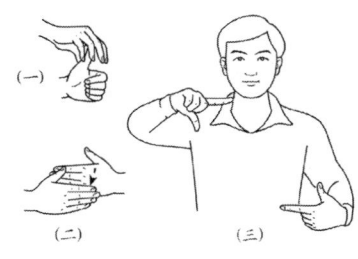

控制面板 kòngzhìmiànbǎn

（一）左手伸拇指；右手五指弯曲，指尖朝下，罩在左手拇指上。

（二）左手横立；右手摸一下左手背。

（三）双手拇、食指成"冂"形。

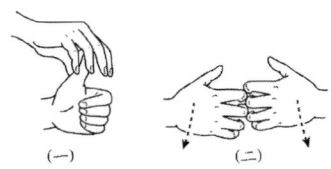

控制器 kòngzhìqì

（一）左手伸拇指；右手五指弯曲，指尖朝下，罩在左手拇指上。

（二）双手五指弯曲，食、中、无名、小指关节交错相触，并转动一下。

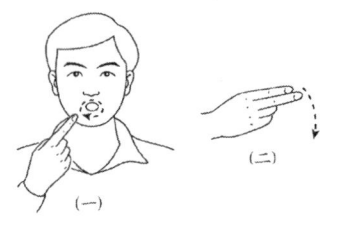

口令 kǒulìng

（一）一手伸食指，绕口部转一圈。
（二）一手食、中指并拢，指尖朝前挥动一下。

库 kù

左手斜伸，掌心朝右下方；右手五指微曲，指尖朝下，移入左手下，象征将东西入库。

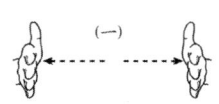

块 kuài

双手拇、食指搭成"口"形。

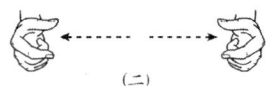

宽带 kuāndài

（一）双手侧立，掌心相对，从中间向两侧移动。
（二）双手拇、食指张开，指尖相对，虎口朝上，从中间向两侧拉开。

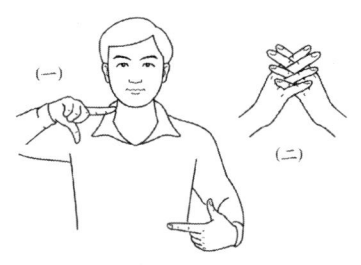

框架 kuàngjià

（一）双手拇、食指成"⊐"形。
（二）双手五指张开，斜向交叉相搭，指尖朝上。

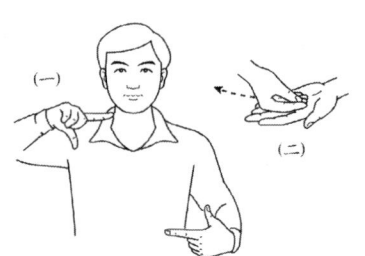

框图 kuàngtú

（一）双手拇、食指成"⊐"形。
（二）左手横伸；右手五指撮合，指背在左手掌心上抹一下。

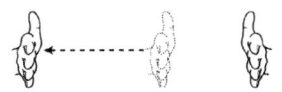

扩展 kuòzhǎn

双手侧立,左手不动,右手从中间向右侧移动一下。(可根据实际表示扩展的意思)

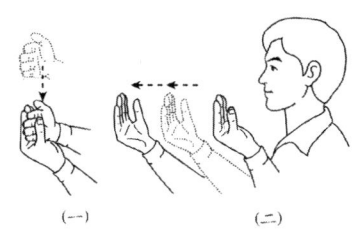

扩展槽 kuòzhǎncáo

(一)左手五指成"U"形,指尖朝上;右手横立,插入左手虎口内。

(二)双手五指成"U"形,指尖朝上;左手在后不动,右手向前移动两下。

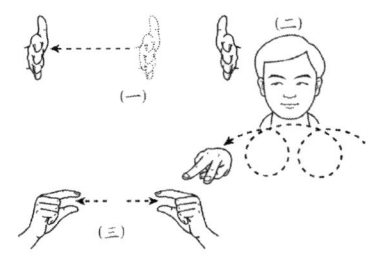

扩展寻址 kuòzhǎnxúnzhǐ

(一)双手侧立,左手不动,右手从中间向右侧移动一下。

(二)一手食、中指分开,指尖朝前,在面前由一侧向另一侧转动,目光随之移动。

(三)双手拇、食指微张,指尖相对,虎口朝内,从中间向两侧拉开。

L

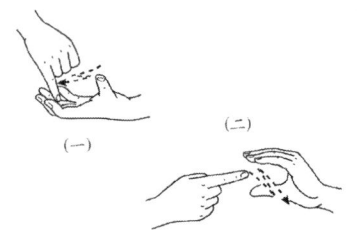

垃圾邮件 lājīyóujiàn
（一）左手五指微曲，掌心向上；右手伸小指，在左手上划两下。
（二）左手五指成"匚"形，虎口朝内；右手食指横伸，自左手虎口中部反复向外划动两下。

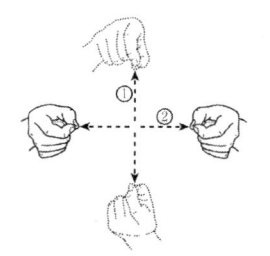

拉伸 lāshēn
双手拇、食指相捏，先上下再左右拉动。
（可根据实际模仿拉伸的动作）

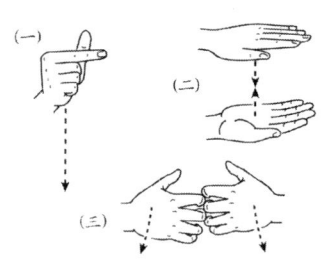

累加器 lěijiāqì
（一）一手拇、食指搭成"十"字形，由上而下移动。
（二）双手平伸，掌心上下相对，同时向中间移动。
（三）双手五指弯曲，食、中、无名、小指关节交错相触，并转动一下。

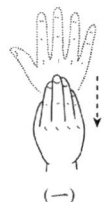 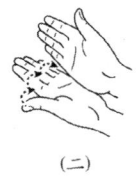

类型 lèixíng
（一）一手五指张开，指尖朝上，边向下移动边撮合五指。
（二）左手平伸；右手斜立于左手掌心上，然后一顿一顿向右移动。

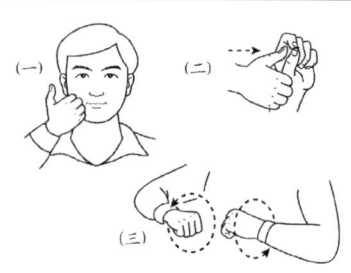

冷启动② lěngqǐdòng ②
（一）一手食、中、无名、小指弯曲，指背贴于面颊。
（二）左手拇、食指相捏成圆形，虎口朝内；右手伸拇指，朝左手虎口处按一下。
（三）双手握拳屈肘，前后交替转动两下。

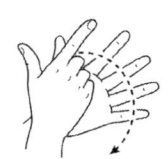
例程 lìchéng
　　左手侧立，五指张开；右手打手指字母"L"的指式，从左手拇指依次移至左手小指。

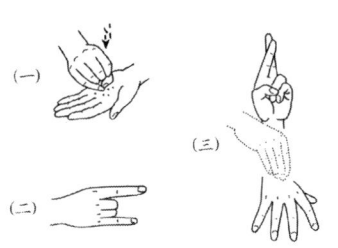
粒子系统 lìzǐxìtǒng
　　（一）左手横伸，掌心向上；右手拇、小指相捏，在左手掌心上点动两下。
　　（二）一手打手指字母"Z"的指式。
　　（三）左手打手指字母"X"的指式；右手五指撮合，指尖朝下，从左手腕部边向下移动边张开五指。

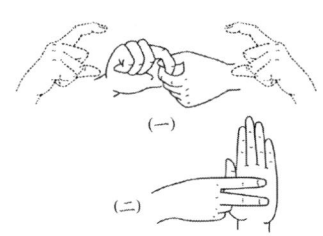
连接符 liánjiēfú
　　（一）双手拇、食指先张开，然后套环。
　　（二）左手直立，掌心向外；右手打手指字母"F"的指式，贴于左手掌心。

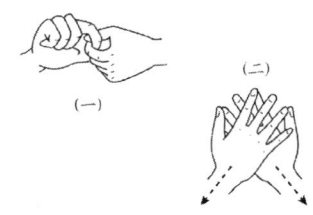
连网 liánwǎng
　　（一）双手拇、食指套环。
　　（二）双手五指分开，手背向外，交叉搭成格子，并向两侧斜下方移动。

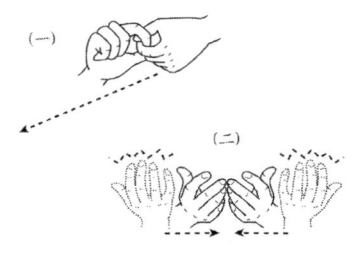
连续运算 liánxùyùnsuàn
　　（一）双手拇、食指套环，向斜下方移动。
　　（二）双手五指微曲，掌心向上，边交替点动边互碰。

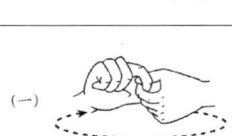

联通 liántōng
　　（一）双手拇、食指套环，顺时针平行转一圈。
　　（二）双手食指横伸，指尖相对，从两侧向中间交错移动。

联想 liánxiǎng

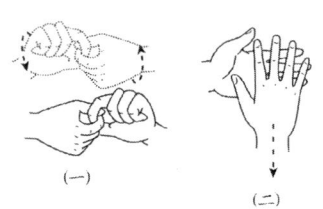

（一）双手拇、食指套环，顺时针平行转一圈。
（二）一手伸食指，在太阳穴处前后转动两下，面露思考的神态。

链表 liànbiǎo

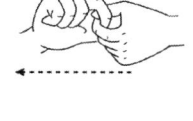

（一）双手拇、食指互相套环，反复一次。
（二）双手五指张开，一横一竖搭成方格形，左手不动，右手向下移。

链接 liànjiē

双手拇、食指套环，向一侧移动一下。

链路 liànlù

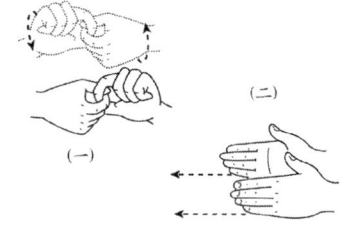

（一）双手拇、食指互相套环，反复一次。
（二）双手侧立，掌心相对，向前移动。

亮度 liàngdù

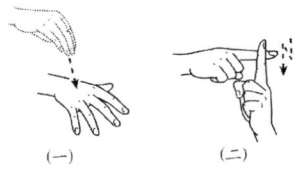

（一）一手五指撮合，指尖朝下，然后边向下移动边放开五指。
（二）左手食指直立；右手食指横贴在左手食指上，然后上下微动两下。

列 liè

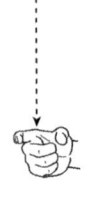

一手拇、食指张开，指尖朝前，虎口朝上，由上而下移动一下。

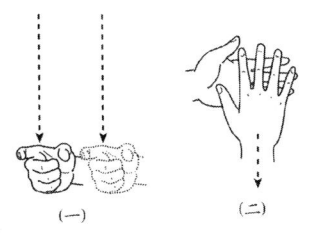

列表 lièbiǎo

（一）一手拇、食指张开，指尖朝前，虎口朝上，由上向下、由左向右移动两下。

（二）双手五指张开，一横一竖搭成方格形，左手不动，右手向下移。

（可根据实际表示列表的式样）

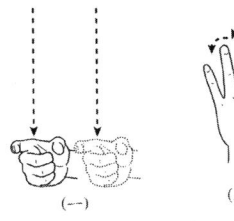

列间距 lièjiānjù

（一）一手拇、食指张开，指尖朝前，虎口朝上，由上向下、由左向右移动两下。

（二）左手直立，五指分开，掌心向内；右手拇、食指分开少许距离，分别插入左手食、中指和中、无名指指缝间。

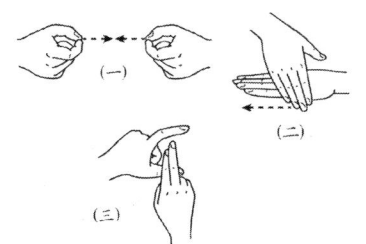

临界区 línjièqū

（一）双手拇、食指相捏，虎口朝上，相互靠近。

（二）左手横伸，掌心向下；右手食、中、无名、小指并拢，指尖朝下，沿左手小指边缘划一下。

（三）左手拇、食指成"匚"形，虎口朝内；右手食、中指相叠，置于左手虎口内，仿"区"字形。

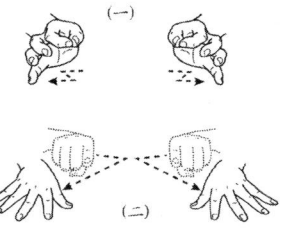

零件（部件） língjiàn (bùjiàn)

（一）双手拇、食指捏成圆形，虎口朝上，左右晃动两下。

（二）双手食指指尖朝前，互碰一下，再分开并张开五指。

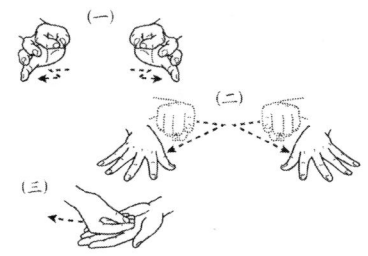

零件图 língjiàntú

（一）双手拇、食指捏成圆形，虎口朝上，左右晃动两下。

（二）双手食指指尖朝前，互碰一下，再分开并张开五指。

（三）左手横伸；右手五指撮合，指背在左手掌心上抹一下。

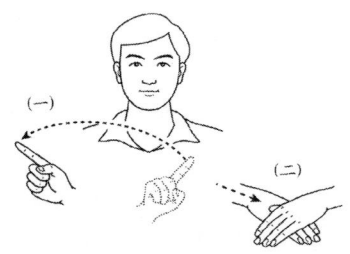

另存为 lìngcúnwéi

（一）右手食指横伸，指尖朝左，然后由上向右做弧形移动，指尖朝右。

（二）左手横伸，掌心向下；右手平伸，掌心向下，由后向前移入左手下。

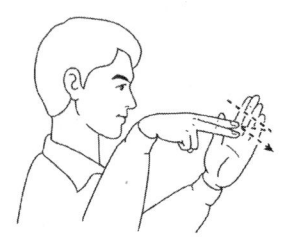

浏览 liúlǎn

左手斜伸,掌心向内,置于面前;右手食、中指分开,指尖对着左手掌由左向右、由上向下做快速移动。

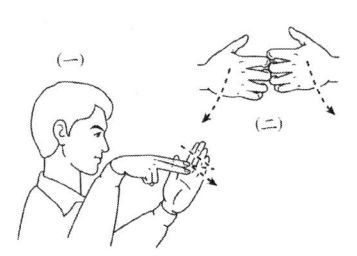

浏览器 liúlǎnqì

(一)左手斜伸,掌心向内,置于面前;右手食、中指分开,指尖对着左手掌由左向右、由上向下做快速移动。
(二)双手五指弯曲,食、中、无名、小指关节交错相触,并转动一下。

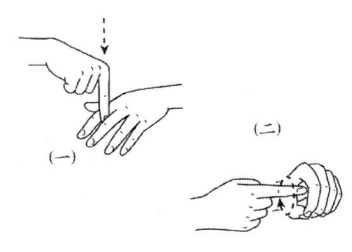

漏洞 lòudòng

(一)左手横伸,掌心向下,五指分开;右手食指朝下,在左手食、中指缝间向下一伸。
(二)左手五指捏成圆形,虎口朝内;右手食指在左手虎口内转一圈。

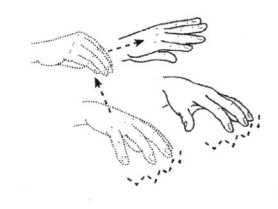

录入(键入) lùrù (jiànrù)

双手五指弯曲,指尖朝下,交替点动几下,然后右手五指撮合,边向前移动边张开五指,表示将材料键入计算机。

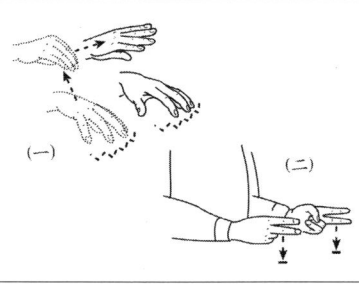

录入法(输入法) lùrùfǎ (shūrùfǎ)

(一)双手五指弯曲,指尖朝下,交替点动几下,然后右手五指撮合,边向前移动边张开五指,表示将材料键入计算机。
(二)双手食、中指分开,指尖朝前,同时向下一顿。

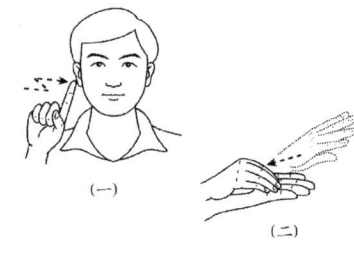

录音 lùyīn

(一)一手食指直立,在耳边左右晃动两下。
(二)左手平伸;右手五指张开,边向左手掌心移动边撮合五指。

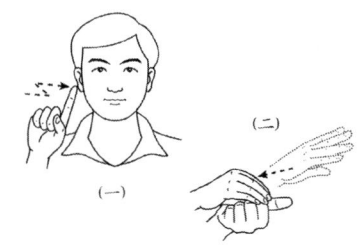

录音笔 lùyīnbǐ
（一）一手食指直立，在耳边左右晃动两下。
（二）左手虚握，伸出拇指，虎口朝外，如持录音笔状；右手五指张开，边向左手掌心移动边撮合五指。
（可根据实际模仿录音笔的形状）

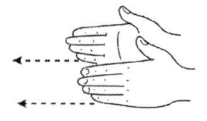

路径 lùjìng
双手侧立，掌心相对，向前移动。

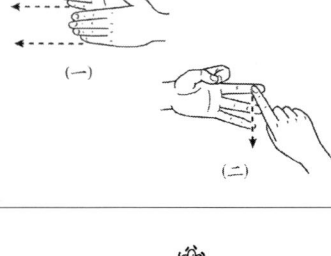

路径名 lùjìngmíng
（一）双手侧立，掌心相对，向前移动。
（二）左手中、无名、小指横伸；右手伸食指，自左手中指向下划动。

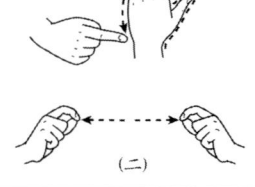

轮廓线 lúnkuòxiàn
（一）左手直立，手背向外；右手食指指尖朝前，沿左手五指轮廓绕动。
（二）双手拇、食指相捏，从中间向两侧拉开。

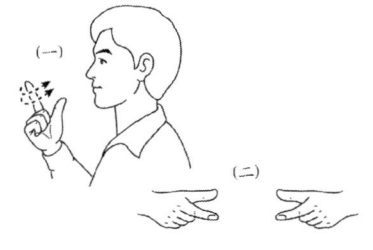

论坛 lùntán
（一）一手打手指字母"L"的指式，平行转动两下。
（二）双手拇、食指张开，指尖相对成大圆形，虎口朝上。

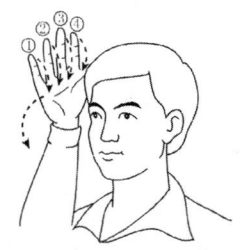

逻辑 luójí
右手直立，五指张开，掌心向左，置于头侧，边向下转动手腕边依次弯曲小、无名、中、食指，表示思维有条理。

滤镜 lǜjìng

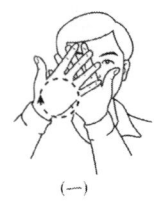 

（一）双手五指分开,斜向相搭,掌心向内,在面前顺时针转动两下。

（二）一手直立,掌心向内,在面前晃动两下,如照镜子的动作。

M

麦克风 màikèfēng

　　一手虚握，虎口斜向朝内，对着嘴部，如持麦克风状。

脉冲 màichōng

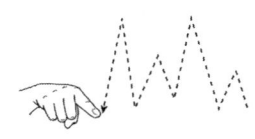
　　一手伸食指，指尖朝前，连续划不规则的"∧"形，仿脉冲波形状。

脉冲串 màichōngchuàn

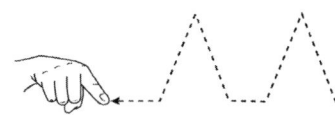
　　一手伸食指，指尖朝前，先划一个"∧"形，再平行划动，再划一个"∧"形，再平行划动，连续两次，仿脉冲串形状。

漫反射 mànfǎnshè

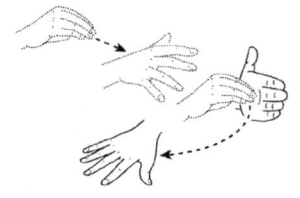
　　左手侧立；右手五指撮合，先对着左手掌心放开五指，再五指撮合，手腕反转，向外做弧形移动并放开五指，象征光线漫射。

冒泡 màopào

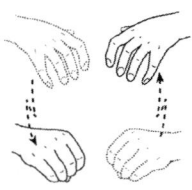
　　双手五指捏成圆球形，手背向上，边交替向上移动边放开五指。

枚举 méijǔ

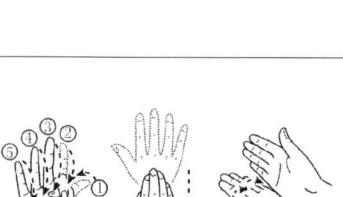

一手直立,掌心向内,五指分开,自拇指依次向内弯动至握拳。

枚举类型 méijǔlèixíng

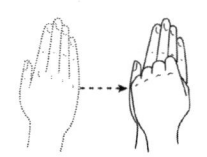

(一)一手直立,掌心向内,五指分开,自拇指依次向内弯动至握拳。
(二)一手五指张开,指尖朝上,边向下移动边撮合五指。
(三)左手平伸;右手斜立于左手掌心上,然后一顿一顿向右移动。

蒙版 méngbǎn

左手握拳,手背向外;右手直立,掌心向内,从一侧移至左手后。

密码 mìmǎ

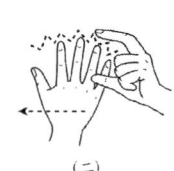

(一)一手食、中指相叠置于嘴部,嘴闭拢。
(二)左手拇、食指成"匚"形;右手五指直立分开,手背向外,在"匚"形内从左向右连续点动手指,表示一串数码。

密钥 mìyào

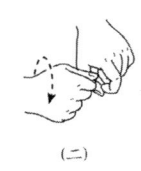

(一)一手食、中指相叠置于嘴部,嘴闭拢。
(二)左手拇、食指捏成小圆形;右手拇、食指相捏,对着左手转动一下,如执钥匙开锁状。

面板 miànbǎn

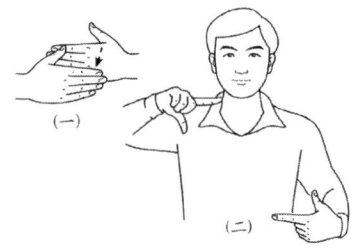

(一)左手横立;右手摸一下左手背。
(二)双手拇、食指成"冂"形。

描边 miáobiān
左手横伸，掌心向下；右手如执笔状，沿左手指尖曲折移动。

命令 mìnglìng
一手食、中指并拢，指尖朝前挥动一下。

命名 mìngmíng
左手横伸；右手中、无名、小指横伸，拇指尖按于中指第二节，手背向下，贴向左手掌心。

模块 mókuài
（一）双手平伸，手背拱起相合，左右翻转两下。
（二）双手拇、食指搭成"口"形。

模块化 mókuàihuà
（一）双手平伸，手背拱起相合，左右翻转两下。
（二）双手拇、食指搭成"口"形。
（三）一手打手指字母"H"的指式，指尖朝前斜下方，由左向右划动一下。

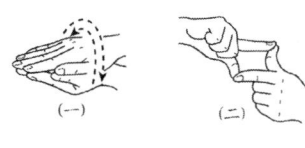

模拟 mónǐ
双手拇、食指搭成"十"字形，同时向一侧移动。

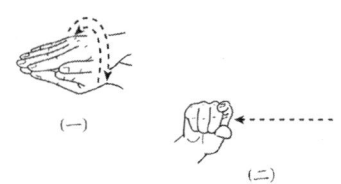

模式 móshì

（一）双手平伸，手背拱起相合，左右翻转两下。
（二）一手拇、食指张开，指尖朝前，由左向右移动一下。

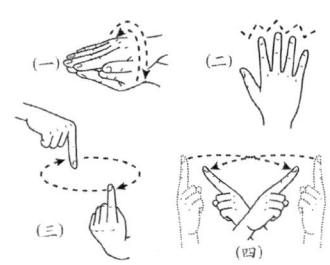

模数转换 móshùzhuǎnhuàn

（一）双手平伸，手背拱起相合，左右翻转两下。
（二）一手直立，掌心向内，五指分开，交替点动几下。
（三）双手伸食指，指尖上下相对，交替平行转动两下。
（四）双手食指直立，左右互换位置。

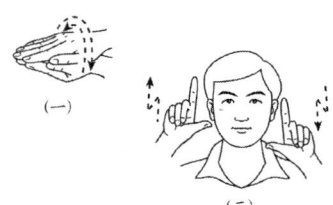

模型 móxíng

（一）双手平伸，手背拱起相合，左右翻转两下。
（二）双手拇、食指成"⌞⌟"形，置于脸颊两侧，上下交替动两下。

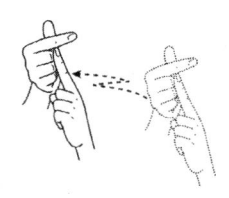

魔术棒 móshùbàng

左手食指直立；右手拇、食指搭成"十"字形，置于左手食指尖上，双手同时随意移动。

 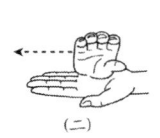

墨盒 mòhé

（一）一手打手指字母"H"的指式，并摸一下头发。
（二）左手横伸；右手五指成"⊐"形，指尖朝前，置于左手掌心上，由左向右移动一下。
（可根据实际模仿墨盒的形状）

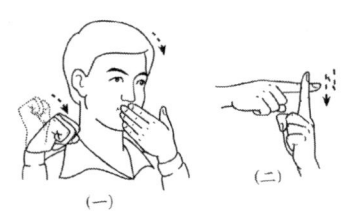

默认值 mòrènzhí

（一）左手五指并拢，贴于嘴部；右手握拳，向前一低，同时头向前点动。
（二）左手食指直立；右手食指横贴在左手食指上，然后上下微动两下。

模板 múbǎn
（一）双手平伸，手背拱起相合，左右翻转两下。
（二）双手拇、食指张开，指尖朝下，从中间向两侧拉开。

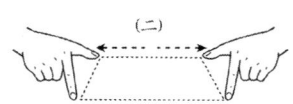

母版 mǔbǎn
（一）右手伸食指，指尖左侧贴在嘴唇上。
（二）双手平伸，掌心相对，指尖相抵，左手在下不动，右手向下一按。

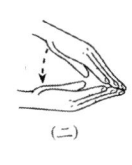

目录 mùlù
（一）左手横立，五指分开；右手拇、食指张开，指尖朝左，自左手拇指旁向右移动一下。
（二）左手横立，五指分开；右手握拳，然后依次伸出食、中、无名、小指。

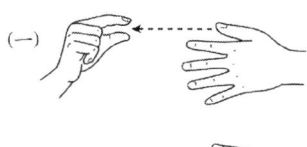

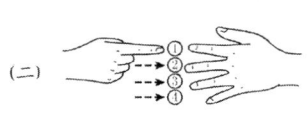

N

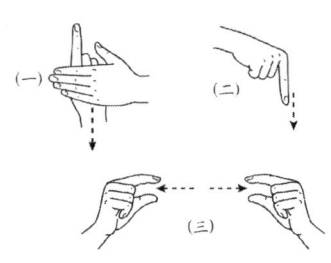

内部地址 nèibùdìzhǐ
（一）左手横立，掌心向内；右手食指直立，由上而下移入左手掌心内。
（二）一手伸食指，指尖朝下指一下。
（三）双手拇、食指微张，指尖相对，虎口朝内，从中间向两侧拉开。

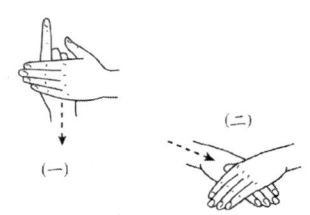

内存 nèicún
（一）左手横立，掌心向内；右手食指直立，由上而下移入左手掌心内。
（二）左手横伸，掌心向下；右手平伸，掌心向下，由后向前移入左手下。

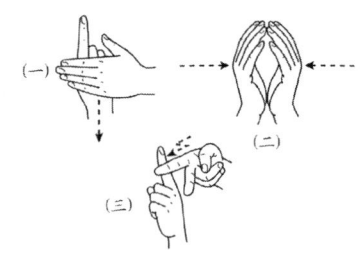

内聚性 nèijùxìng
（一）左手横立，掌心向内；右手食指直立，由上而下移入左手掌心内。
（二）双手直立，五指微曲，从两侧向中间移动。
（三）左手食指直立；右手食、中指横伸并分开，交替弹一下左手食指背。

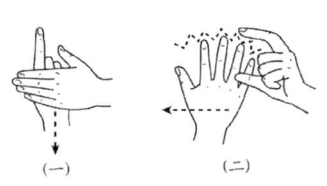

内码 nèimǎ
（一）左手横立，掌心向内；右手食指直立，由上而下移入左手掌心内。
（二）左手拇、食指成"匚"形；右手五指直立分开，手背向外，在"匚"形内从左向右连续点动手指，表示一串数码。

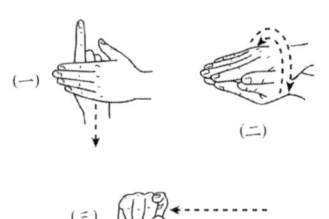

内模式 nèimóshì
（一）左手横立，掌心向内；右手食指直立，由上而下移入左手掌心内。
（二）双手平伸，手背拱起相合，左右翻转两下。
（三）一手拇、食指张开，指尖朝前，由左向右移动一下。

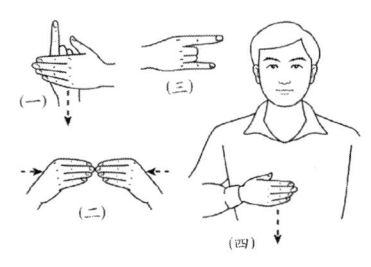

内置字体 nèizhìzìtǐ

（一）左手横立,掌心向内;右手食指直立,由上而下移入左手掌心内。

（二）双手横立,五指撮合,从两侧向中间移动,指尖互碰一下。

（三）一手打手指字母"Z"的指式。

（四）一手掌心向内,贴于胸部,向下移动一下。

扭曲 niǔqū

双手拇、食指成"⌐"形,同时向前后转动,双手方向相反。

O

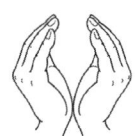

耦合 ǒuhé
　　双手五指弯曲，手腕相搭，指尖相对，中间相距约 5 厘米。

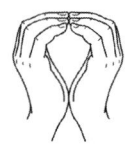

＊紧密耦合 jǐnmìǒuhé
　　双手五指弯曲，手腕相搭，指尖相抵。

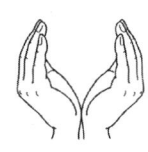

＊松散耦合 sōngsǎnǒuhé
　　双手五指弯曲，手腕相搭，指尖相对，中间相距约 15 厘米，比"耦合"动作要大一些。

＊为了便于比较和学习，特将紧密耦合、松散耦合排列在此。

P

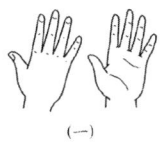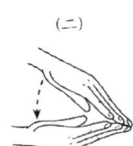

排版 páibǎn
（一）双手直立，五指分开，一前一后排成一列。
（二）双手平伸，掌心相对，指尖相抵，左手在下不动，右手向下一按。

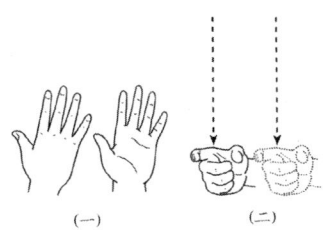

排列 páiliè
（一）双手直立，五指分开，一前一后排成一列。
（二）一手拇、食指张开，指尖朝前，虎口朝上，由上向下、由左向右移动两下。

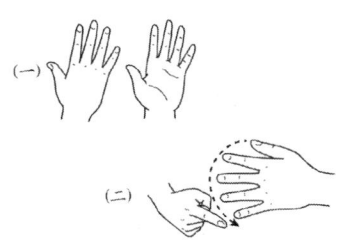

排序 páixù
（一）双手直立，五指分开，一前一后排成一列。
（二）左手横立，五指分开；右手伸食指，自左手拇指依次向下划动。

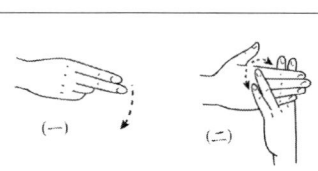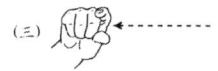

判别式 pànbiéshì
（一）一手食、中指并拢，由上而下一挥。
（二）左手直立，掌心向内；右手侧立于左手中、无名指缝间，向两边做分开的动作。
（三）一手拇、食指张开，指尖朝前，由左向右移动一下。

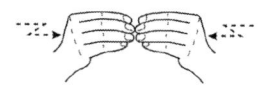

配置 pèizhì
双手横立，五指撮合，从两侧向中间移动，指尖互碰两下。

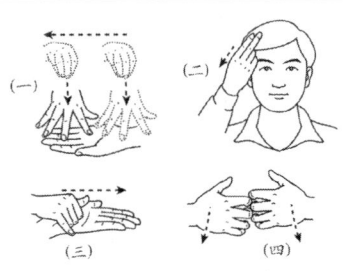

喷墨打印机 pēnmòdǎyìnjī

（一）左手横伸，掌心向上；右手五指撮合，指尖对着左手边做开合的动作边向右侧移动。
（二）一手打手指字母"H"的指式，并摸一下头发。
（三）左手平伸；右手打手指字母"Y"的指式，手背向上，在左手掌心上由后向前移动。
（四）双手五指弯曲，食、中、无名、小指关节交错相触，并转动一下。

喷枪 pēnqiāng

一手伸拇、食指，食指指尖朝前，转动两下。

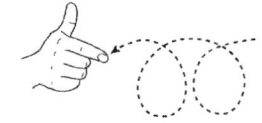

批处理 pīchǔlǐ

（一）双手横伸，掌心上下相对，同时向外移出。
（二）一手伸拇、食、中指，食、中指并拢，指尖朝前，由上向下一挥。
（三）双手侧立，掌心相对，一顿一顿向一侧移动两下。

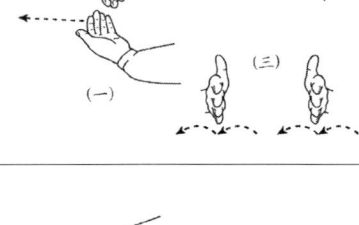

批号 pīhào

（一）双手横伸，掌心上下相对，同时向外移出。
（二）左手拇、食指成"⊏"形；右手五指直立分开，手背向外，在"⊏"形内从左向右连续点动手指，表示一串数码。

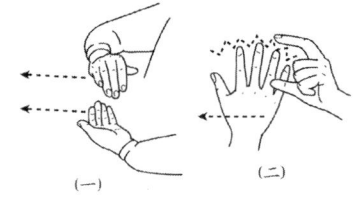

批量 pīliàng

（一）双手横伸，掌心上下相对，同时向外移出。
（二）一手直立，掌心向内，五指分开，交替点动几下。

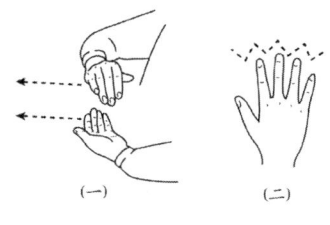

匹配 pǐpèi

（一）双手横立，五指撮合，从两侧向中间移动，指尖互碰一下。
（二）双手横立，指尖相对，然后由两侧向中间移动至双手相叠，表示符合之意。

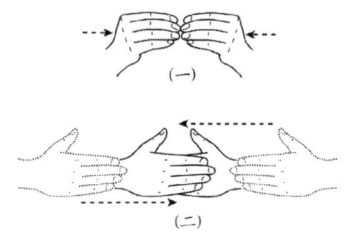

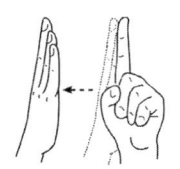
偏移 piānyí
　　左手食指直立；右手直立，掌心朝左，置于左手食指后，然后向右移动一下。

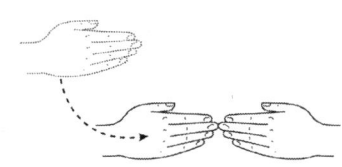
拼接 pīnjiē
　　双手横立，左手在下不动，右手由上而下移动，双手指尖相碰。
（可根据实际模仿拼接的动作）

拼音 pīnyīn
　　一手直立，掌心向外，五指微曲，边交替点动边向一侧移动，嘴微张。

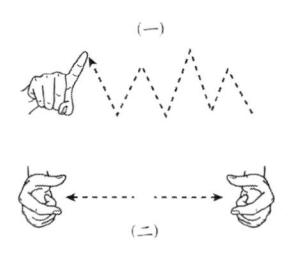
频带 píndài
　　（一）一手伸食指，指尖朝前，做折线形移动。
　　（二）双手拇、食指张开，指尖相对，虎口朝上，从中间向两侧拉开。

频率① pínlǜ ①
　　一手伸食指，指尖朝前，做折线形移动。
（用于表示电波、声波的频率）

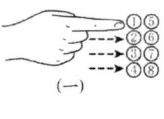 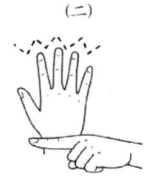
频率② pínlǜ ②
　　（一）一手依次反复伸出食、中、无名、小指，表示反复出现的意思。
　　（二）左手食指横伸；右手直立，掌心向内，手腕贴于左手食指，五指交替点动几下。
（用于表示文字、字母、图片等出现的频率）

频移 pínyí
一手伸食指,指尖朝前,先由左向右,再由右向左做折线形移动。

平板电脑 píngbǎndiànnǎo
左手横伸;右手伸中指,指尖朝下,在左手掌心上划动两下。

平滑 pínghuá
左手横伸,掌心向下;右手平伸,贴于左手背上,然后流畅地向左手指尖方向划动。

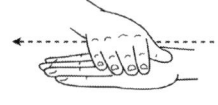
平台 píngtái
双手平伸,掌心向下,从中间向两侧平移,再折而下移成"冂"形。

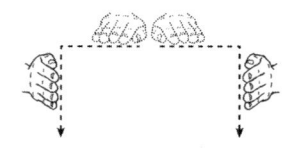
平移 píngyí
双手直立,掌心朝外,置于胸前,从一侧向另一侧移动。(可根据实际模仿平移的状态)

评价(评估) píngjià (pínggū)
左手食指直立;右手在后,手背向下,拇、小指交替弯动两下。

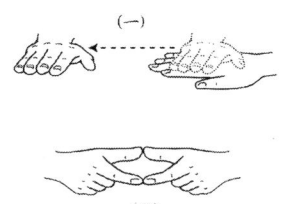

苹果 píngguǒ
（一）左手横伸；右手平伸，从左手背上向右侧移动一下。
（二）双手拇、食指搭成圆形，虎口朝上。

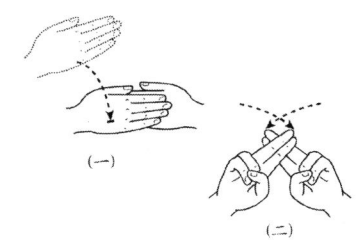

屏蔽 píngbì
（一）双手横立，左手在后不动，右手向下一顿，挡住左手。
（二）双手食、中指并拢，从两侧向中间移动并斜向相交，模仿封条的样子。

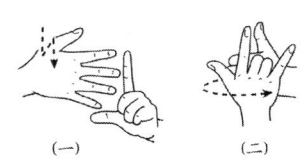

屏幕保护（屏保） píngmùbǎohù（píngbǎo）
（一）左手拇、食指成"㇄"形，掌心向外；右手横立，五指张开，在左手食指旁上下晃动两下。
（二）左手伸拇指；右手拇、食、小指直立，手背向外，由右向左绕左手转半圈。

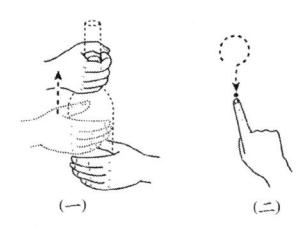

瓶颈问题 píngjǐngwèntí
（一）双手五指成半圆形，上下相叠，左手在下不动，右手边向上移动边虚握，仿腹大口小的瓶子外形。
（二）一手食指书空"？"号。

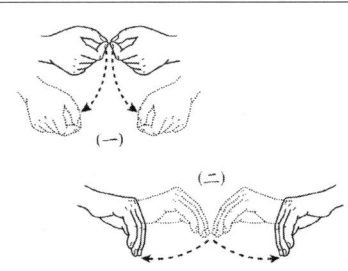

破解 pòjiě
（一）双手拇、食指相捏，指尖相对，然后向下掰动一下。
（二）双手五指撮合，指尖朝下，从中间向两侧移动。

Q

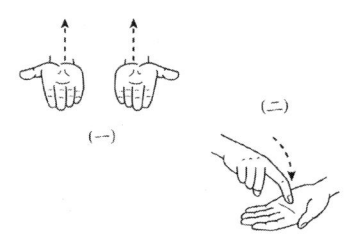

起点 qǐdiǎn
（一）双手平伸，掌心向上一抬。
（二）左手横伸；右手食指朝下，在左手掌上点一下。

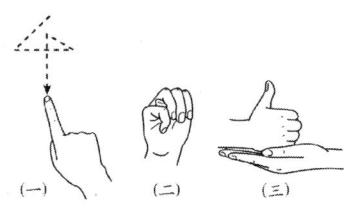

千兆位 qiānzhàowèi
（一）一手食指书空"千"字。
（二）一手打手指字母"M"的指式。
（三）左手横伸；右手伸拇指，置于左手掌心上。

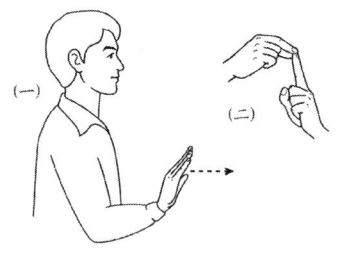

前端 qiánduān
（一）一手直立，掌心向外，齐腰部高度向前移动一下。
（二）左手食指直立；右手拇、食指捏住左手食指指尖。

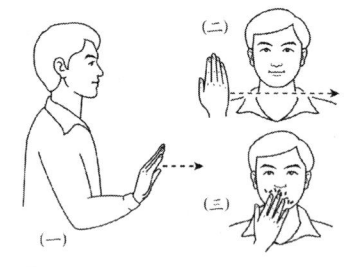

前景色 qiánjǐngsè
（一）一手直立，掌心向外，齐腰部高度向前移动一下。
（二）一手直立，掌心向内，由一侧向另一侧移动一下。
（三）一手直立，掌心向内，五指分开，在嘴唇部交替点动。

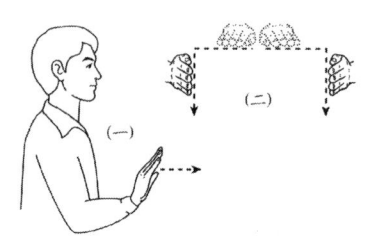

前台 qiántái
（一）一手直立，掌心向外，齐腰部高度向前移动一下。
（二）双手平伸，掌心向下，从中间向两侧平移，再折而下移成"冂"形。

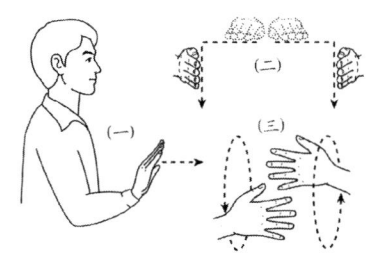

前台运行 qiántáiyùnxíng
（一）一手直立，掌心向外，齐腰部高度向前移动一下。
（二）双手平伸，掌心向下，从中间向两侧平移，再折而下移成"⊓"形。
（三）双手横立，五指分开，一上一下，交替向上移动。

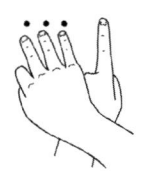

前缀 qiánzhuì
左手食指直立；右手伸中、无名、小指，指尖朝前，在左手食指左侧向前点一下。

潜伏期 qiánfúqī
（一）左手横伸；右手伸拇、小指，指尖朝前，手背向上，由后向前移入左手掌心下。
（二）双手直立，掌心相对。

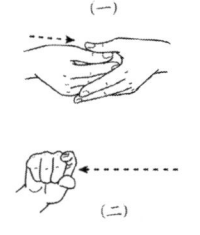

嵌入式 qiànrùshì
（一）左手五指成半圆形；右手五指撮合，卡在左手半圆形的空隙处，然后向里一插，指尖抵于左手掌心。
（二）一手拇、食指张开，指尖朝前，由左向右移动一下。

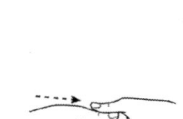

嵌套 qiàntào
左手五指成半圆形；右手五指撮合，卡在左手半圆形的空隙处，然后向里一插，指尖抵于左手掌心。

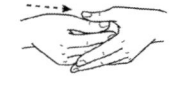

切换 qiēhuàn
双手食、中指横伸并分开，左手掌心向内不动，右手掌心向外，然后翻转为掌心向内。

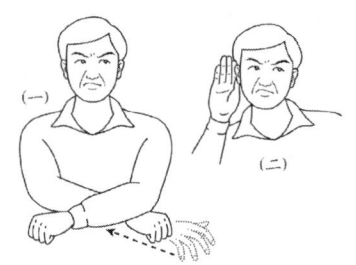

窃听 qiètīng

（一）左手臂横伸，左手握拳；右手五指弯曲，置于左手臂下，然后边向右移动边握拳，表示暗中偷窃。

（二）一手五指微曲，掌心向外，贴于耳部，面露专注的表情。

清除 qīngchú

左手横伸；右手侧立，从左手掌心上向外刮过。

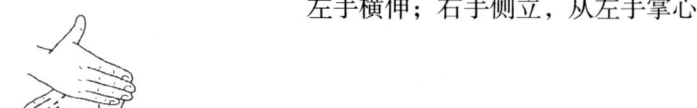

清单 qīngdān

（一）左手横伸；右手平伸，掌心向下，贴于左手掌，边向左手指尖方向移动边食、中、无名、小指握拳。

（二）左手横伸；右手握拳，在左手上边向内移动边依次伸出食、中、无名、小指。

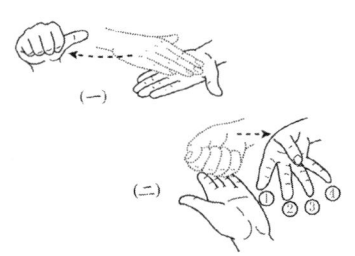

清零 qīnglíng

（一）左手横伸；右手平伸，掌心向下，贴于左手掌，边向左手指尖方向移动边食、中、无名、小指握拳。

（二）一手五指捏成圆形，虎口朝内。

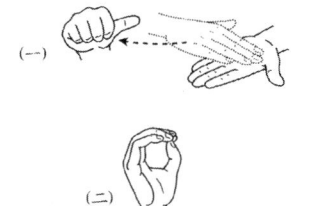

请求 qǐngqiú

双手抱拳，前后微动两下，面露恳求的表情。

区域 qūyù

（一）左手拇、食指成"⊏"形，虎口朝内；右手食、中指相叠，置于左手虎口内，仿"区"字形。

（二）左手拇、食指成半圆形，虎口朝上；右手食指指尖朝下，沿左手拇、食指转一圈。

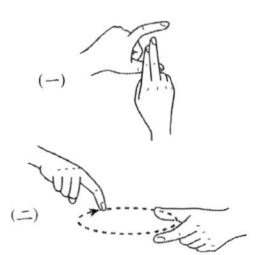

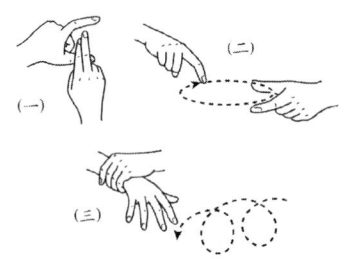

区域搜索 qūyùsōusuǒ

（一）左手拇、食指成"匚"形，虎口朝内；右手食、中指相叠，置于左手虎口内，仿"区"字形。

（二）左手拇、食指成半圆形，虎口朝上；右手食指指尖朝下，沿左手拇、食指转一圈。

（三）左手握住右手腕；右手五指张开，掌心向下，边转动边向右移动。

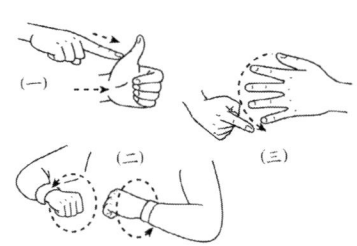

驱动程序 qūdòngchéngxù

（一）左手伸拇指；右手伸食指，指尖对着左手拇指杵一下，左手随之向前。

（二）双手握拳屈肘，前后交替转动两下。

（三）左手横立，五指分开；右手伸食指，自左手拇指依次向下划动。

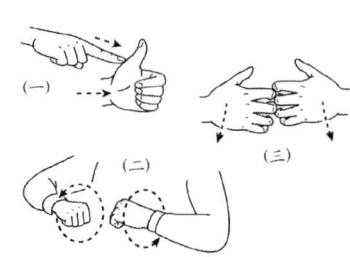

驱动器 qūdòngqì

（一）左手伸拇指；右手伸食指，指尖对着左手拇指杵一下，左手随之向前。

（二）双手握拳屈肘，前后交替转动两下。

（三）双手五指弯曲，食、中、无名、小指关节交错相触，并转动一下。

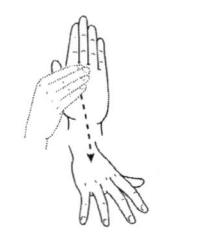

取消（撤销） qǔxiāo（chèxiāo）

左手直立，掌心向右；右手五指在左手掌心上抓一下，然后向下一甩。

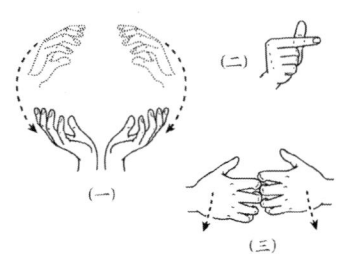

全加器 quánjiāqì

（一）双手五指微曲，手背向上，然后向下做弧形移动，手腕并拢。

（二）一手拇、食指搭成"十"字形。

（三）双手五指弯曲，食、中、无名、小指关节交错相触，并转动一下。

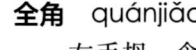

全角 quánjiǎo

左手拇、食指成半圆形，虎口朝内；右手伸食指，自左手食指向右做弧形移动至左手拇指，仿全角符号形状。

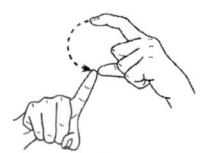

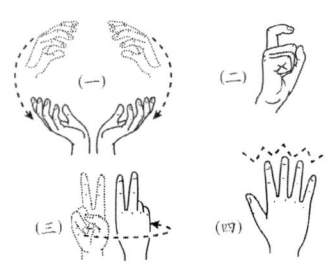

全局变量 quánjúbiànliàng

（一）双手五指微曲，手背向上，然后向下做弧形移动，手腕并拢。
（二）一手打手指字母"J"的指式。
（三）一手食、中指直立分开，由掌心向外转为掌心向内。
（四）一手直立，掌心向内，五指分开，交替点动几下。

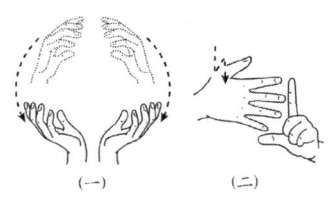

全屏 quánpíng

（一）双手五指微曲，手背向上，然后向下做弧形移动，手腕并拢。
（二）左手拇、食指成"⌐"形，掌心向外；右手横立，五指张开，在左手食指旁上下晃动两下。

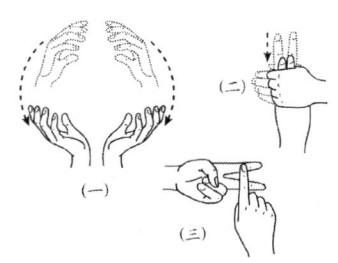

全双工 quánshuānggōng

（一）双手五指微曲，手背向上，然后向下做弧形移动，手腕并拢。
（二）左手五指微曲，虎口朝上；右手食、中指直立分开，手背朝外，边并拢边移入左手掌心内，左手握住右手食、中指。
（三）左手食、中指与右手食指搭成"工"字形。

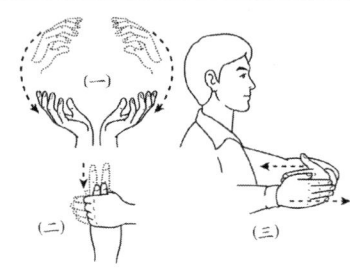

全双向 quánshuāngxiàng

（一）双手五指微曲，手背向上，然后向下做弧形移动，手腕并拢。
（二）左手五指微曲，虎口朝上；右手食、中指直立分开，手背朝外，边并拢边移入左手掌心内，左手握住右手食、中指。
（三）双手侧立，指尖朝向一前一后，然后交错移动一下。

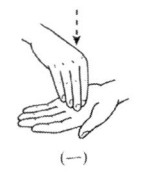 

确定性 quèdìngxìng

（一）左手横伸；右手五指撮合，指尖朝下，按于左手掌心。
（二）左手食指直立；右手食、中指横伸并分开，交替弹一下左手食指背。

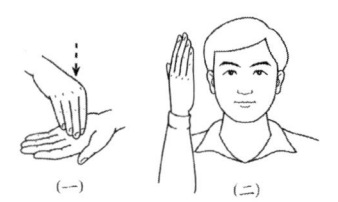

确认 quèrèn

（一）左手横伸；右手五指撮合，指尖朝下，按于左手掌心。
（二）右手直立，掌心向左。

群 qún

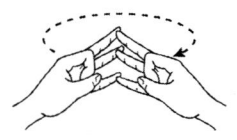

双手中、无名、小指搭成三个"人"字形,指尖朝前,顺时针转一圈。

R

热插拔 rèchābá

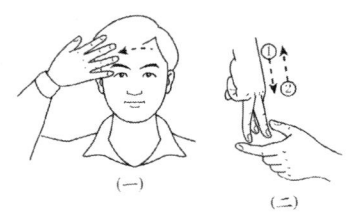

（一）一手五指分开，指尖贴于额头，然后向一侧一抹，如流汗状。

（二）左手拇、食指成"匚"形，虎口朝上；右手食、中、无名指叉开，指尖朝下插入左手虎口内，然后再拔出。

热键 rèjiàn

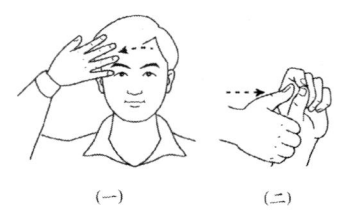

（一）一手五指分开，指尖贴于额头，然后向一侧一抹，如流汗状。

（二）左手拇、食指相捏成圆形，虎口朝内；右手伸拇指，朝左手虎口处按一下。

热启动① rèqǐdòng ①

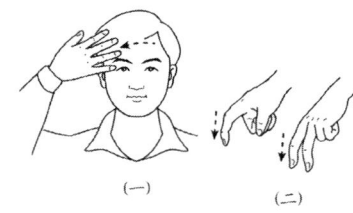

（一）一手五指分开，指尖贴于额头，然后向一侧一抹，如流汗状。

（二）左手食、中指和右手食指指尖朝下，同时按一下，仿按热启动键（Ctrl+Alt+Delete）的动作。

热启动② rèqǐdòng ②

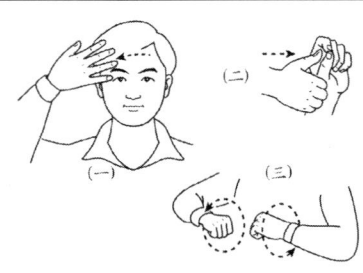

（一）一手五指分开，指尖贴于额头，然后向一侧一抹，如流汗状。

（二）左手拇、食指相捏成圆形，虎口朝内；右手伸拇指，朝左手虎口处按一下。

（三）双手握拳屈肘，前后交替转动两下。

人工呼叫 réngōnghūjiào

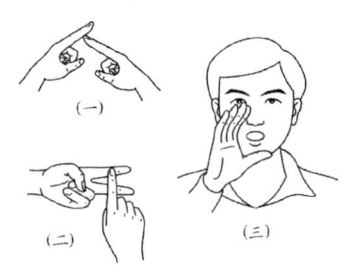

（一）双手食指搭成"人"字形。

（二）左手食、中指与右手食指搭成"工"字形。

（三）一手五指成"匚"形，虎口贴于嘴边，口微张。

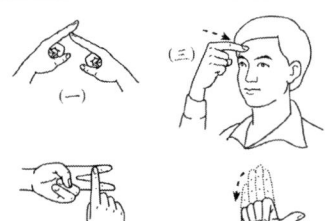

人工智能 réngōngzhìnéng
（一）双手食指搭成"人"字形。
（二）左手食、中指与右手食指搭成"工"字形。
（三）一手伸食指，点一下额头。
（四）一手直立，掌心向外，然后食、中、无名、小指弯曲一下。

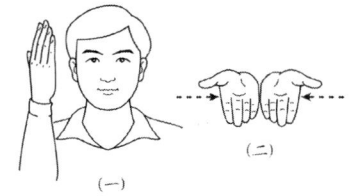

认证 rènzhèng
（一）右手直立，掌心向左。
（二）双手平伸，掌心向上，从两侧向中间移动，并互碰一下。

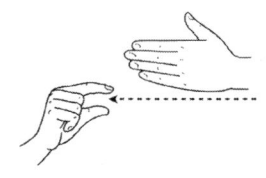

任务栏 rènwùlán
左手横立，掌心向内；右手拇、食指张开，指尖朝左，在左手下方由左向右移动一下。
（可根据实际表示任务栏的位置）

日志 rìzhì
（一）右手拇、食指捏成小圆形，从头部右侧向左做弧形移动，越过头顶。
（二）左手横伸；右手如执笔状，在左手掌心上做写字的动作。

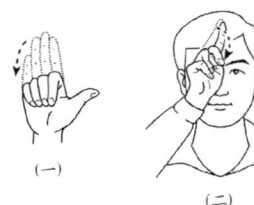

容错 róngcuò
（一）一手直立，掌心向外，然后食、中、无名、小指弯曲一下。
（二）一手食、中指直立相叠，置于额前，然后中指向下弯动一下。

容量 róngliàng
（一）左手五指成半圆形，虎口朝上；右手食指指尖朝下，在左手内转一圈。
（二）一手直立，掌心向内，五指分开，交替点动几下。

融合 rónghé

双手五指分开,手背向外,由两侧向中间移动至手指交叉咬合。

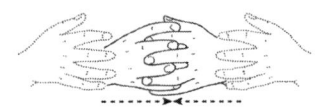

软回车 ruǎnhuíchē

(一)右手拇、食指捏住左手食指扳动两下,左手食指随之弯曲。

(二)一手食指弯曲,指尖朝前,做"⏎"形划动,表示键盘上的回车键符号。

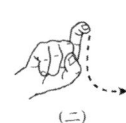

软件 ruǎnjiàn

(一)右手拇、食指捏住左手食指扳动两下,左手食指随之弯曲。

(二)双手食指指尖朝前,互碰一下,再分开并张开五指。

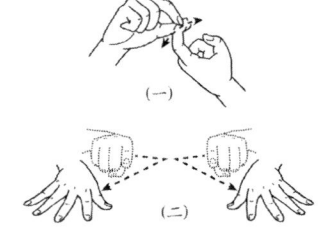

软盘 ruǎnpán

(一)右手拇、食指捏住左手食指扳动两下,左手食指随之弯曲。

(二)双手拇、食指搭成圆形,虎口朝上。

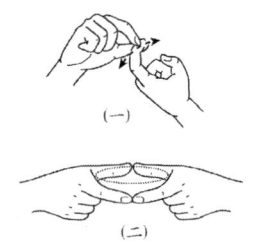

锐化 ruìhuà

左手横立,五指分开;右手直立,五指分开,双手掌心相贴,然后五指逐渐并拢,象征锐化使图像变得清晰。

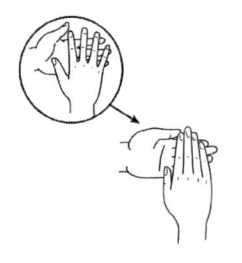

润色 rùnsè

(一)左手横伸;右手伸食指,置于左手掌心,拇指在食指根和食指尖之间来回移动,表示颜色由深到浅、由浅到深。

(二)一手直立,掌心向内,五指分开,在嘴唇部交替点动。

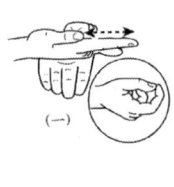

S

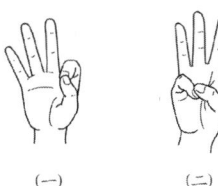

三维① sānwéi ①
（一）一手中、无名、小指直立分开，手背向内。
（二）一手打手指字母"W"的指式。

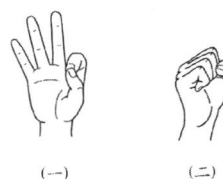

三维（3D）② sānwéi ②
（一）一手中、无名、小指直立分开，手背向内。
（二）一手打手指字母"D"的指式。

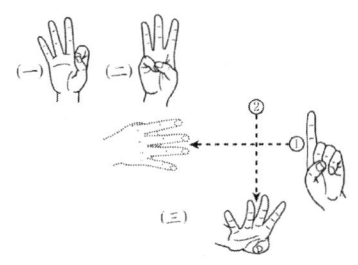

三维阵列 sānwéizhènliè
（一）一手中、无名、小指直立分开，手背向内。
（二）一手打手指字母"W"的指式。
（三）左手食指直立，掌心向外；右手横立，掌心向内，拇指弯回，食、中、无名、小指分开，先横向移动一下，再指尖朝前斜上方，手背向上，纵向移动一下。
（可根据实际模仿三维阵列的式样）

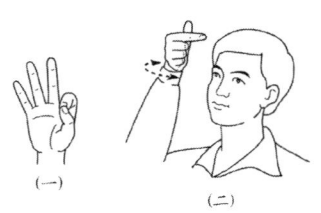

三星 sānxīng
（一）一手中、无名、小指直立分开，手背向内。
（二）一手拇、食指搭成"十"字形，在头上方晃动两下。

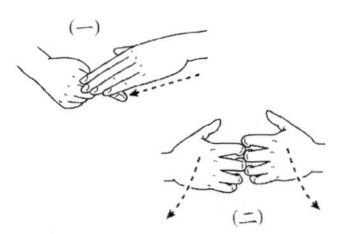

扫描仪 sǎomiáoyí
（一）左手横伸，掌心向下；右手伸食指，置于左手腕底部，然后向指尖方向缓慢移动。
（二）双手五指弯曲，食、中、无名、小指关节交错相触，并转动一下。

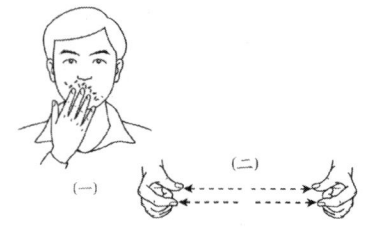

色带 sèdài

（一）一手直立，掌心向内，五指分开，在嘴唇部交替点动。

（二）双手拇、食指张开，指尖相对，虎口朝上，从中间向两侧拉开。

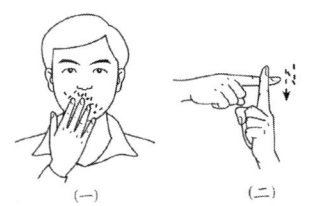

色度 sèdù

（一）一手直立，掌心向内，五指分开，在嘴唇部交替点动。

（二）左手食指直立；右手食指横贴在左手食指上，然后上下微动两下。

色粉 sèfěn

（一）一手直立，掌心向内，五指分开，在嘴唇部交替点动。

（二）一手五指撮合，指尖朝下，互捻两下。

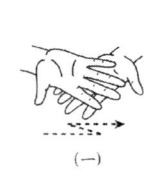 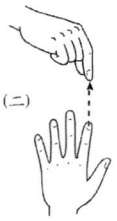

筛选 shāixuǎn

（一）双手五指张开，斜向相搭，掌心向上，平行晃动两下。

（二）左手直立，五指张开，掌心向内；右手拇、食指捏一下左手食指，然后向上一提。

删除 shānchú

左手横立，五指张开；右手拇、中指相捏，向外弹击左手中指。

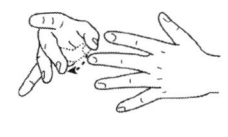

闪存盘（优盘、U 盘、移动硬盘）

shǎncúnpán（yōupán、U pán、yídòngyìngpán）

（一）一手拇、食指微张，指尖朝前一插。

（二）双手拇、食指搭成"囗"形，如 U 盘大小。（可根据实际模仿 U 盘、移动硬盘的形状）

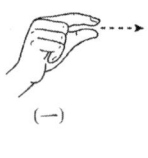 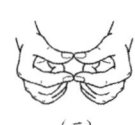

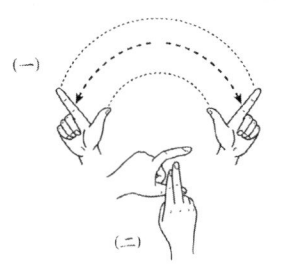

扇区 shànqū

（一）双手拇、食指张开，掌心向外，从中间分别向两侧做弧形移动。

（二）左手拇、食指成"匚"形，虎口朝内；右手食、中指相叠，置于左手虎口内，仿"区"字形。

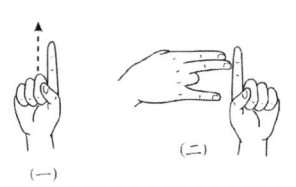

上标 shàngbiāo

（一）一手食指直立，向上一指。

（二）左手食指直立；右手打手指字母"ZH"的指式，指向左手食指。

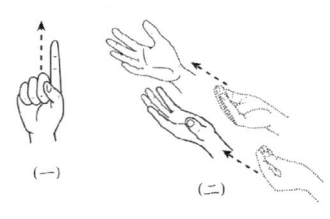

上传 shàngchuán

（一）一手食指直立，向上一指。

（二）双手五指撮合，一前一后，一高一低，边向前上方移动边张开五指。

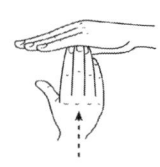

上限 shàngxiàn

左手横伸，掌心朝下；右手直立，掌心向内，由下向上移至左手掌心。

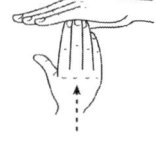

上溢 shàngyì

左手五指成半圆形，虎口朝上；右手横伸，掌心向下，置于左手内，然后五指边点动边向上移过左手虎口。

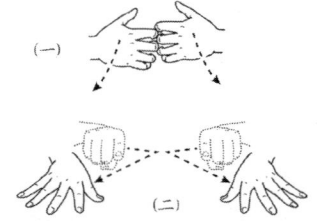

设备 shèbèi

（一）双手五指弯曲，食、中、无名、小指关节交错相触，并转动一下。

（二）双手食指指尖朝前，互碰一下，再分开并张开五指。

设定 shèdìng

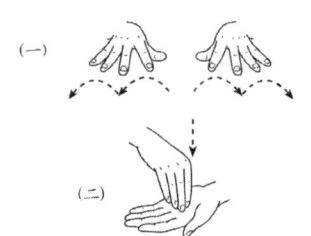

（一）双手五指张开，指尖朝下，从中间向两侧按动两下。
（二）左手横伸；右手五指撮合，指尖朝下，按于左手掌心。

设置 shèzhì

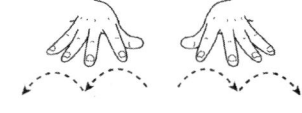

双手五指张开，指尖朝下，从中间向两侧按动两下。

身份鉴定 shēnfènjiàndìng

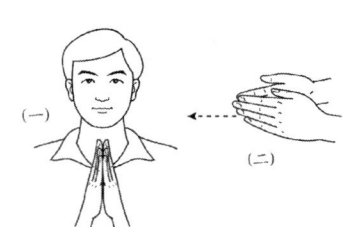

（一）左手伸拇、小指，手背朝外；右手拇、食指张开，指尖对着左手上下移动两下。
（二）左手横伸；右手五指撮合，指尖朝下，按于左手掌心。

神舟 shénzhōu

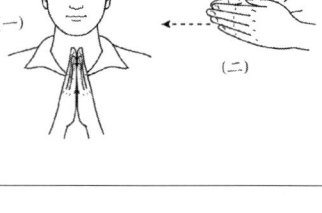

（一）双手合十，置于胸前。
（二）双手斜立，指尖相抵，向前移动，如船行驶。

升级 shēngjí

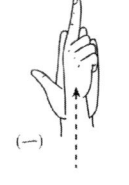

（一）左手直立，掌心向右；右手食指直立，贴于左手掌心，并向上移动。
（二）左手直立，掌心向右；右手平伸，掌心向下，贴左手掌心一顿一顿向上移动几下。

升序 shēngxù

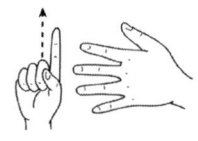

左手横立，五指张开，掌心向内；右手食指直立，掌心向外，在左手旁向上移动。

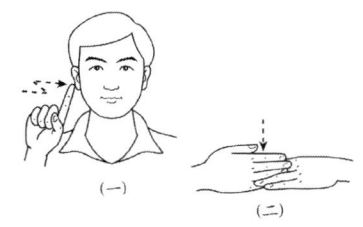

声卡 shēngkǎ
（一）一手食指直立，在耳边左右晃动两下。
（二）左手横伸，掌心朝下；右手横立，五指并拢，插入左手中、无名指缝中。

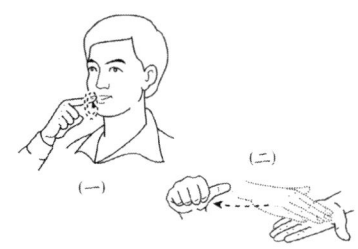

声明（说明） shēngmíng（shuōmíng）
（一）一手食指横伸，在嘴前前后转动两下。
（二）左手横伸；右手平伸，掌心向下，贴于左手掌，边向左手指尖方向移动边食、中、无名、小指握拳。

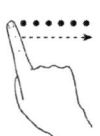

省略 shěnglüè
右手伸食指，指尖朝前，由左向右连点6个点。

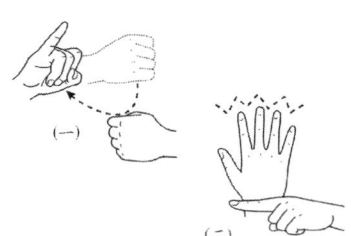

失效率 shīxiàolǜ
（一）双手握拳，一上一下，右拳边向下砸左拳边伸出小指。
（二）左手食指横伸；右手直立，掌心向内，手腕贴于左手食指，五指交替点动几下。

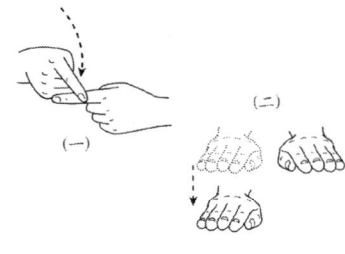

失真 shīzhēn
（一）左手食指横伸；右手食指先直立，再向下敲一下左手食指。
（二）双手平伸，掌心向下，左手不动，右手向下一沉。

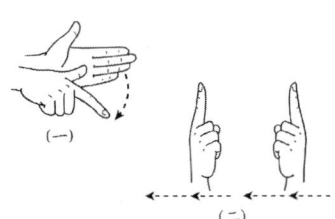

时间片 shíjiānpiàn
（一）左手侧立；右手伸拇、食指，拇指尖抵于左手掌心，食指向下转动。
（二）双手食指直立，一顿一顿向一侧移动两下。

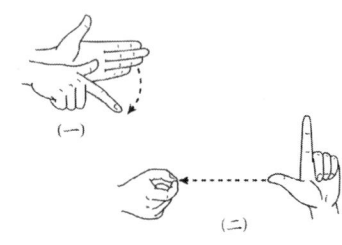

时间轴 shíjiānzhóu

（一）左手侧立；右手伸拇、食指，拇指尖抵于左手掌心，食指向下转动。

（二）左手拇、食指成"⌊"形，掌心向外；右手拇、食指捏成圆形，从左手拇指旁向右侧移动。

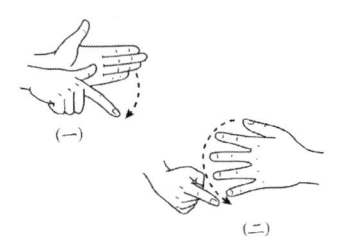

时序 shíxù

（一）左手侧立；右手伸拇、食指，拇指尖抵于左手掌心，食指向下转动。

（二）左手横立，五指分开；右手伸食指，自左手拇指依次向下划动。

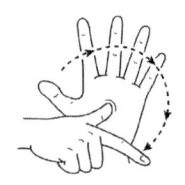

时钟 shízhōng

左手直立，掌心向外，五指分开；右手伸拇、食指，拇指尖抵于左手掌心，食指顺时针一顿一顿向下移动。

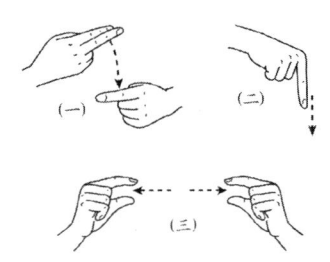

实地址 shídìzhǐ

（一）左手食指横伸；右手食、中指相叠，敲一下左手食指。

（二）一手伸食指，指尖朝下指一下。

（三）双手拇、食指微张，指尖相对，虎口朝内，从中间向两侧拉开。

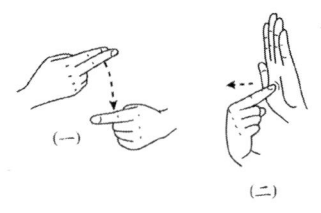

实例 shílì

（一）左手食指横伸；右手食、中指相叠，敲一下左手食指。

（二）左手直立，掌心朝外；右手食指指尖抵于左手掌心，双手向前微动一下。

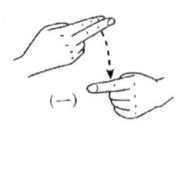

实时 shíshí

（一）左手食指横伸；右手食、中指相叠，敲一下左手食指。

（二）左手侧立；右手伸拇、食指，拇指尖抵于左手掌心，食指向下转动。

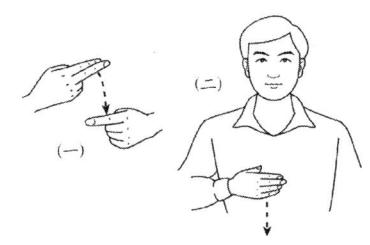

实体 shítǐ

（一）左手食指横伸；右手食、中指相叠，敲一下左手食指。
（二）一手掌心向内，贴于胸部，向下移动一下。

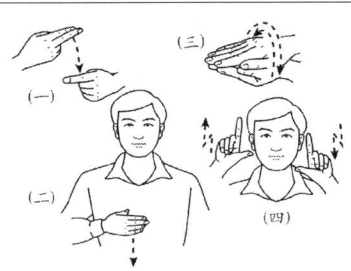

实体模型 shítǐmóxíng

（一）左手食指横伸；右手食、中指相叠，敲一下左手食指。
（二）一手掌心向内，贴于胸部，向下移动一下。
（三）双手平伸，手背拱起相合，左右翻转两下。
（四）双手拇、食指成"⌐⌐"形，置于脸颊两侧，上下交替动两下。

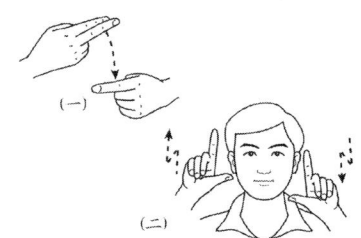

实型 shíxíng

（一）左手食指横伸；右手食、中指相叠，敲一下左手食指。
（二）双手拇、食指成"⌐⌐"形，置于脸颊两侧，上下交替动两下。

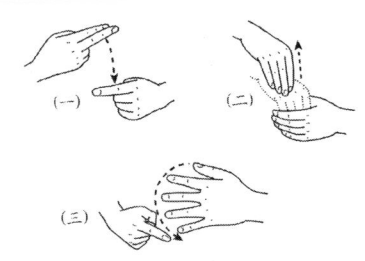

实用程序 shíyòngchéngxù

（一）左手食指横伸；右手食、中指相叠，敲一下左手食指。
（二）左手五指成"⊂"形；右手五指撮合，指尖朝下，从左手虎口内抽出。
（三）左手横立，五指分开；右手伸食指，自左手拇指依次向下划动。

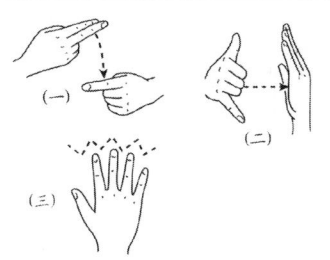

实在参数 shízàicānshù

（一）左手食指横伸；右手食、中指相叠，敲一下左手食指。
（二）左手直立，掌心向右；右手伸拇、小指，移向左手。
（三）一手直立，掌心向内，五指分开，交替点动几下。

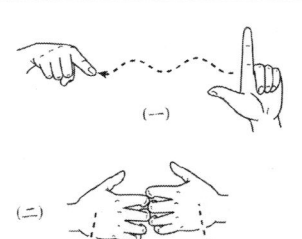

示波器 shìbōqì

（一）左手拇、食指成"⌐"形，掌心向外；右手伸食指，指尖朝前，向一侧做曲线形移动。
（二）双手五指弯曲，食、中、无名、小指关节交错相触，并转动一下。

事件　shìjiàn

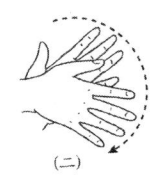

（一）一手食、中指相叠，指尖朝上。
（二）双手直立，五指张开，掌心前后相贴，左手不动，右手向右移动一下。

事务处理　shìwùchǔlǐ

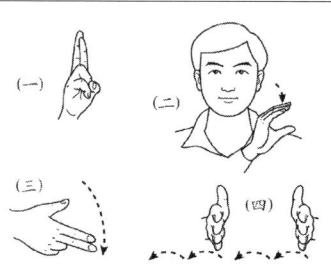

（一）一手食、中指相叠，指尖朝上。
（二）右手五指成"⊐"形，按向左肩部。
（三）一手伸拇、食、中指，食、中指并拢，指尖朝前，由上向下一挥。
（四）双手侧立，掌心相对，一顿一顿向一侧移动两下。

试运行　shìyùnxíng

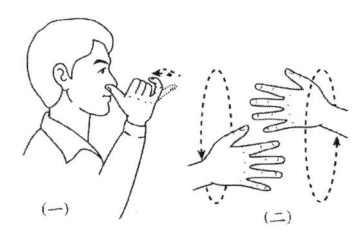

（一）一手伸拇、小指，置于鼻侧，小指弯动两下。
（二）双手横立，五指分开，一上一下，交替向上移动。

视窗　shìchuāng

（一）一手食、中指分开，指尖朝前，从眼部向前伸一下。
（二）双手拇、食指成"⊐"形。

视口　shìkǒu

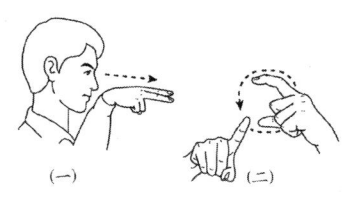

（一）一手食、中指分开，指尖朝前，从眼部向前伸一下。
（二）左手拇、食指成"⊏"形；右手伸食指，指尖朝前，沿左手拇、食指转一圈。

视频①（屏幕）　shìpín ①（píngmù）

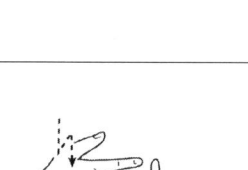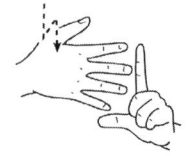

左手拇、食指张开成"⌐"形，掌心向外；右手横立，五指张开，在左手食指旁上下晃动两下，用于表示视频画面。

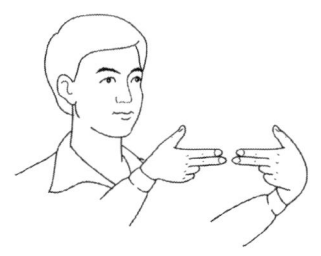

视频② shìpín ②

双手伸拇、食、中指，食、中指并拢，一前一后，指尖相对，用于表示拍摄视频。

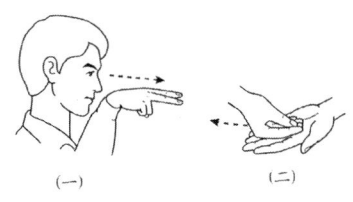

视图 shìtú

（一）一手食、中指分开，指尖朝前，从眼部向前伸一下。
（二）左手横伸；右手五指撮合，指背在左手掌心上抹一下。

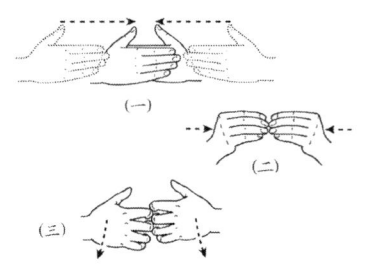

适配器 shìpèiqì

（一）双手横立，指尖相对，然后由两侧向中间移动至双手相叠。
（二）双手横立，五指撮合，从两侧向中间移动，指尖互碰一下。
（三）双手五指弯曲，食、中、无名、小指关节交错相触，并转动一下。

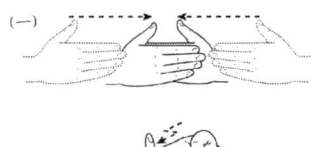

适应性 shìyìngxìng

（一）双手横立，指尖相对，然后由两侧向中间移动至双手相叠。
（二）左手食指直立；右手食、中指横伸并分开，交替弹一下左手食指背。

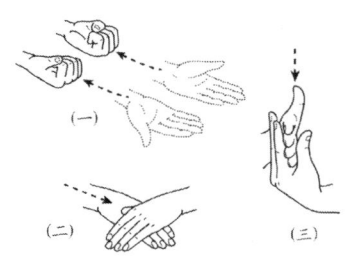

收藏夹 shōucángjiā

（一）双手平伸，自外向内边移动边握拳。
（二）左手横伸，掌心向下；右手平伸，掌心向下，由后向前移入左手下。
（三）左手五指成"U"形，指尖朝上；右手侧立，由上而下插入左手虎口内。

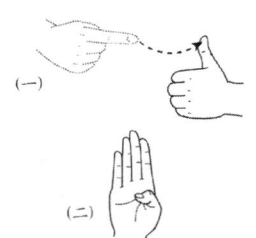

首部 shǒubù

（一）左手伸拇指；右手伸食指碰一下左手拇指。
（二）一手打手指字母"B"的指式。

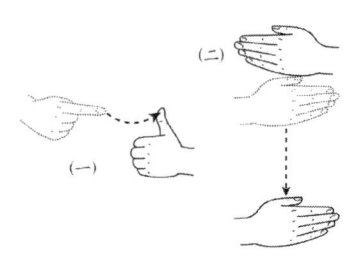

首页（起始页） shǒuyè (qǐshǐyè)

（一）左手伸拇指；右手伸食指碰一下左手拇指。
（二）双手横立，左手在上不动，右手向下移动一下。

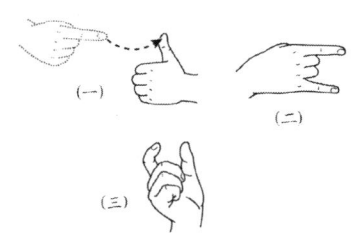

首字节 shǒuzìjié

（一）左手伸拇指；右手伸食指碰一下左手拇指。
（二）一手打手指字母"Z"的指式。
（三）一手拇、食指张开，指尖朝上。

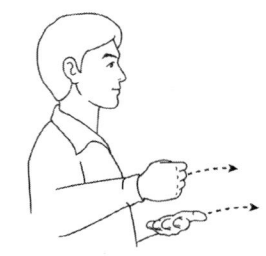

授权 shòuquán

左手横伸；右手握拳，置于左手上方，双手同时向前伸出。

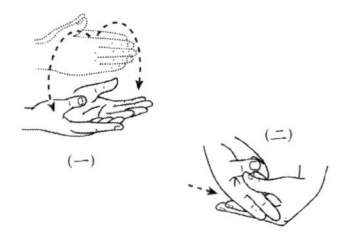

书签 shūqiān

（一）双手侧立，掌心相合，再向两边打开。
（二）左手五指成"冂"形，虎口朝前；右手食、中指并拢，手背向下，指尖朝前，插入左手虎口。

输出 shūchū

左手横伸；右手平伸，掌心向上，从左手掌心下向外移出。

输入 shūrù

左手横伸；右手平伸，掌心向上，由后向前移入左手掌心下。

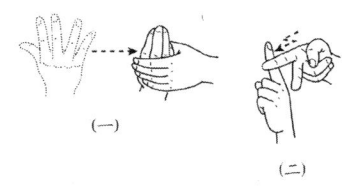

属性 shǔxìng

（一）左手五指成"匚"形，虎口朝上；右手五指张开，指尖朝上，边移向左手虎口边撮合五指。

（二）左手食指直立；右手食、中指横伸并分开，交替弹一下左手食指背。

鼠标 shǔbiāo

一手五指撮合，手背向上，微动两下，如握鼠标移动状。

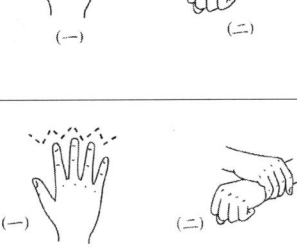

数据 shùjù

（一）一手直立，掌心向内，五指分开，交替点动几下。

（二）左手握拳，手背向上；右手握住左手腕部。

数据保护 shùjùbǎohù

（一）一手直立，掌心向内，五指分开，交替点动几下。

（二）左手握拳，手背向上；右手握住左手腕部。

（三）左手伸拇指；右手拇、食、小指直立，手背向外，由右向左绕左手转半圈。

数据交换 shùjùjiāohuàn

（一）一手直立，掌心向内，五指分开，交替点动几下。

（二）左手握拳，手背向上；右手握住左手腕部。

（三）双手横伸，手背向下，五指捏合，左右互换位置。

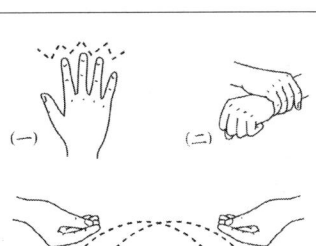

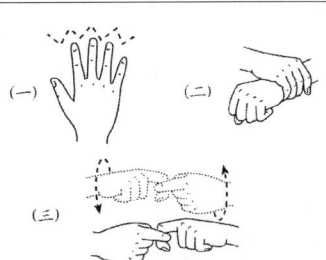

数据结构 shùjùjiégòu

（一）一手直立，掌心向内，五指分开，交替点动几下。

（二）左手握拳，手背向上；右手握住左手腕部。

（三）双手食指弯曲，互勾两下。

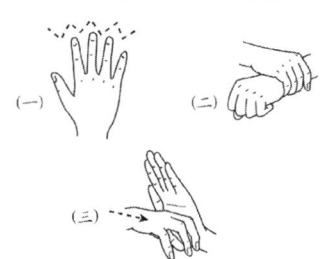

数据库 shùjùkù

（一）一手直立，掌心向内，五指分开，交替点动几下。
（二）左手握拳，手背向上；右手握住左手腕部。
（三）左手斜伸，掌心朝右下方；右手五指微曲，指尖朝下，移入左手下。

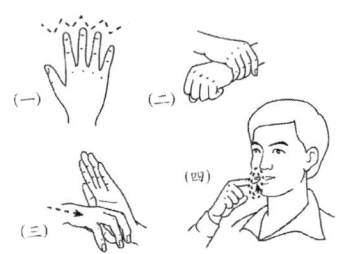

数据库语言 shùjùkùyǔyán

（一）一手直立，掌心向内，五指分开，交替点动几下。
（二）左手握拳，手背向上；右手握住左手腕部。
（三）左手斜伸，掌心朝右下方；右手五指微曲，指尖朝下，移入左手下。
（四）一手食指横伸，在嘴前前后转动两下。

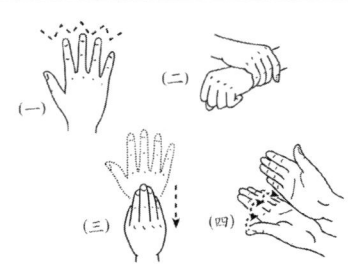

数据类型 shùjùlèixíng

（一）一手直立，掌心向内，五指分开，交替点动几下。
（二）左手握拳，手背向上；右手握住左手腕部。
（三）一手五指张开，指尖朝上，边向下移动边撮合五指。
（四）左手平伸；右手斜立于左手掌心上，然后一顿一顿向右移动。

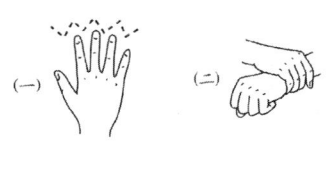

数据流 shùjùliú

（一）一手直立，掌心向内，五指分开，交替点动几下。
（二）左手握拳，手背向上；右手握住左手腕部。
（三）一手横伸，掌心向下，向一侧做波纹状移动。

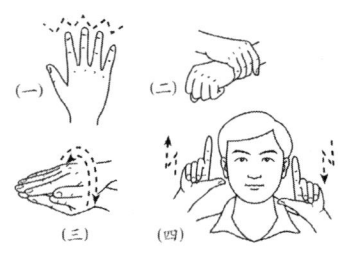

数据模型 shùjùmóxíng

（一）一手直立，掌心向内，五指分开，交替点动几下。
（二）左手握拳，手背向上；右手握住左手腕部。
（三）双手平伸，手背拱起相合，左右翻转两下。
（四）双手拇、食指成"⌐⌐"形，置于脸颊两侧，上下交替动两下。

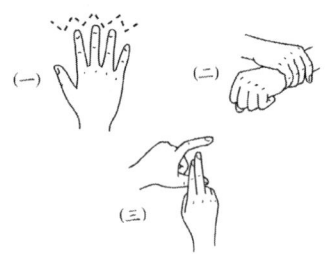

数据区 shùjùqū

（一）一手直立，掌心向内，五指分开，交替点动几下。
（二）左手握拳，手背向上；右手握住左手腕部。
（三）左手拇、食指成"⌐"形，虎口朝内；右手食、中指相叠，置于左手虎口内，仿"区"字形。

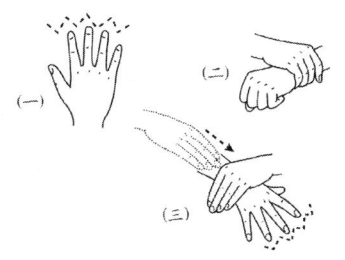

数据源 shùjùyuán

（一）一手直立，掌心向内，五指分开，交替点动几下。
（二）左手握拳，手背向上；右手握住左手腕部。
（三）左手横伸，手背拱起；右手平伸，掌心向下，从左手虎口移入左手掌心下，五指交替点动。

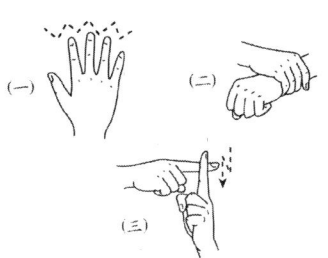

数据值 shùjùzhí

（一）一手直立，掌心向内，五指分开，交替点动几下。
（二）左手握拳，手背向上；右手握住左手腕部。
（三）左手食指直立；右手食指横贴在左手食指上，然后上下微动两下。

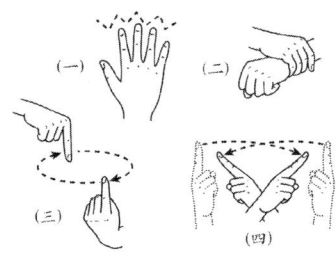

数据转换 shùjùzhuǎnhuàn

（一）一手直立，掌心向内，五指分开，交替点动几下。
（二）左手握拳，手背向上；右手握住左手腕部。
（三）双手伸食指，指尖上下相对，交替平行转动两下。
（四）双手食指直立，左右互换位置。

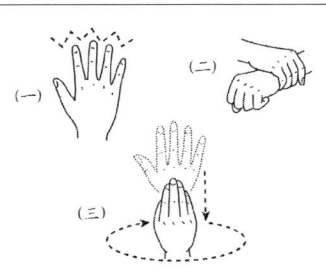

数据组织 shùjùzǔzhī

（一）一手直立，掌心向内，五指分开，交替点动几下。
（二）左手握拳，手背向上；右手握住左手腕部。
（三）一手五指张开，指尖朝上，边向下移动边撮合五指，并转动一周。

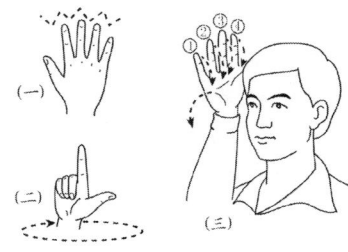

数理逻辑 shùlǐluójí

（一）一手直立，掌心向内，五指分开，交替点动几下。
（二）一手打手指字母"L"的指式，平行转动一圈。
（三）右手直立，五指张开，掌心向左，置于头侧，边向下转动手腕边依次弯曲小、无名、中、食指，表示思维有条理。

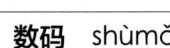

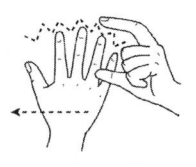

数码 shùmǎ

左手拇、食指成"⊏"形；右手五指直立分开，手背向外，在"⊏"形内从左向右连续点动手指，表示一串数码。
（可根据实际表示数码的形式）

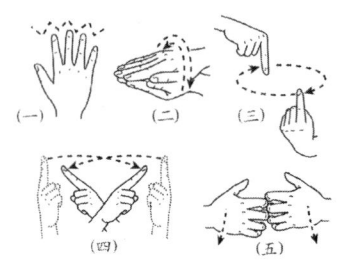

数模转换器 shùmózhuǎnhuànqì

（一）一手直立，掌心向内，五指分开，交替点动几下。
（二）双手平伸，手背拱起相合，左右翻转两下。
（三）双手伸食指，指尖上下相对，交替平行转动两下。
（四）双手食指直立，左右互换位置。
（五）双手五指弯曲，食、中、无名、小指关节交错相触，并转动一下。

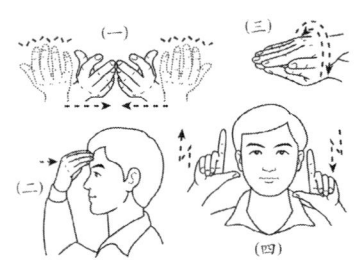

数学模型 shùxuémóxíng

（一）双手五指微曲，掌心向上，边交替点动边互碰。
（二）一手五指撮合，按于前额。
（三）双手平伸，手背拱起相合，左右翻转两下。
（四）双手拇、食指成"⌐"形，置于脸颊两侧，上下交替动两下。

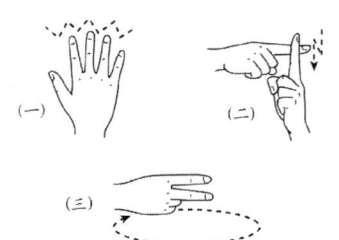

数值范围 shùzhífànwéi

（一）一手直立，掌心向内，五指分开，交替点动几下。
（二）左手食指直立；右手食指横贴在左手食指上，然后上下微动两下。
（三）一手打手指字母"F"的指式，在胸前顺时针转一圈。

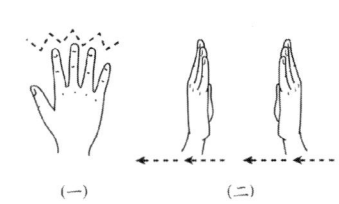

数制 shùzhì

（一）一手直立，掌心向内，五指分开，交替点动几下。
（二）双手直立，掌心相对，一顿一顿向一侧移动两下。

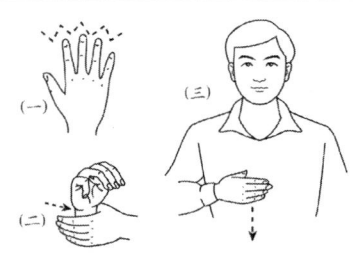

数字媒体 shùzìméitǐ

（一）一手直立，掌心向内，五指分开，交替点动几下。
（二）左手五指成半圆形，虎口朝上；右手打手指字母"M"的指式，手腕碰一下左手虎口。
（三）一手掌心向内，贴于胸部，向下移动一下。

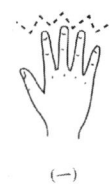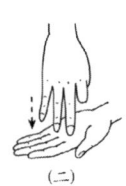

数字签名 shùzìqiānmíng

（一）一手直立，掌心向内，五指分开，交替点动几下。
（二）左手横伸；右手伸中、无名、小指，指尖朝下，在左手掌心上点一下。

数组　shùzǔ

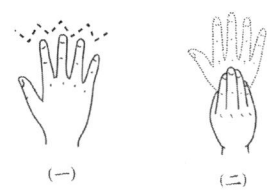

（一）一手直立，掌心向内，五指分开，交替点动几下。
（二）一手五指张开，指尖朝上，边向下移动边撮合五指。

刷新　shuāxīn

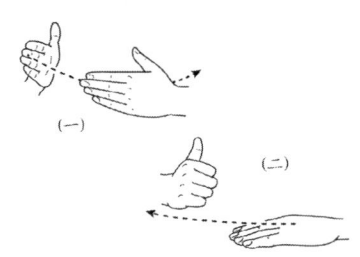

（一）左手横立，掌心向内；右手侧立，指尖朝前，从左手指尖向手腕扫过去。
（二）左手横伸，掌心向下；右手伸拇指，从左手背上向左手指尖方向划动。

衰减　shuāijiǎn

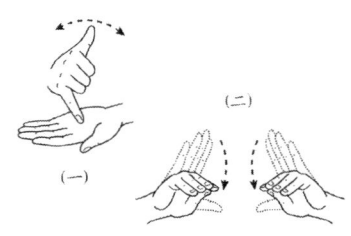

（一）左手横伸；右手伸拇、小指，小指尖抵于左手掌心上，并左右晃动。
（二）双手直立，掌心向外，然后五指逐步捏合。

双重缓冲　shuāngchónghuǎnchōng

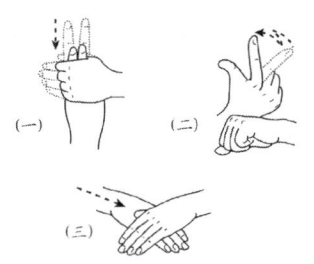

（一）左手五指微曲，虎口朝上；右手食、中指直立分开，手背朝外，边并拢边移入左手掌心内，左手握住右手食、中指。
（二）双手手背相贴，左手握拳，右手伸拇、食指，食指指尖朝上，前后晃动两下。
（三）左手横伸，掌心向下；右手平伸，掌心向下，由后向前移入左手下。

双击　shuāngjī

一手食指弯曲，指尖朝下点两下。

双极性　shuāngjíxìng

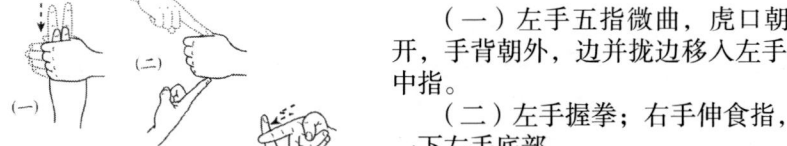

（一）左手五指微曲，虎口朝上；右手食、中指直立分开，手背朝外，边并拢边移入左手掌心内，左手握住右手食、中指。
（二）左手握拳；右手伸食指，先指一下左手虎口，再指一下左手底部。
（三）左手食指直立；右手食、中指横伸并分开，交替弹一下左手食指背。

双绞线 shuāngjiǎoxiàn

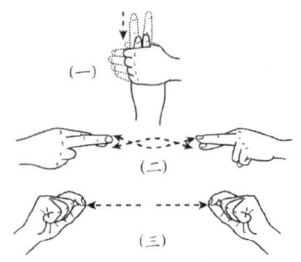

（一）左手五指微曲，虎口朝上；右手食、中指直立分开，手背朝外，边并拢边移入左手掌心内，左手握住右手食、中指。

（二）双手食、中指相叠，指尖相对，边向相反方向拧动边向外拉开。

（三）双手拇、食指相捏，从中间向两侧拉开。

双拼 shuāngpīn

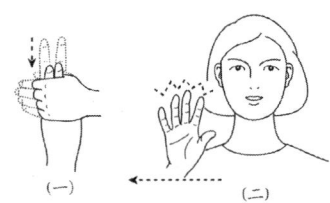

（一）左手五指微曲，虎口朝上；右手食、中指直立分开，手背朝外，边并拢边移入左手掌心内，左手握住右手食、中指。

（二）一手直立，掌心向外，五指微曲，边交替点动边向一侧移动，嘴微张。

双向制 shuāngxiàngzhì

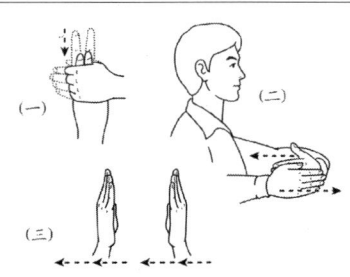

（一）左手五指微曲，虎口朝上；右手食、中指直立分开，手背朝外，边并拢边移入左手掌心内，左手握住右手食、中指。

（二）双手侧立，指尖朝向一前一后，然后交错移动一下。

（三）双手直立，掌心相对，一顿一顿向一侧移动两下。

双字 shuāngzì

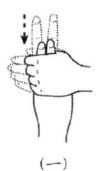 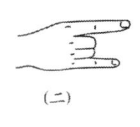

（一）左手五指微曲，虎口朝上；右手食、中指直立分开，手背朝外，边并拢边移入左手掌心内，左手握住右手食、中指。

（二）一手打手指字母"Z"的指式。

双字节 shuāngzìjié

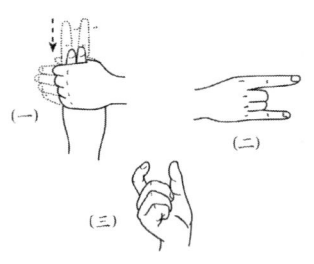

（一）左手五指微曲，虎口朝上；右手食、中指直立分开，手背朝外，边并拢边移入左手掌心内，左手握住右手食、中指。

（二）一手打手指字母"Z"的指式。

（三）一手拇、食指张开，指尖朝上。

水平 shuǐpíng

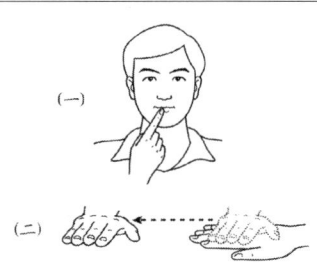

（一）一手食指摸一下嘴唇。

（二）左手横伸；右手平伸，从左手背上向右侧移动一下。

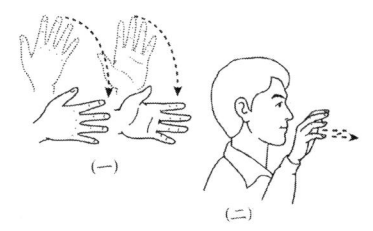

顺序访问 shùnxùfǎngwèn

（一）双手直立，五指张开，一前一后排成一列，然后向前转动。

（二）一手直立，五指微曲，掌心向外，前后微动两下。

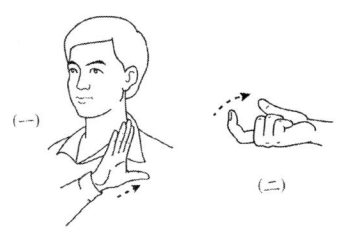

私有的 sīyǒude

（一）右手五指成"⌐"形，虎口碰一下左肩。

（二）一手伸拇、食指，手背向下，拇指不动，食指向内弯动一下。

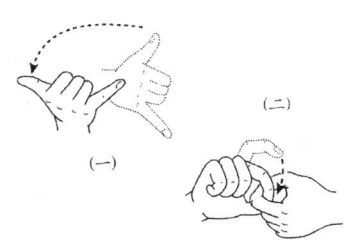

死锁 sǐsuǒ

（一）右手伸拇、小指，拇指朝上，然后手腕向右翻转，象征死亡。

（二）左手拇、食指捏成小圆形；右手拇、食指先张开，然后插入左手小圆形内扣合，如上锁状。

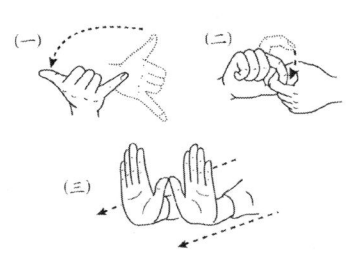

死锁避免 sǐsuǒbìmiǎn

（一）右手伸拇、小指，拇指朝上，然后手腕向右翻转，象征死亡。

（二）左手拇、食指捏成小圆形；右手拇、食指先张开，然后插入左手小圆形内扣合，如上锁状。

（三）双手直立，掌心向外推出。

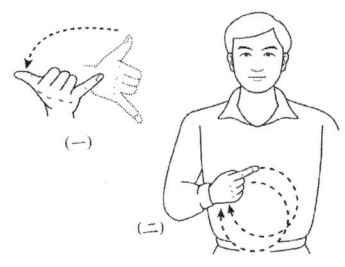

死循环 sǐxúnhuán

（一）右手伸拇、小指，拇指朝上，然后手腕向右翻转，象征死亡。

（二）一手伸食指，指尖朝内，在胸腹部转两圈。

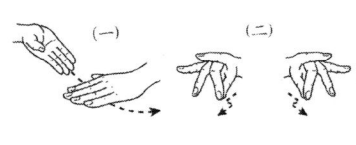
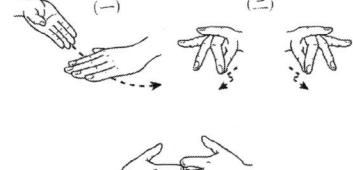

送纸器 sòngzhǐqì

（一）左手横伸，掌心朝下；右手平伸，掌心向上，从左手掌心下穿过。

（二）双手拇、中指相捏，指尖朝下，抖动两下。

（三）双手五指弯曲，食、中、无名、小指关节交错相触，并转动一下。

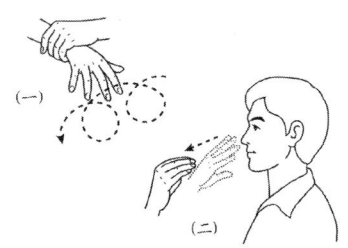

搜狗 sōugǒu

（一）左手握住右手腕；右手五指张开，掌心向下，边转动边向右移动。

（二）双手五指弯曲，指尖朝下，置于胸前。

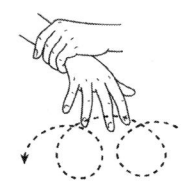

搜狐 sōuhú

（一）左手握住右手腕；右手五指张开，掌心向下，边转动边向右移动。

（二）一手五指弯曲，指尖对着嘴部，然后边向外移动边撮合五指。

搜索 sōusuǒ

左手握住右手腕；右手五指张开，掌心向下，边转动边向右移动。

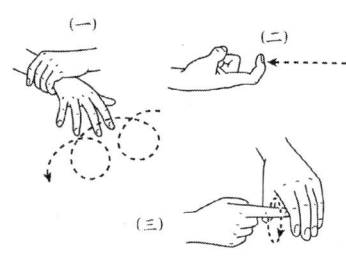

搜索引擎 sōusuǒyǐnqíng

（一）左手握住右手腕；右手五指张开，掌心向下，边转动边向右移动。

（二）一手食指弯曲如钩，手背向下，由外向内用力拉动一下。

（三）左手五指成"∩"形，虎口朝右；右手食指横伸，在左手虎口处快速转动两下。

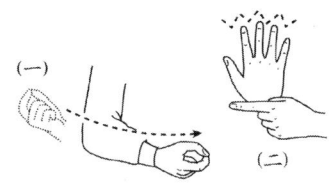

速率 sùlǜ

（一）一手拇、食指捏成小圆形，从一侧向另一侧做快速划动。

（二）左手食指横伸；右手直立，掌心向内，手腕贴于左手食指，五指交替点动几下。

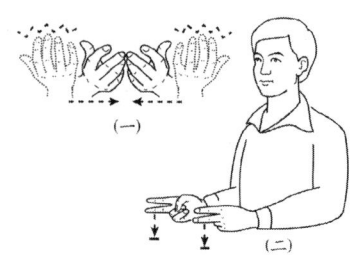

算法 suànfǎ

（一）双手五指微曲，掌心向上，边交替点动边互碰。

（二）双手食、中指分开，指尖朝前，同时向下一顿。

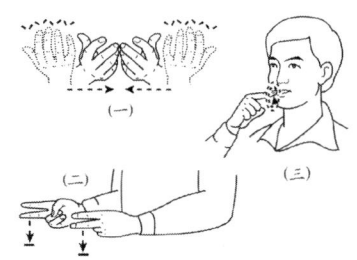

算法语言 suànfǎyǔyán

（一）双手五指微曲，掌心向上，边交替点动边互碰。
（二）双手食、中指分开，指尖朝前，同时向下一顿。
（三）一手食指横伸，在嘴前前后转动两下。

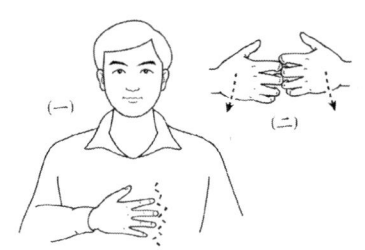

随机 suíjī

（一）一手横立，掌心向内，五指交替点动几下。
（二）双手五指弯曲，食、中、无名、小指关节交错相触，并转动一下。

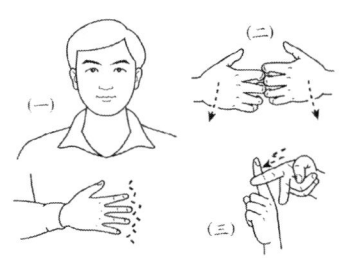

随机性 suíjīxìng

（一）一手横立，掌心向内，五指交替点动几下。
（二）双手五指弯曲，食、中、无名、小指关节交错相触，并转动一下。
（三）左手食指直立；右手食、中指横伸并分开，交替弹一下左手食指背。

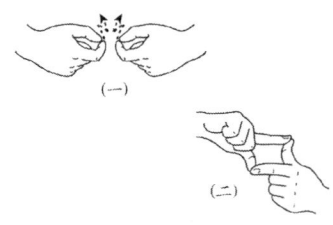

碎片 suìpiàn

（一）双手拇、食指相捏，指尖相对，向上微微掰动两下。
（二）双手拇、食指搭成小"囗"形。

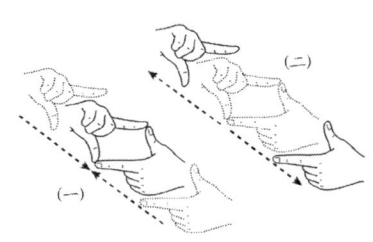

缩放 suōfàng

（一）双手拇、食指成"囗"形，由大变小。
（二）双手拇、食指成"囗"形，由小变大。
（可根据实际表示缩放的状态）

缩进 suōjìn

左手食指直立；右手拇、食指张开，指尖朝上，从左手旁一顿一顿向右移动两下。
（可根据实际表示缩进的状态）

缩写 suōxiě

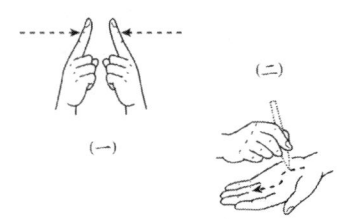

（一）双手食指直立，指面相对，从两侧向中间移动。
（二）左手横伸；右手如执笔状，在左手掌心上做写字的动作。

索引 suǒyǐn

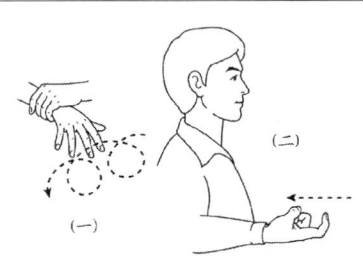

（一）左手握住右手腕；右手五指张开，掌心向下，边转动边向右移动。
（二）一手食指弯曲如钩，手背向下，由外向内用力拉动一下。

锁定 suǒdìng

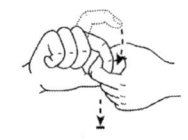

左手拇、食指捏成小圆圈；右手拇、食指先张开，然后插入左手小圆圈内扣合，并向下一顿。

T

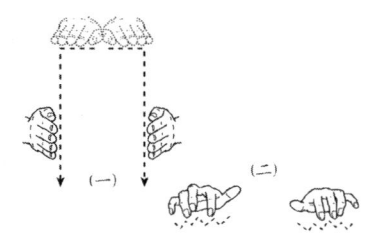

台式计算机 táishìjìsuànjī
（一）双手平伸，掌心向下，从中间向两侧平移，再折而下移成"冂"形。
（二）双手五指弯曲，指尖朝下，交替点动几下，如按计算机键盘状。

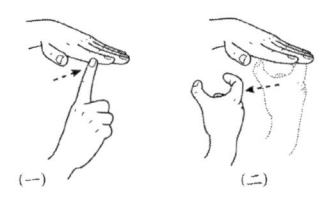

弹出② tánchū ②
（一）左手横伸，掌心向下；右手食指在左手下点一下。
（二）左手横伸，掌心向下；右手拇、食指成半圆形，虎口朝上，自左手下向内移出，仿弹出光盘状。

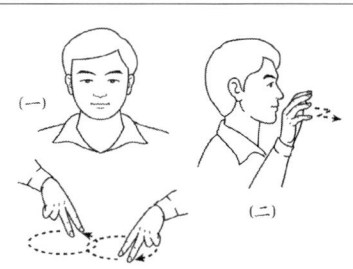

探询 tànxún
（一）双手食、中指分开，指尖朝下，交替转动两下。
（二）一手直立，五指微曲，掌心向外，前后微动两下。

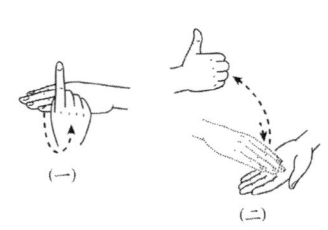

特效 tèxiào
（一）左手横伸，掌心向下；右手伸食指，从左手小指外缘向上伸出。
（二）左手横伸；右手掌先拍一下左手掌，再伸出拇指。

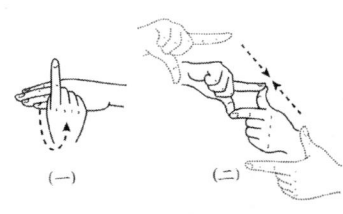

特写① tèxiě ①
（一）左手横伸，掌心向下；右手伸食指，从左手小指外缘向上伸出。
（二）双手拇、食指成"冂"形，然后同时向内拉动一下，用于表示拍摄手法，将人或物的一部分特别放大。

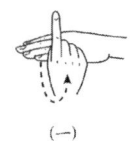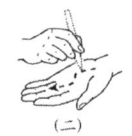

特写② tèxiě ②

（一）左手横伸，掌心向下；右手伸食指，从左手小指外缘向上伸出。

（二）左手横伸；右手如执笔状，在左手掌心上做写字的动作，用于表示写作手法。

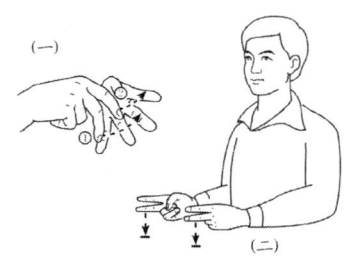

梯度法 tīdùfǎ

（一）左手食、中、无名、小指横伸，掌心向内；右手食、中指从左手小指由下而上交替移动，如上楼梯状。

（二）双手食、中指分开，指尖朝前，同时向下一顿。

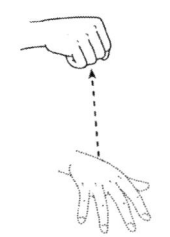

提取 tíqǔ

一手五指张开，指尖朝下，边向上移动边握拳，如拿东西状。

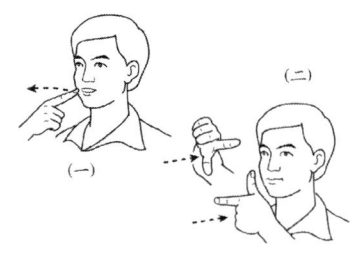

提示① tíshì ①

（一）一手伸食指，自嘴部向前移动。

（二）双手拇、食指成"⊐"形，向眼前移动一下，用于表示电脑屏幕上的提示。

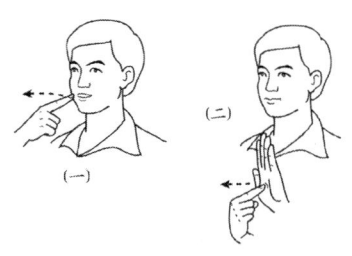

提示② tíshì ②

（一）一手伸食指，自嘴部向前移动。

（二）左手直立，掌心朝外；右手食指指尖抵于左手掌心，双手向前微动一下，用于表示提示的一般含义。

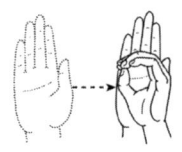

填充 tiánchōng

左手五指捏成圆形，虎口朝内；右手直立，掌心向外，在左手虎口处抹一下。

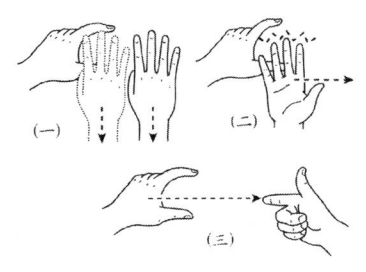

条码阅读器 tiáomǎyuèdúqì

（一）左手拇、食指成"匸"形，虎口朝内；右手食、中、无名、小指直立，掌心朝外，在左手"匸"形内由上向下、由左向右移动两下。

（二）左手拇、食指成"匸"形；右手五指直立分开，手背向外，在"匸"形内从左向右连续点动手指，表示一串数码。

（三）左手拇、食指成"匸"形，虎口朝内；右手伸拇、食指，食指指尖朝前，由左向右划过左手，仿持条码阅读器扫描条形码状。

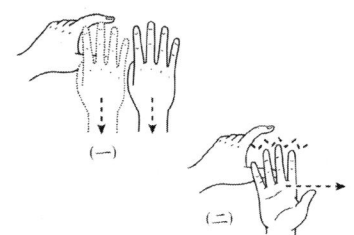

条形码 tiáoxíngmǎ

（一）左手拇、食指成"匸"形，虎口朝内；右手食、中、无名、小指直立，掌心朝外，在左手"匸"形内由上向下、由左向右移动两下。

（二）左手拇、食指成"匸"形；右手五指直立分开，手背向外，在"匸"形内从左向右连续点动手指，表示一串数码。

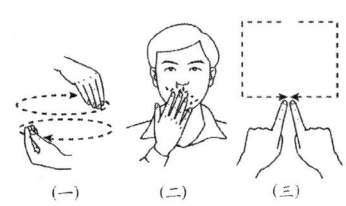

调色板 tiáosèbǎn

（一）双手五指撮合，指尖上下相对，交替平行转动两下。

（二）一手直立，掌心向内，五指分开，在嘴唇部交替点动。

（三）双手伸食指，指尖朝前，做"匚ㄩ"形移动。

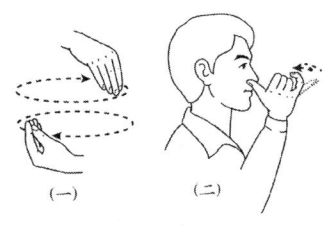

调试 tiáoshì

（一）双手五指撮合，指尖上下相对，交替平行转动两下。

（二）一手伸拇、小指，置于鼻侧，小指弯动两下。

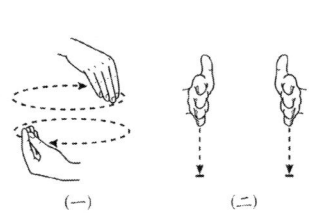

调整 tiáozhěng

（一）双手五指撮合，指尖上下相对，交替平行转动两下。

（二）双手侧立，掌心相对，自胸前向下一顿。

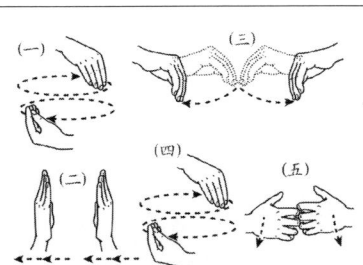

调制解调器① tiáozhìjiětiáoqì①

（一）双手五指撮合，指尖上下相对，交替平行转动两下。

（二）双手直立，掌心相对，一顿一顿向一侧移动两下。

（三）双手五指撮合，指尖朝下，从中间向两侧移动。

（四）双手五指撮合，指尖上下相对，交替平行转动两下。

（五）双手五指弯曲，食、中、无名、小指关节交错相触，并转动一下。

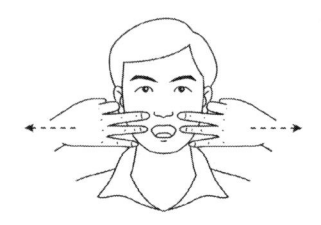

调制解调器②(猫) tiáozhìjiětiáoqì ② (māo)

　　双手中、无名、小指横伸，手背向外，在嘴边向两侧移动一下，仿猫的胡须。

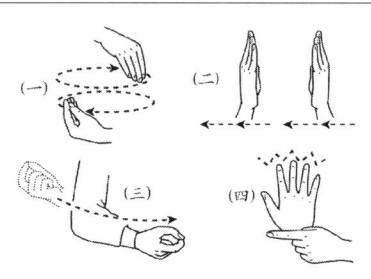

调制速率 tiáozhìsùlǜ

　　(一)双手五指撮合，指尖上下相对，交替平行转动两下。
　　(二)双手直立，掌心相对，一顿一顿向一侧移动两下。
　　(三)一手拇、食指捏成小圆形，从一侧向另一侧做快速划动。
　　(四)左手食指横伸；右手直立，掌心向内，手腕贴于左手食指，五指交替点动几下。

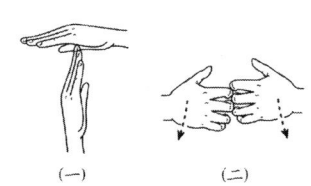

停机 tíngjī

　　(一)左手横伸，掌心向下；右手直立，掌心向左，指尖抵于左手掌心。
　　(二)双手五指弯曲，食、中、无名、小指关节交错相触，并转动一下。

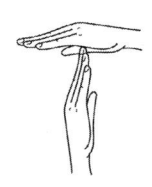

停止(停顿) tíngzhǐ (tíngdùn)

　　左手横伸，掌心向下；右手直立，掌心向左，指尖抵于左手掌心。

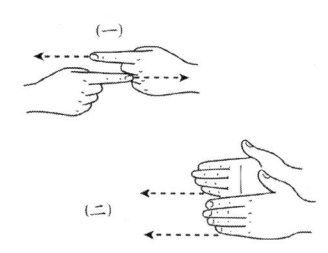

通道 tōngdào

　　(一)双手食指横伸，指尖相对，从两侧向中间交错移动。
　　(二)双手侧立，掌心相对，向前移动。

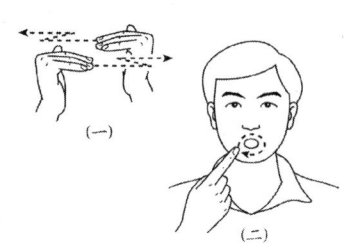

通信口 tōngxìnkǒu

　　(一)双手弯成直角，指尖相对，交错移动，表示彼此通讯往来。
　　(二)一手伸食指，沿口部转一圈。

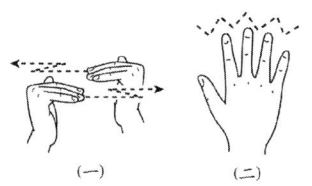

通信量 tōngxìnliàng

（一）双手弯成直角，指尖相对，交错移动，表示彼此通讯往来。
（二）一手直立，掌心向内，五指分开，交替点动几下。

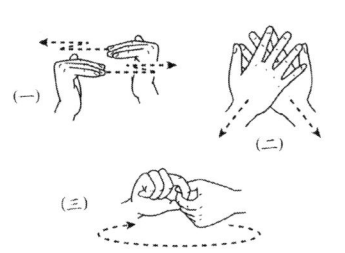

通信网络 tōngxìnwǎngluò

（一）双手弯成直角，指尖相对，交错移动，表示彼此通讯往来。
（二）双手五指分开，手背向外，交叉搭成格子，并向两侧斜下方移动。
（三）双手拇、食指套环，顺时针平行转一圈。

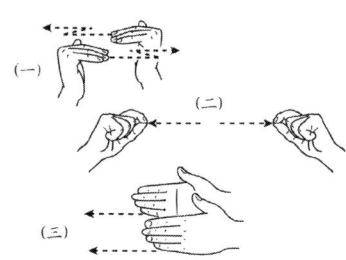

通信线路（通信链路） tōngxìnxiànlù (tōngxìnliànlù)

（一）双手弯成直角，指尖相对，交错移动，表示彼此通讯往来。
（二）双手拇、食指相捏，从中间向两侧拉开。
（三）双手侧立，掌心相对，向前移动。

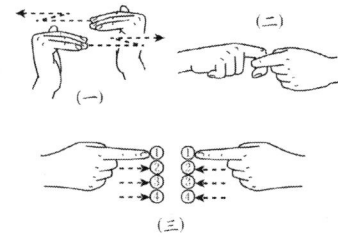

通信协议 tōngxìnxiéyì

（一）双手弯成直角，指尖相对，交错移动，表示彼此通讯往来。
（二）双手食指弯曲，互相勾住。
（三）双手握拳，手背向外，同时依次伸出食、中、无名、小指。

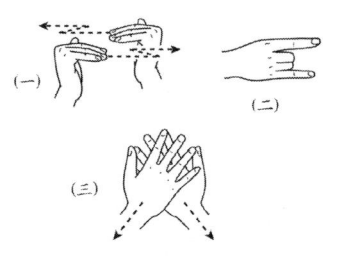

通讯子网 tōngxùnzǐwǎng

（一）双手弯成直角，指尖相对，交错移动，表示彼此通讯往来。
（二）一手打手指字母"Z"的指式。
（三）双手五指分开，手背向外，交叉搭成格子，并向两侧斜下方移动。

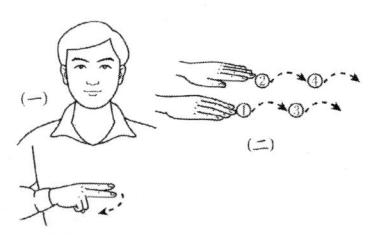

同步 tóngbù

（一）一手食、中指横伸并分开，手背向上，向前移动一下。
（二）双手平伸，掌心朝下，交替向前移动两下。

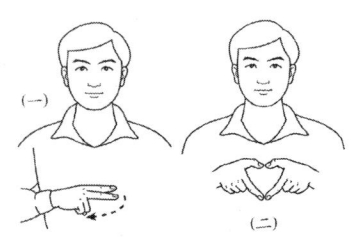

同心 tóngxīn

（一）一手食、中指横伸并分开，手背向上，向前移动一下。
（二）双手拇、食指搭成"♡"形，贴于胸部。

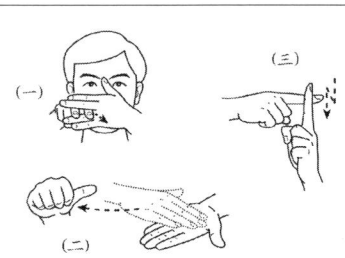

透明度 tòumíngdù

（一）左手横立；右手食、中指分开，手背向上，从左手中、无名指指缝中穿出。
（二）左手横伸；右手平伸，掌心向下，贴于左手掌，边向左手指尖方向移动边食、中、无名、小指握拳。
（三）左手食指直立；右手食指横贴在左手食指上，然后上下微动两下。

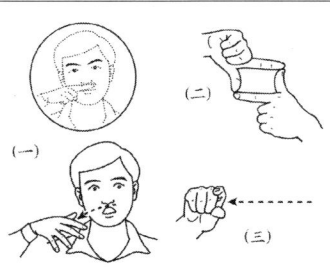

突发方式 tūfāfāngshì

（一）一手食指横伸，在鼻下由左向右移动，然后突然放开手指，面露惊讶的表情。
（二）双手拇、食指搭成"口"形。
（三）一手拇、食指张开，指尖朝前，由左向右移动一下。

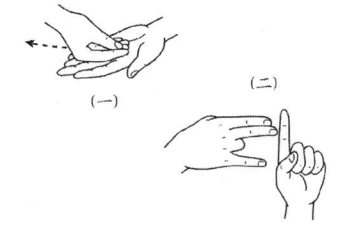

图标 túbiāo

（一）左手横伸；右手五指撮合，指背在左手掌心上抹一下。
（二）左手食指直立；右手打手指字母"ZH"的指式，指尖对准左手食指。

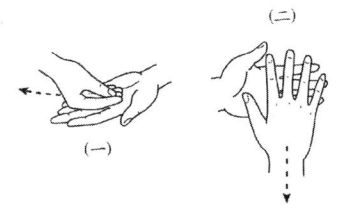

图表 túbiǎo

（一）左手横伸；右手五指撮合，指背在左手掌心上抹一下。
（二）双手五指张开，一横一竖搭成方格形，左手不动，右手向下移。

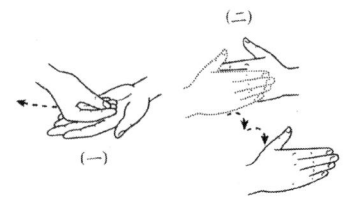

图层 túcéng

（一）左手横伸；右手五指撮合，指背在左手掌心上抹一下。
（二）双手横立，左手在后不动，右手边由上而下边向前移动两下。

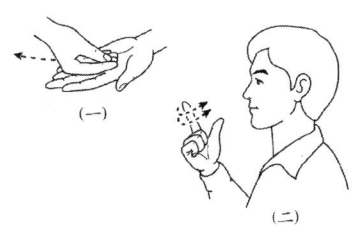

图论　túlùn

（一）左手横伸；右手五指撮合，指背在左手掌心上抹一下。

（二）一手打手指字母"L"的指式，平行转动两下。

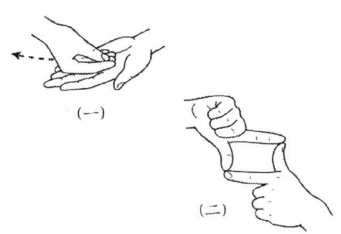

图片　túpiàn

（一）左手横伸；右手五指撮合，指背在左手掌心上抹一下。

（二）双手拇、食指搭成"□"形。

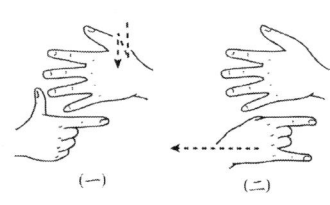

图文电视　túwéndiànshì

（一）右手伸拇、食指，手背向外，食指指尖朝左；左手横立，五指张开，在右手上方上下晃动两下。

（二）左手横立，五指张开，掌心向内；右手打手指字母"Z"的指式，在左手下由左向右移动一下。

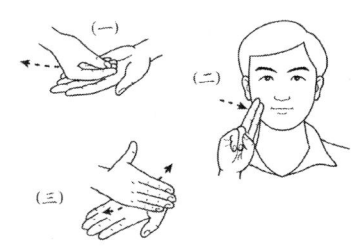

图像分析　túxiàngfēnxī

（一）左手横伸；右手五指撮合，指背在左手掌心上抹一下。

（二）一手食、中指直立并拢，掌心向外，朝面颊部碰一下。

（三）左手横伸；右手侧立于左手掌心上，并左右拨动一下，面露思考的表情。

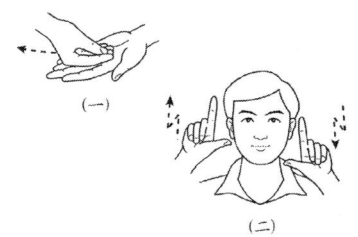

图形　túxíng

（一）左手横伸；右手五指撮合，指背在左手掌心上抹一下。

（二）双手拇、食指成"┕┙"形，置于脸颊两侧，上下交替动两下。

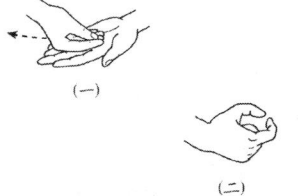

图元　túyuán

（一）左手横伸；右手五指撮合，指背在左手掌心上抹一下。

（二）一手拇、食指弯曲成一个圆形，指尖稍分开。

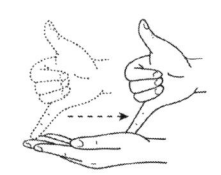

退出 tuìchū

左手平伸；右手伸拇、小指，小指尖抵于左手指尖，再向后移动。

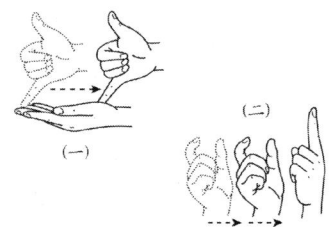

退格 tuìgé

（一）左手平伸；右手伸拇、小指，小指尖抵于左手指尖，再向后移动。

（二）左手食指直立；右手拇、食指张开，指尖朝上，由右向左一顿一顿移动两下。

（可根据实际决定右手移动的方向）

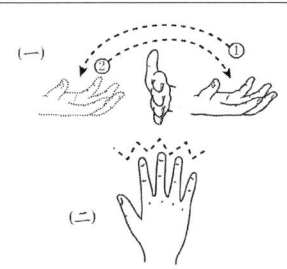

吞吐量 tūntǔliàng

（一）左手横立；右手五指弯曲，指尖朝上，先由外移入左手内，再由内移到左手外。

（二）一手直立，掌心向内，五指分开，交替点动几下。

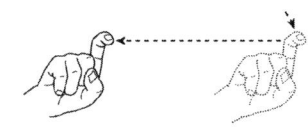

拖动 tuōdòng

一手食指弯曲，指尖朝前点一下，然后向一侧拉动。
（可根据实际模仿拖动的动作）

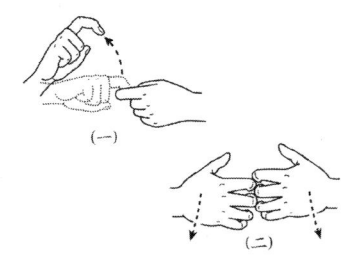

脱机 tuōjī

（一）双手食指弯曲，互相勾住，左手不动，右手向外弹出。

（二）双手五指弯曲，食、中、无名、小指关节交错相触，并转动一下。

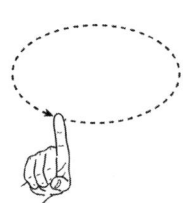

椭圆 tuǒyuán

一手伸食指，指尖朝前，画一椭圆形。

拓扑 tuòpū

一手连续打手指字母"TP"的指式。

W

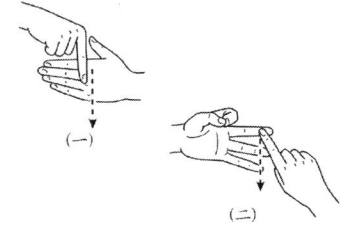

外部名 wàibùmíng
（一）左手横立，掌心向内；右手伸食指在左手背外向下指。
（二）左手中、无名、小指横伸；右手伸食指，自左手中指向下划动。

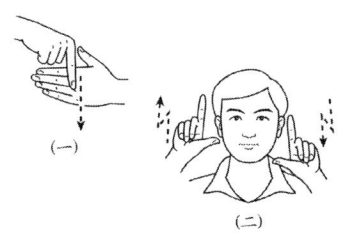

外观 wàiguān
（一）左手横立，掌心向内；右手伸食指在左手背外向下指。
（二）双手拇、食指成"⌊⌋"形，置于脸颊两侧，上下交替动两下。

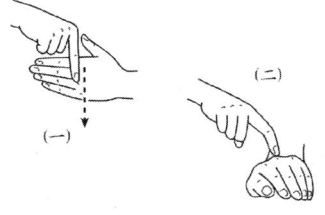

外壳 wàiké
（一）左手横立，掌心向内；右手伸食指在左手背外向下指。
（二）左手平伸，掌心向下，手背拱起；右手食指点一下左手背。
（可根据实际模仿外壳的形状）

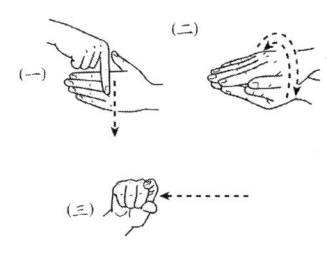

外模式 wàimóshì
（一）左手横立，掌心向内；右手伸食指在左手背外向下指。
（二）双手平伸，手背拱起相合，左右翻转两下。
（三）一手拇、食指张开，指尖朝前，由左向右移动一下。

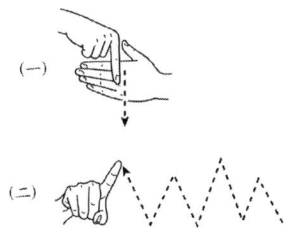

外频 wàipín
（一）左手横立，掌心向内；右手伸食指在左手背外向下指。
（二）一手伸食指，指尖朝前，做折线形移动。

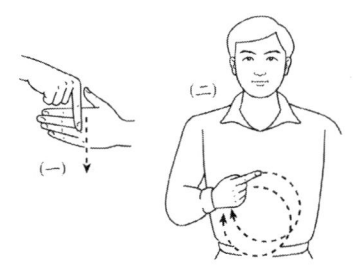

外循环 wàixúnhuán

（一）左手横立，掌心向内；右手伸食指在左手背外向下指。

（二）一手伸食指，指尖朝内，在胸腹部转两圈。

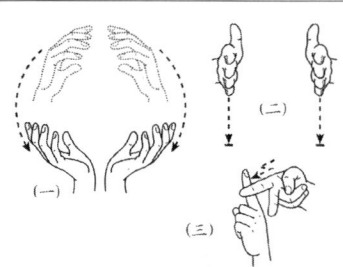

完整性 wánzhěngxìng

（一）双手五指微曲，手背向上，然后向下做弧形移动，手腕并拢。

（二）双手侧立，掌心相对，自胸前向下一顿。

（三）左手食指直立；右手食、中指横伸并分开，交替弹一下左手食指背。

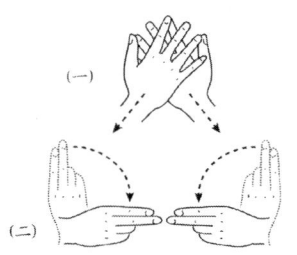

网关 wǎngguān

（一）双手五指分开，手背向外，交叉搭成格子，并向两侧斜下方移动。

（二）双手食、中指直立并拢，掌心向内，然后手腕向下转动，指尖相对，象征关卡的栏杆。

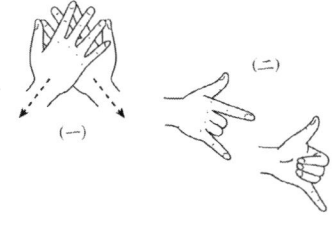

网监 wǎngjiān

（一）双手五指分开，手背向外，交叉搭成格子，并向两侧斜下方移动。

（二）左手伸拇、小指；右手伸拇、食、小指，手背向右，指尖对着左手。

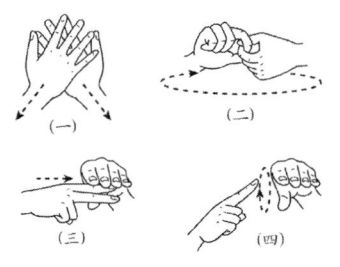

网络端口 wǎngluòduānkǒu

（一）双手五指分开，手背向外，交叉搭成格子，并向两侧斜下方移动。

（二）双手拇、食指套环，顺时针平行转一圈。

（三）左手五指成"匚"形，虎口朝内；右手食、中指分开，手背向上，插入左手虎口内。

（四）左手五指成"匚"形，虎口朝内；右手伸食指，指尖朝外，沿左手虎口转一圈。

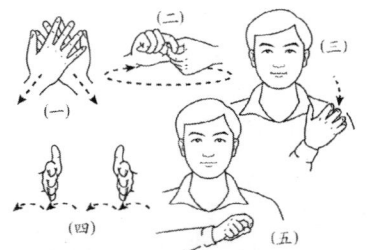

网络管理员 wǎngluòguǎnlǐyuán

（一）双手五指分开，手背向外，交叉搭成格子，并向两侧斜下方移动。

（二）双手拇、食指套环，顺时针平行转一圈。

（三）右手五指微曲，指尖朝内，按向左肩部。

（四）双手侧立，掌心相对，一顿一顿向一侧移动两下。

（五）右手拇、食指捏成小圆形，虎口朝内，贴于左胸部。

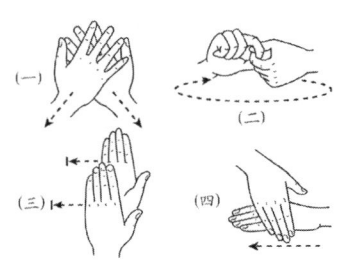

网络规划 wǎngluòguīhuà

（一）双手五指分开，手背向外，交叉搭成格子，并向两侧斜下方移动。

（二）双手拇、食指套环，顺时针平行转一圈。

（三）双手直立，掌心相对，向前一顿。

（四）左手横伸，掌心向下；右手食、中、无名、小指并拢，指尖朝下，沿左手小指边缘划一下。

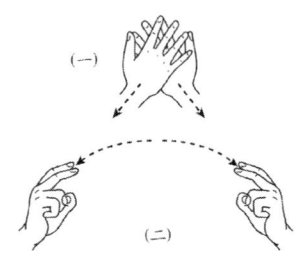

网桥 wǎngqiáo

（一）双手五指分开，手背向外，交叉搭成格子，并向两侧斜下方移动。

（二）双手食、中指微曲并分开，指尖相对，指背朝上，从中间向两侧下方做弧形移动。

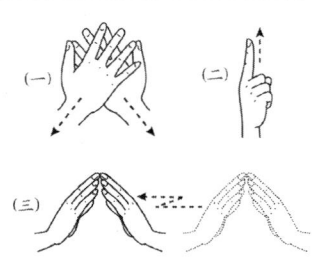

网上邻居 wǎngshànglínjū

（一）双手五指分开，手背向外，交叉搭成格子，并向两侧斜下方移动。

（二）一手食指直立，朝上一指。

（三）双手搭成"∧"形，左右微动两下。

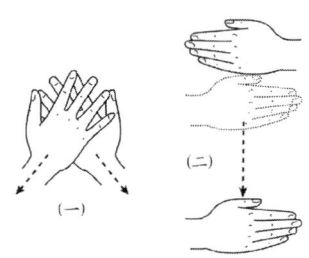

网页 wǎngyè

（一）双手五指分开，手背向外，交叉搭成格子，并向两侧斜下方移动。

（二）双手横立，左手在上不动，右手向下移动一下。

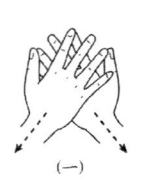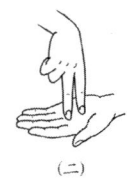

网站 wǎngzhàn

（一）双手五指分开，手背向外，交叉搭成格子，并向两侧斜下方移动。

（二）左手横伸；右手食、中指分开，指尖朝下，立于左手掌心上。

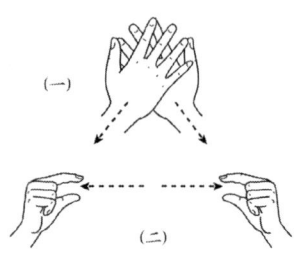

网址 wǎngzhǐ

（一）双手五指分开，手背向外，交叉搭成格子，并向两侧斜下方移动。

（二）双手拇、食指微张，指尖相对，虎口朝内，从中间向两侧拉开。

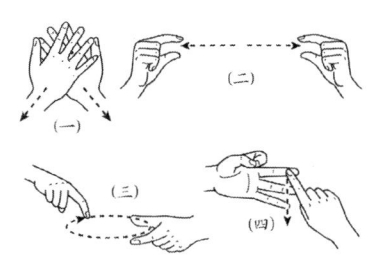

网址域名 wǎngzhǐyùmíng

（一）双手五指分开，手背向外，交叉搭成格子，并向两侧斜下方移动。
（二）双手拇、食指微张，指尖相对，虎口朝内，从中间向两侧拉开。
（三）左手拇、食指成半圆形，虎口朝上；右手食指指尖朝下，沿左手拇、食指转一圈。
（四）左手中、无名、小指横伸；右手伸食指，自左手中指向下划动。

微博（博客） wēibó (bókè)

一手拇、食指相捏，虎口朝内，置于一侧眼部，其他三指直立分开，然后弯动两下，仿新浪微博的标志。
（可根据实际模仿不同微博、博客的标志）

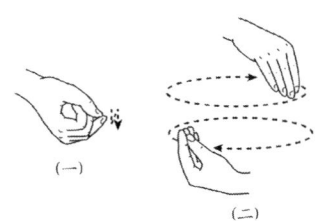

微调 wēitiáo

（一）一手拇、小指指尖相捏，手背向下，微微抖动两下。
（二）双手五指撮合，指尖上下相对，交替平行转动两下。

 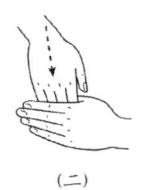

微信 wēixìn

（一）一手打手指字母"W"的指式。
（二）左手五指成"匚"形，虎口朝上；右手五指并拢，指尖朝下，插入左手"匚"形中。

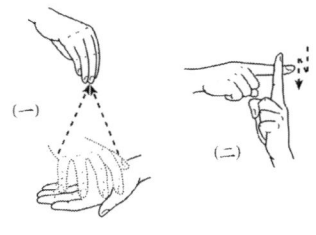 

维度 wéidù

（一）左手横伸；右手五指张开，指尖朝下，边从左手掌心向上移动边撮合五指。
（二）左手食指直立；右手食指横贴在左手食指上，然后上下微动两下。

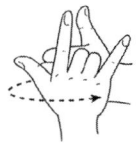

维护 wéihù

左手伸拇指；右手拇、食、小指直立，手背向外，由右向左绕左手转半圈。

伪操作　wěicāozuò

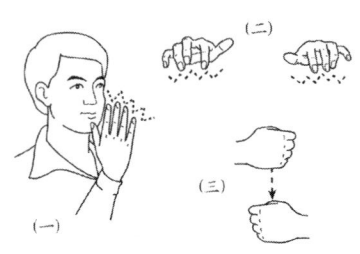

（一）一手直立，五指张开，拇指尖抵于下颏，其他四指交替点动。
（二）双手五指弯曲，指尖朝下，交替点动几下。
（三）双手握拳，一上一下，右拳向下砸一下左拳。

伪指令　wěizhǐlìng

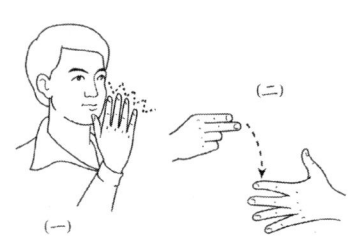

（一）一手直立，五指张开，拇指尖抵于下颏，其他四指交替点动。
（二）左手横立，五指分开；右手食、中指直立并拢，然后向下一挥，指向左手食指。

位　wèi

左手横伸；右手伸拇指，置于左手掌心上。

位图　wèitú

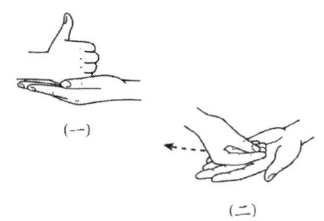

（一）左手横伸；右手伸拇指，置于左手掌心上。
（二）左手横伸；右手五指撮合，指背在左手掌心上抹一下。

位移　wèiyí

左手横伸；右手伸拇指，置于左手掌心上，双手从一侧向另一侧移动一下。

文本　wénběn

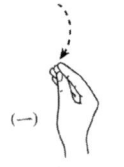 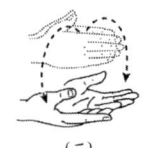

（一）一手五指如执毛笔，手腕撇动一下。
（二）双手侧立，掌心相合，再向两边打开。

文本框　wénběnkuàng

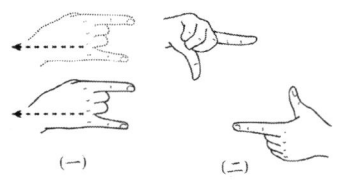

（一）一手打手指字母"Z"的指式，先在上后在下分别平行移动一下。
（二）双手拇、食指成"⊏⊐"形。

文档　wéndàng

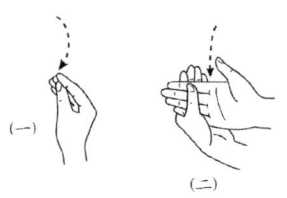

（一）一手五指如执毛笔，手腕撇动一下。
（二）左手五指成"∪"形，指尖朝上；右手侧立，由上而下插入左手虎口内。

文件　wénjiàn

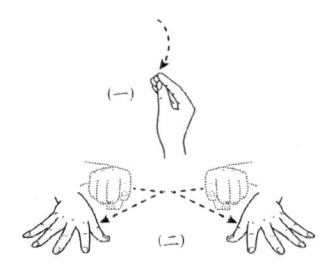

（一）一手五指如执毛笔，手腕撇动一下。
（二）双手食指指尖朝前，互碰一下，再分开并张开五指。

文件夹　wénjiànjiā

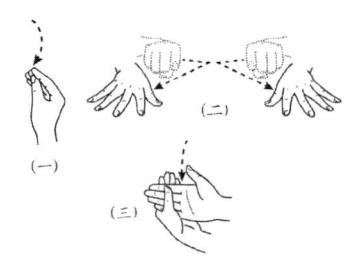

（一）一手五指如执毛笔，手腕撇动一下。
（二）双手食指指尖朝前，互碰一下，再分开并张开五指。
（三）左手五指成"∪"形，指尖朝上；右手侧立，由上而下插入左手虎口内。

文件头　wénjiàntóu

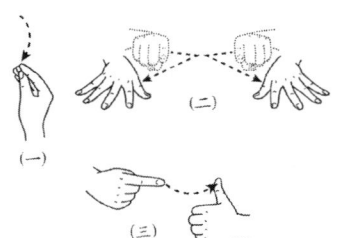

（一）一手五指如执毛笔，手腕撇动一下。
（二）双手食指指尖朝前，互碰一下，再分开并张开五指。
（三）左手伸拇指；右手伸食指碰一下左手拇指。

文字处理　wénzìchǔlǐ

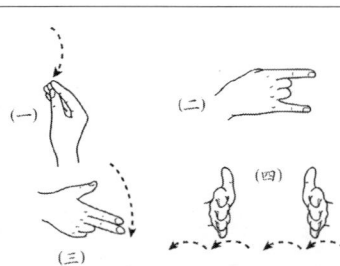

（一）一手五指如执毛笔，手腕撇动一下。
（二）一手打手指字母"Z"的指式。
（三）一手伸拇、食、中指，食、中指并拢，指尖朝前，由上而下一挥。
（四）双手侧立，掌心相对，一顿一顿向一侧移动两下。

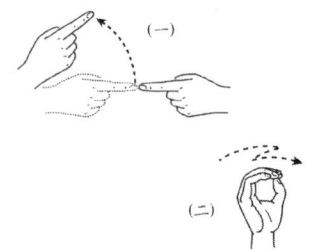

无损连接 wúsǔnliánjiē

（一）双手食指横伸，指尖相抵，左手不动，右手向上一挑。

（二）一手五指捏成圆形，虎口朝内，左右晃动两下。

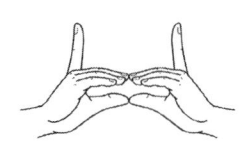

无线路由器 wúxiànlùyóuqì

双手拇、中、无名、小指搭成"⊏⊐"形，虎口朝内，食指直立，仿有两根天线的无线路由器形状。

（可根据实际模仿无线路由器的形状）

五笔 wǔbǐ

（一）一手直立，五指分开，手背向内。

（二）一手如执笔写字状。

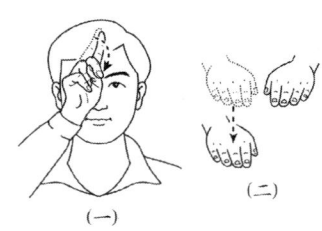

误差 wùchā

（一）一手食、中指直立相叠，置于额前，然后中指向下弯动一下。

（二）双手平伸，掌心向下，左手不动，右手向下一沉。

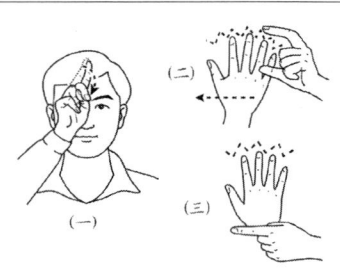

误码率 wùmǎlǜ

（一）一手食、中指直立相叠，置于额前，然后中指向下弯动一下。

（二）左手拇、食指成"⊏"形；右手五指直立分开，手背向外，在"⊏"形内从左向右连续点动手指，表示一串数码。

（三）左手食指横伸；右手直立，掌心向内，手腕贴于左手食指，五指交替点动几下。

X

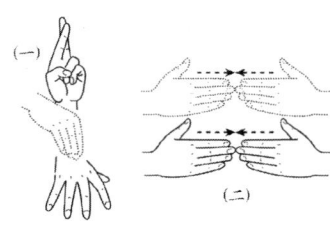

系数 xìshù
（一）一手打手指字母"X"的指式。
（二）一手直立，掌心向内，五指分开，交替点动几下。

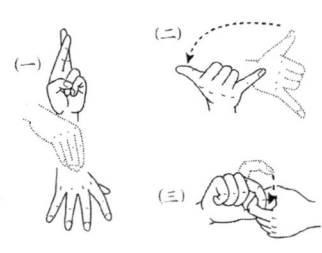

系统校验 xìtǒngjiàoyàn
（一）左手打手指字母"X"的指式；右手五指撮合，指尖朝下，从左手腕部边向下移动边张开五指。
（二）双手横立，掌心向内，边由上而下移动边互碰手指。

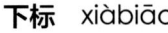
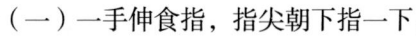
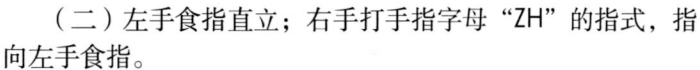

系统死锁 xìtǒngsǐsuǒ
（一）左手打手指字母"X"的指式；右手五指撮合，指尖朝下，从左手腕部边向下移动边张开五指。
（二）右手伸拇、小指，拇指朝上，然后手腕向右翻转，象征死亡。
（三）左手拇、食指捏成小圆形；右手拇、食指先张开，然后插入左手小圆形内扣合，如上锁状。

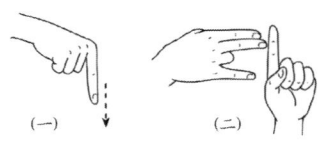

下标 xiàbiāo
（一）一手伸食指，指尖朝下指一下。
（二）左手食指直立；右手打手指字母"ZH"的指式，指向左手食指。

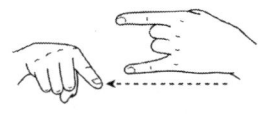

下划线 xiàhuàxiàn
左手打手指字母"Z"的指式；右手伸食指，指尖朝前，在左手下方划一短线。

下线（离线） xiàxiàn (líxiàn)
　　左手横伸；右手伸拇、小指，手背向右，从左手背上向下移动。

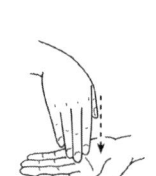

下限 xiàxiàn
　　左手横伸；右手垂立，掌心向内，由上而下移至左手。

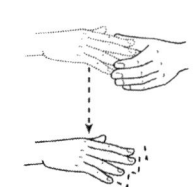

下溢 xiàyì
　　左手五指成半圆形，虎口朝上；右手横伸，掌心向下，置于左手内，然后五指边点动边移至左手下。

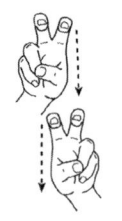

下载 xiàzài
　　双手食、中指弯曲，指尖朝前，一上一下，同时向下拉动。
　　（此为国际手语）

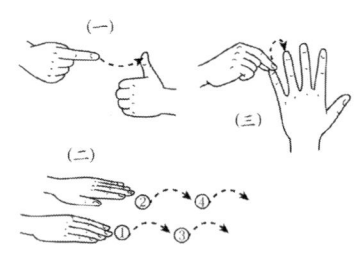

先行进位 xiānxíngjìnwèi
　　（一）左手伸拇指；右手伸食指碰一下左手拇指。
　　（二）双手平伸，掌心朝下，交替向前移动两下。
　　（三）左手直立，五指张开，掌心向内；右手拇、食指相捏，从左手小指尖移至左手无名指尖，表示加法上的进位运算。

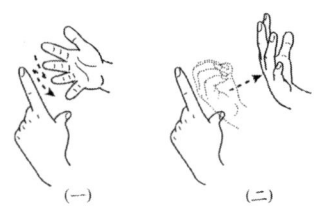

显示 xiǎnshì
　　（一）左手拇、食指成"⌐"形，掌心向外；右手横立，五指张开，在左手食指旁上下晃动两下，用于表示屏幕画面。
　　（二）左手拇、食指成"⌐"形，掌心向外；右手五指撮合，指尖朝内，然后张开五指，表示屏幕上的东西朝观看者显示。

显示器① xiǎnshìqì ①

（一）左手拇、食指成"⌐"形，掌心向外；右手横立，五指张开，在左手食指旁上下晃动两下。

（二）双手五指弯曲，食、中、无名、小指关节交错相触，并转动一下，用于表示显像管式的显示器。

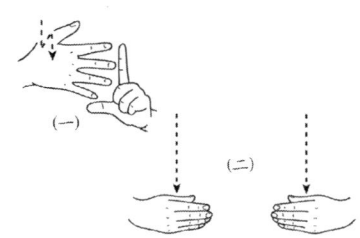

显示器② xiǎnshìqì ②

（一）左手拇、食指成"⌐"形，掌心向外；右手横立，五指张开，在左手食指旁上下晃动两下。

（二）双手五指相对成"⊏⊐"形，虎口朝上，由上而下移动一下，用于表示液晶、LED薄体显示器。

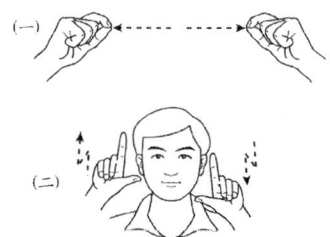

线型 xiànxíng

（一）双手拇、食指相捏，从中间向两侧拉开。

（二）双手拇、食指成"⌐⌐"形，置于脸颊两侧，上下交替动两下。

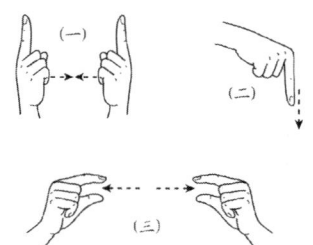

相对地址 xiāngduìdìzhǐ

（一）双手食指直立，指面相对，从两侧向中间微移。

（二）一手伸食指，指尖朝下指一下。

（三）双手拇、食指微张，指尖相对，虎口朝内，从中间向两侧拉开。

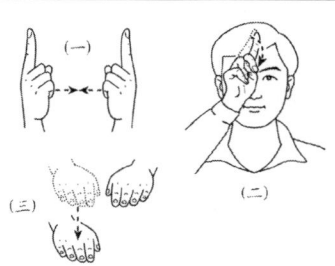

相对误差 xiāngduìwùchā

（一）双手食指直立，指面相对，从两侧向中间微移。

（二）一手食、中指直立相叠，置于额前，然后中指向下弯动一下。

（三）双手平伸，掌心向下，左手不动，右手向下一沉。

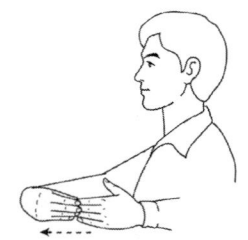

向导 xiàngdǎo

左手侧立；右手五指捏住左手指尖，虎口朝上，向前拉动。

像素 xiàngsù

（一）一手食、中指直立并拢，掌心向外，朝面颊部碰一下。
（二）双手五指分开，交叉搭成网状形，然后手指做开合的动作。

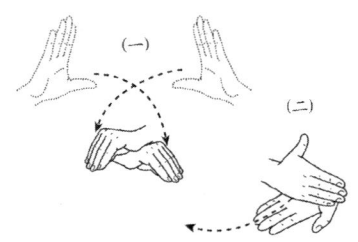

消除 xiāochú

（一）双手直立，掌心向外，然后向前扑一下，右手掌压住左手背。
（二）左手横伸；右手侧立，从左手掌心上向外刮过。

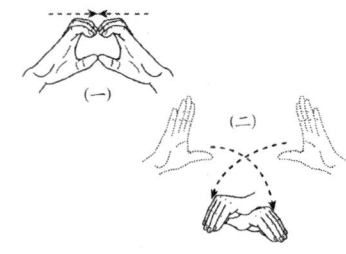

消磁 xiāocí

（一）双手打手指字母"C"的指式，指尖左右相对，向中间移动并互碰。
（二）双手直立，掌心向外，然后向前扑一下，右手掌压住左手背。

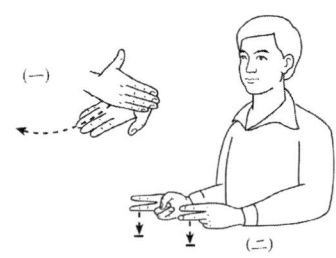

消去法 xiāoqùfǎ

（一）左手横伸；右手侧立，从左手掌心上向外刮过。
（二）双手食、中指分开，指尖朝前，同时向下一顿。

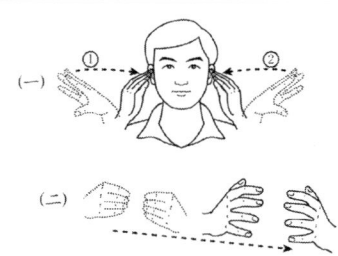
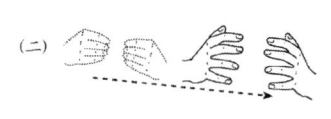

消息传递 xiāoxichuándì

（一）双手五指微曲，掌心向外，边交替移向耳部边撮合五指。
（二）双手五指撮合，指尖斜向相对，边向斜下方移动边张开五指。

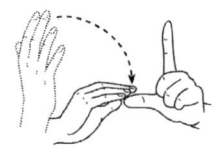

消隐 xiāoyǐn

左手拇、食指成"⌊"形，掌心向外；右手五指张开，掌心向左，然后慢慢捏合。

 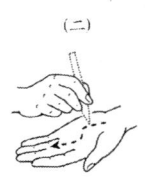

小写 xiǎoxiě
（一）一手拇、小指指尖相捏，手背向下。
（二）左手横伸；右手如执笔状，在左手掌心上做写字的动作。

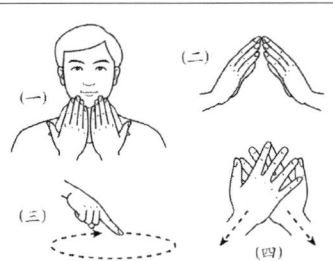

校园网 xiàoyuánwǎng
（一）双手斜伸，掌心向内，如读书状。
（二）双手搭成"∧"形。
（三）一手伸食指，指尖朝下划一大圈。
（四）双手五指分开，手背向外，交叉搭成格子，并向两侧斜下方移动。

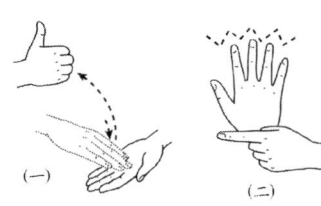

效率 xiàolǜ
（一）左手横伸；右手掌先拍一下左手掌，再伸出拇指。
（二）左手食指横伸；右手直立，掌心向内，手腕贴于左手食指，五指交替点动几下。

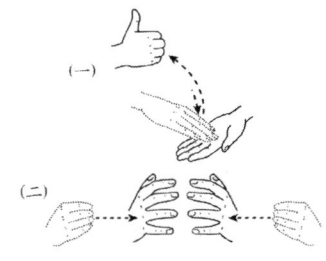

效应 xiàoyìng
（一）左手横伸；右手掌先拍一下左手掌，再伸出拇指。
（二）双手五指撮合，指尖左右相对，边由两侧向中间移动边张开五指。

协议 xiéyì
（一）双手食指弯曲，互相勾住。
（二）双手握拳，手背向外，同时依次伸出食、中、无名、小指。

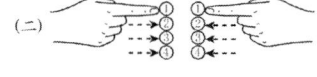

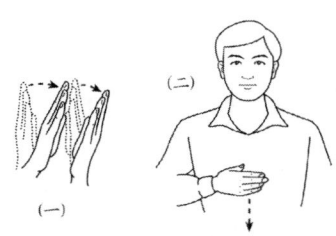

斜体 xiétǐ
（一）双手直立，掌心相对，同时向一侧倾斜。
（二）一手掌心向内，贴于胸部，向下移动一下。

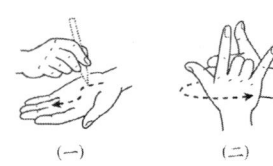

写保护　xiěbǎohù
（一）左手横伸；右手如执笔状，在左手掌心上做写字的动作。
（二）左手伸拇指；右手拇、食、小指直立，手背向外，由右向左绕左手转半圈。

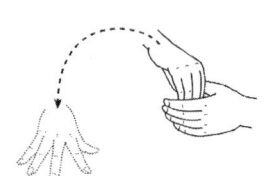

卸载　xièzài
左手五指成"⊏"形，虎口朝上；右手五指撮合，指尖朝下，置于左手虎口内，然后边向外移出边张开五指。

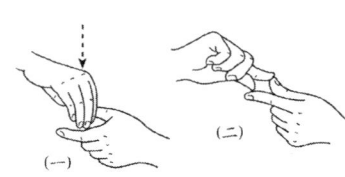

芯片　xīnpiàn
（一）左手拇、食指成"⊏"形，虎口朝上；右手五指撮合，指尖朝下，在左手虎口处向下一点。
（二）双手拇、食指搭成小"口"形。

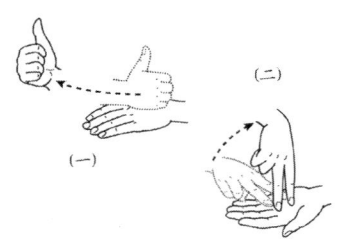

新建　xīnjiàn
（一）左手横伸，掌心向下；右手伸拇指，从左手背上向左手指尖方向划动。
（二）左手横伸；右手食、中指分开，先平放于左手掌心上，然后竖立起来。

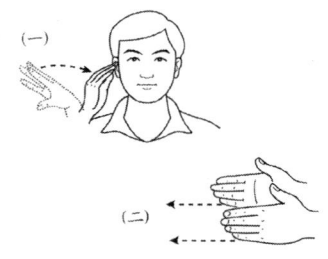

信道　xìndào
（一）一手五指微曲，掌心向外，边移向耳部边撮合五指。
（二）双手侧立，掌心相对，向前移动。

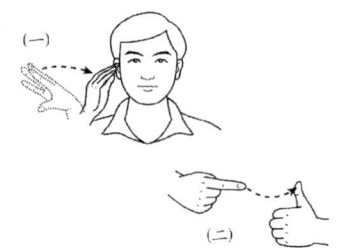

信头　xìntóu
（一）一手五指微曲，掌心向外，边移向耳部边撮合五指。
（二）左手伸拇指；右手伸食指碰一下左手拇指。

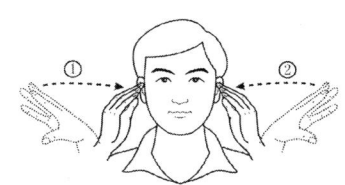

信息 xìnxī

双手五指微曲,掌心向外,边交替移向耳部边撮合五指。

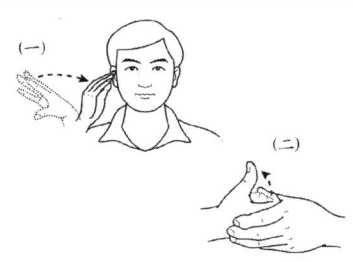

信源 xìnyuán

(一)一手五指微曲,掌心向外,边移向耳部边撮合五指。
(二)左手五指成半圆形,虎口朝上;右手拇指抵于食指下,然后从左手内向上弹起。

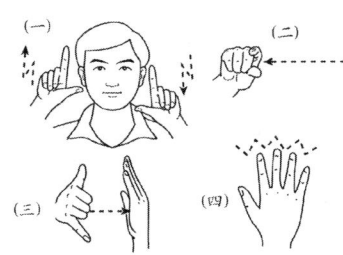

形式参数 xíngshìcānshù

(一)双手拇、食指成"⌐"形,置于脸颊两侧,上下交替动两下。
(二)一手拇、食指张开,指尖朝前,由左向右移动一下。
(三)左手直立,掌心向右;右手伸拇、小指,移向左手。
(四)一手直立,掌心向内,五指分开,交替点动几下。

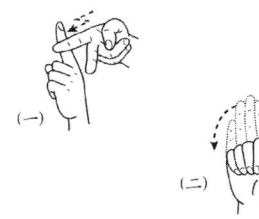

性能 xìngnéng

(一)左手食指直立;右手食、中指横伸并分开,交替弹一下左手食指背。
(二)一手直立,掌心向外,然后食、中、无名、小指弯曲一下。

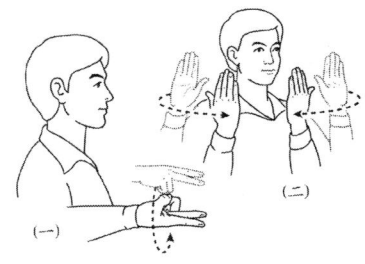

修复 xiūfù

(一)一手食、中指分开,指尖朝前,手腕翻转一下。
(二)双手直立,掌心向外,置于头两侧,边向前移动边转为掌心向内。

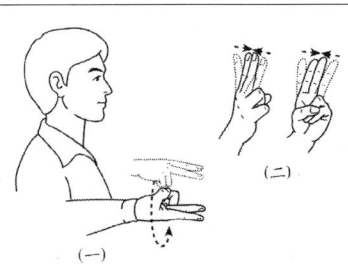

修剪 xiūjiǎn

(一)一手食、中指分开,指尖朝前,手腕翻转一下。
(二)双手食、中指直立分开,掌心相对,夹动一下。

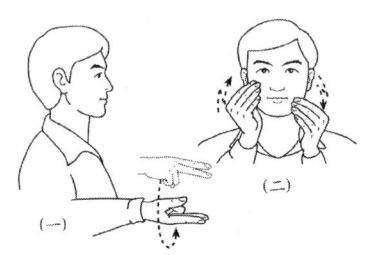

修饰 xiūshì

（一）一手食、中指分开，指尖朝前，手腕翻转一下。
（二）双手五指撮合，在两颊部做擦粉的动作。

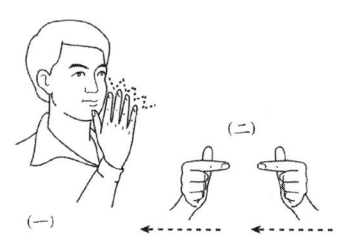

虚拟 xūnǐ

（一）一手直立，五指张开，拇指尖抵于下颏，其他四指交替点动。
（二）双手拇、食指搭成"十"字形，由一侧向另一侧移动一下。

许可 xǔkě

一手食指书空"√"号。

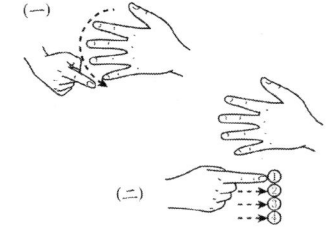

序列 xùliè

（一）左手横立，五指分开；右手伸食指，自左手拇指依次向下划动。
（二）左手横立，五指分开；右手握拳，在左手下依次伸出食、中、无名、小指。

旋钮 xuánniǔ

一手拇、食、中指虚捏，指尖朝前，左右拧动，如调节旋钮状。

旋转 xuánzhuǎn

一手直立，掌心向外，然后翻转为掌心向内。
（可根据实际情况选择旋转的动作）

选定 xuǎndìng

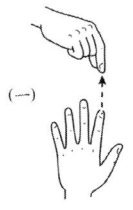 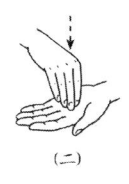

（一）左手直立，五指张开，掌心向内；右手拇、食指捏一下左手食指，然后向上一提。

（二）左手横伸；右手五指撮合，指尖朝下，按于左手掌心。

选区 xuǎnqū

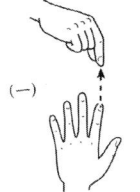 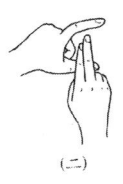

（一）左手直立，五指张开，掌心向内；右手拇、食指捏一下左手食指，然后向上一提。

（二）左手拇、食指成"⊏"形，虎口朝内；右手食、中指相叠，置于左手虎口内，仿"区"字形。

选项 xuǎnxiàng

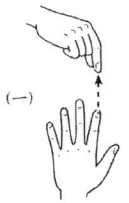 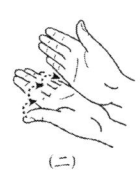

（一）左手直立，五指张开，掌心向内；右手拇、食指捏一下左手食指，然后向上一提。

（二）左手平伸；右手斜立于左手掌心上，然后一顿一顿向右做弧形移动。

选项卡 xuǎnxiàngkǎ

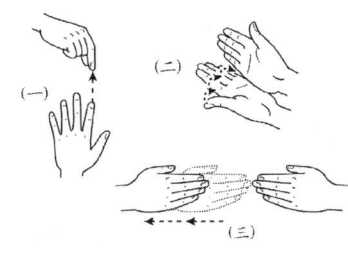

（一）左手直立，五指张开，掌心向内；右手拇、食指捏一下左手食指，然后向上一提。

（二）左手平伸；右手斜立于左手掌心上，然后一顿一顿向右做弧形移动。

（三）双手横立，五指并拢，左手不动，右手一顿一顿向右移动两下。

选择 xuǎnzé

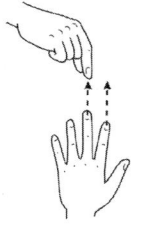

左手直立，五指张开，掌心向内；右手拇、食指分别捏一下左手食、中指，并向上一提。

渲染 xuànrǎn

左手平伸，掌心向上；右手五指撮合，置于左手掌心上，然后张开五指。

寻道 xúndào

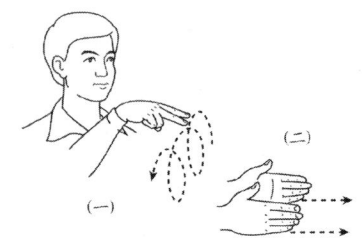

（一）一手食、中指分开，指尖朝前，在面前由一侧向另一侧转动，目光随之移动。

（二）双手侧立，掌心相对，向前移动。

寻址 xúnzhǐ

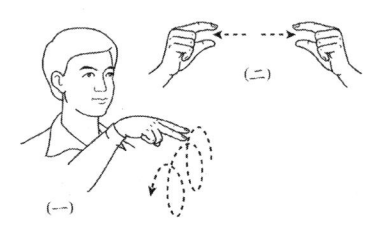

（一）一手食、中指分开，指尖朝前，在面前由一侧向另一侧转动，目光随之移动。

（二）双手拇、食指微张，指尖相对，虎口朝内，从中间向两侧拉开。

循环进位 xúnhuánjìnwèi

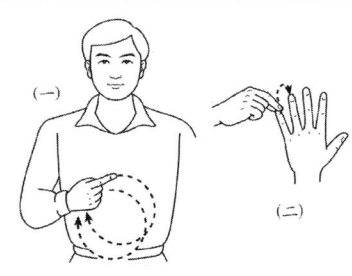

（一）一手伸食指，指尖朝内，在胸腹部转两圈。

（二）左手直立，五指张开，掌心向内；右手拇、食指相捏，从左手小指尖移至左手无名指尖，表示加法上的进位运算。

Y

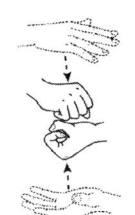

压缩 yāsuō
　　双手横伸,掌心上下相对,五指张开,边向中间移动边握拳。

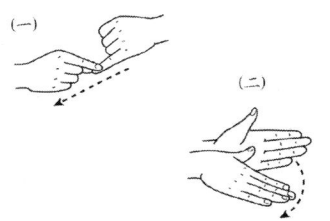

延迟 yánchí
　　(一)左手伸小指;右手拇、食指捏住左手小指,然后向右下方拉动。
　　(二)左手侧立;右手五指伸出,拇指尖抵于左手掌心,其他四指向下转动,表示时间已迟。

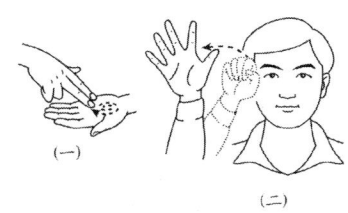

研发 yánfā
　　(一)左手平伸;右手伸拇、食、中指,食、中指并拢,在左手掌心上转两下。
　　(二)一手握拳贴于太阳穴旁,然后向前移动并张开五指。

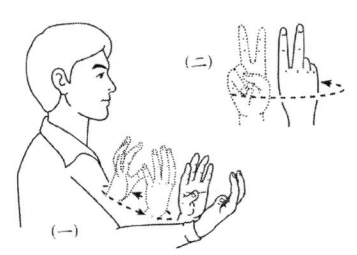
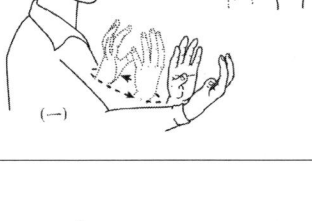

演变 yǎnbiàn
　　(一)双手直立,五指微曲,掌心前后相对,然后缓慢转动手腕,交换位置。
　　(二)一手食、中指直立分开,由掌心向外转为掌心向内。

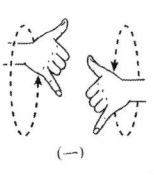

演示 yǎnshì
　　(一)双手伸拇、小指,手背向外,前后交替转动两下。
　　(二)左手直立,掌心朝外;右手食指指尖抵于左手掌心,双手向前微动一下。

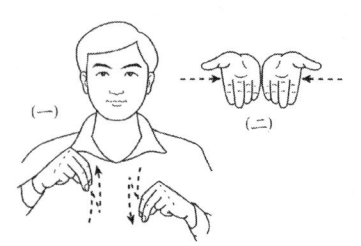

验证 yànzhèng

（一）双手拇、食、中指相捏，指尖朝下，上下交替动两下。

（二）双手平伸，掌心向上，从两侧向中间移动，并互碰一下。

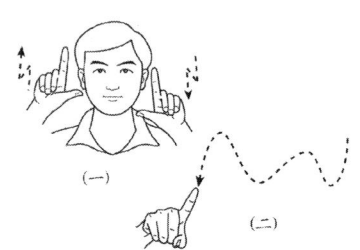

样条曲线 yàngtiáoqūxiàn

（一）双手拇、食指成"⌊ ⌋"形，置于脸颊两侧，上下交替动两下。

（二）一手伸食指，指尖朝前，随意画一条曲线。

遥控 yáokòng

一手虚握，虎口朝前，拇指按动两下，仿按遥控器的动作。

（可根据实际模仿遥控的动作）

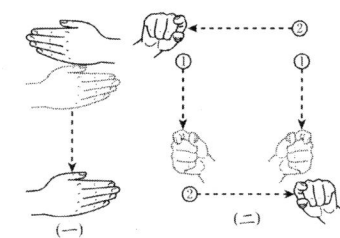

页边距 yèbiānjù

（一）双手横立，左手在上不动，右手向下移动一下。

（二）双手拇、食指微张，指尖朝前，先同时由上向下移动，再一上一下，向相反方向水平移动。

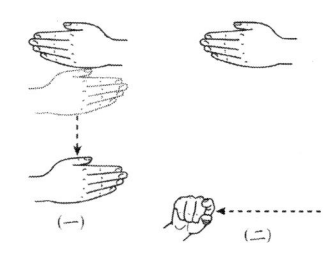

页脚 yèjiǎo

（一）双手横立，左手在上不动，右手向下移动一下。

（二）左手横立，掌心向内；右手拇、食指微张，指尖朝前，在左手下方横划一下。

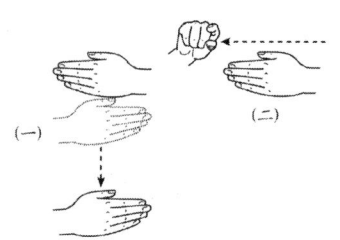

页眉 yèméi

（一）双手横立，左手在上不动，右手向下移动一下。

（二）左手横立，掌心向内；右手拇、食指微张，指尖朝前，在左手上方横划一下。

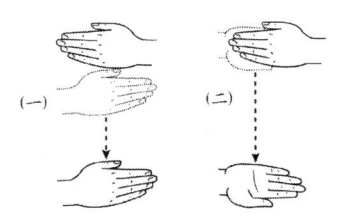

页面 yèmiàn

（一）双手横立，左手在上不动，右手向下移动一下。
（二）左手横立，掌心向内；右手横立，掌心向外，自左手掌心由上而下移动一下。

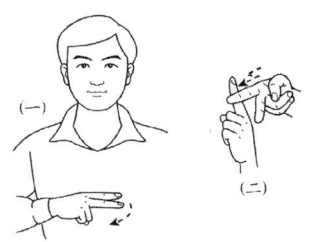

一致性 yīzhìxìng

（一）一手食、中指横伸并分开，手背向上，向前移动一下。
（二）左手食指直立；右手食、中指横伸并分开，交替弹一下左手食指背。

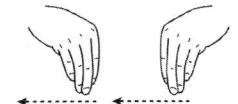

移动 yídòng

双手五指撮合，指尖朝下，从一侧移向另一侧。

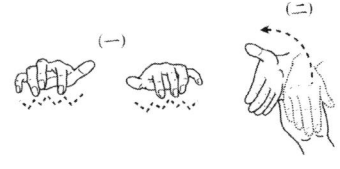

移动计算机（笔记本电脑）
yídòngjìsuànjī（bǐjìběndiànnǎo）

（一）双手五指弯曲，指尖朝下，交替点动几下，如按计算机键盘状。
（二）双手横伸，掌心相合，左手在下不动，右手向上打开。

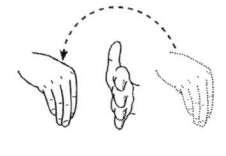

移过 yíguò

左手侧立；右手五指撮合，指尖朝下，从左手的一侧移到另一侧。

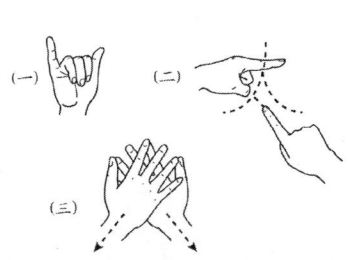

以太网 yǐtàiwǎng

（一）一手打手指字母"Y"的指式。
（二）左手食指横伸；右手食指在左手食指书空"人"和"、"，仿"太"字形。
（三）双手五指分开，手背向外，交叉搭成格子，并向两侧斜下方移动。

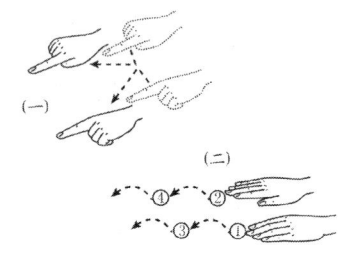

异步的 yìbùde

（一）双手伸食指，指尖朝前，先互碰一下，再分别向两侧移动。

（二）双手平伸，掌心朝下，交替向前移动两下。

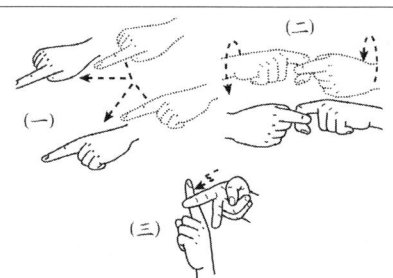

异构性 yìgòuxìng

（一）双手伸食指，指尖朝前，先互碰一下，再分别向两侧移动。

（二）双手食指弯曲，互勾两下。

（三）左手食指直立；右手食、中指横伸并分开，交替弹一下左手食指背。

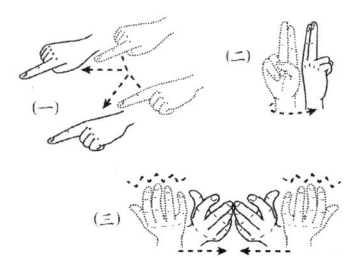

异或运算 yìhuòyùnsuàn

（一）双手伸食指，指尖朝前，先互碰一下，再分别向两侧移动。

（二）右手打手指字母"H"的指式，手腕向左转动90度。

（三）双手五指微曲，掌心向上，边交替点动边互碰。

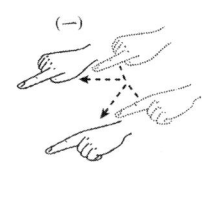

异门 yìmén

（一）双手伸食指，指尖朝前，先互碰一下，再分别向两侧移动。

（二）双手并排直立，掌心向外，五指并拢。

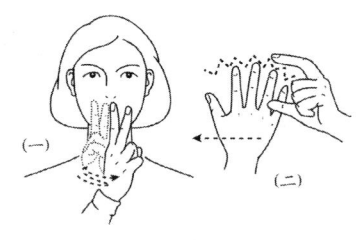

译码 yìmǎ

（一）右手食、中指直立分开，指背先贴于嘴部，再转动90度，手背向右，重复一次，表示将一种语言译成另一种语言。

（二）左手拇、食指成"⊏"形；右手五指直立分开，手背向外，在"⊏"形内从左向右连续点动手指，表示一串数码。

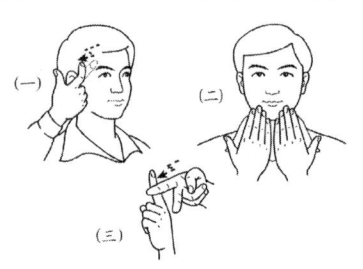

易读性 yìdúxìng

（一）一手伸拇、食指，食指尖在太阳穴上划动两下。

（二）双手斜伸，掌心向内，如读书状。

（三）左手食指直立；右手食、中指横伸并分开，交替弹一下左手食指背。

溢出 yìchū
左手五指成半圆形,虎口朝上;右手横伸,掌心向下,置于左手内,然后五指边点动边向上移至左手虎口,再向外移动。

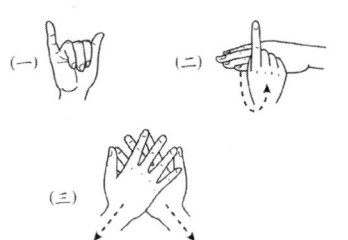

因特网 yīntèwǎng
(一)一手打手指字母"Y"的指式。
(二)左手横伸,掌心向下;右手伸食指,从左手小指外缘向上伸出。
(三)双手五指分开,手背向外,交叉搭成格子,并向两侧斜下方移动。

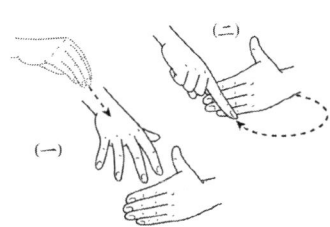

阴影 yīnyǐng
(一)左手侧立;右手五指撮合,置于右上方,指尖对着左手掌心移动并放开五指,如光线照射。
(二)左手侧立;右手伸食指,在左手背后下方划一圆形,表示影子。

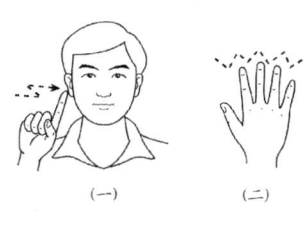

音量 yīnliàng
(一)一手食指直立,在耳边左右晃动两下。
(二)一手直立,掌心向内,五指分开,交替点动几下。

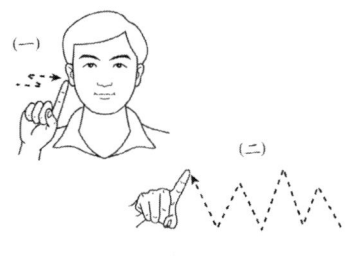

音频(声频) yīnpín (shēngpín)
(一)一手食指直立,在耳边左右晃动两下。
(二)一手伸食指,指尖朝前,做折线形移动。

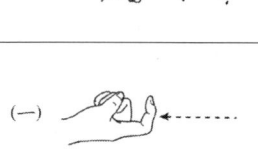
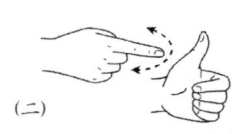

引导 yǐndǎo
(一)一手食指弯曲如钩,手背向下,由外向内用力拉动一下。
(二)左手伸拇指;右手伸食指,指尖朝前,在左手拇指后左右移动两下。

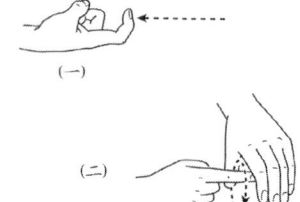

引擎 yǐnqíng
（一）一手食指弯曲如钩，手背向下，由外向内用力拉动一下。
（二）左手五指成"∩"形，虎口朝右；右手食指横伸，在左手虎口处快速转动两下。

引线 yǐnxiàn
（一）一手食指弯曲如钩，手背向下，由外向内用力拉动一下。
（二）双手拇、食指相捏，从中间向两侧拉开。

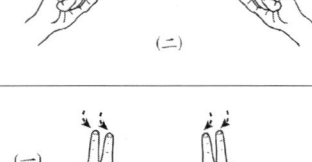

引用 yǐnyòng
（一）双手食、中指分开，指尖朝前，同时向内微转手腕，仿双引号形状。
（二）左手五指成"⊏"形；右手五指撮合，指尖朝下，从左手虎口内抽出。

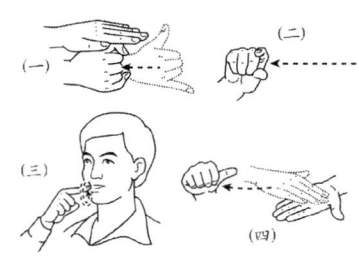

隐式说明 yǐnshìshuōmíng
（一）左手平伸，掌心向下；右手伸拇、小指，从外向内移入左手掌心下，同时拇、小指弯曲。
（二）一手拇、食指张开，指尖朝前，由左向右移动一下。
（三）一手食指横伸，在嘴前前后转动两下。
（四）左手横伸；右手平伸，掌心向下，贴于左手掌，边向左手指尖方向移动边食、中、无名、小指握拳。

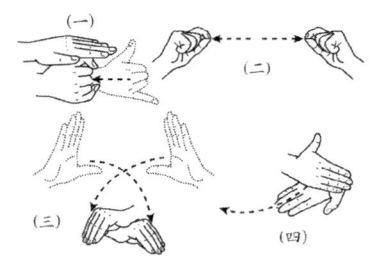

隐线消除 yǐnxiànxiāochú
（一）左手平伸，掌心向下；右手伸拇、小指，从外向内移入左手掌心下，同时拇、小指弯曲。
（二）双手拇、食指相捏，从中间向两侧拉开。
（三）双手直立，掌心向外，然后向前扑一下，右手掌压住左手背。
（四）左手横伸；右手侧立，从左手掌心上向外刮过。

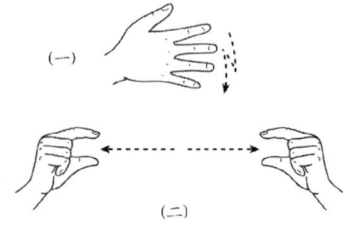

影片 yǐngpiàn
（一）一手横立，五指张开，掌心向内，上下晃动两下。
（二）双手拇、食指张开成"⊏⊐"形，虎口朝内，从中间向两侧拉开。

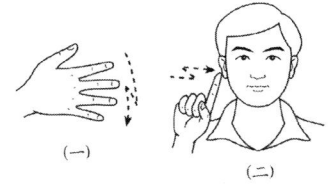

影音 yǐngyīn

（一）一手横立，五指张开，掌心向内，上下晃动两下。
（二）一手食指直立，在耳边左右晃动两下。

应答 yìngdá

一手直立，掌心向外，置于嘴前，然后食、中、无名、小指弯曲一下，头同时向前点动。
（根据回答对象的位置改变手的朝向）

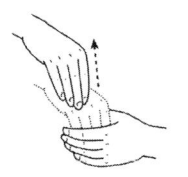

应用 yìngyòng

左手五指成"匚"形；右手五指撮合，指尖朝下，从左手虎口内抽出。

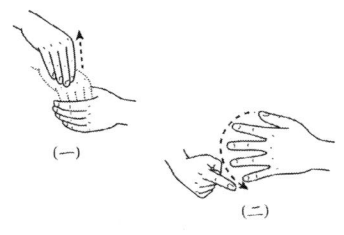

应用程序 yìngyòngchéngxù

（一）左手五指成"匚"形；右手五指撮合，指尖朝下，从左手虎口内抽出。
（二）左手横立，五指分开；右手伸食指，自左手拇指依次向下划动。

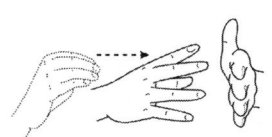
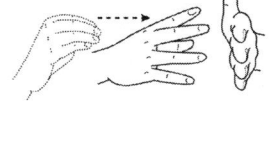

映射 yìngshè

左手侧立；右手五指撮合，指尖对着左手张开五指。

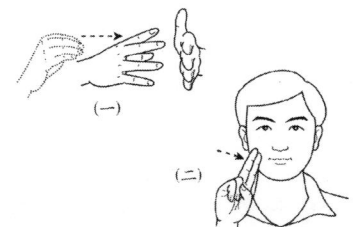

映像 yìngxiàng

（一）左手侧立；右手五指撮合，指尖对着左手张开五指。
（二）一手食、中指直立并拢，掌心向外，朝面颊部碰一下。

硬回车　yìnghuíchē

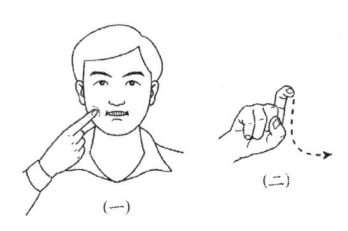

（一）一手伸食指，指尖抵于脸颊一侧牙齿部位，牙关紧闭。

（二）一手食指弯曲，指尖朝前，做"⌐"形划动，表示键盘上的回车键符号。

硬件　yìngjiàn

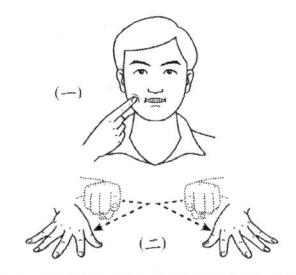

（一）一手伸食指，指尖抵于脸颊一侧牙齿部位，牙关紧闭。

（二）双手食指指尖朝前，互碰一下，再分开并张开五指。

硬盘　yìngpán

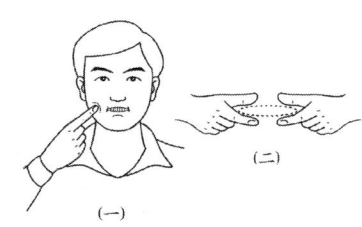

（一）一手伸食指，指尖抵于脸颊一侧牙齿部位，牙关紧闭。

（二）双手拇、食指搭成圆形，虎口朝上。

用户　yònghù

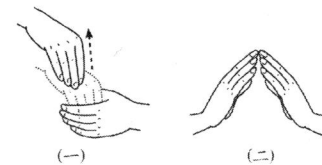

（一）左手五指成"⊏"形；右手五指撮合，指尖朝下，从左手虎口内抽出。

（二）双手搭成"∧"形。

优先级　yōuxiānjí

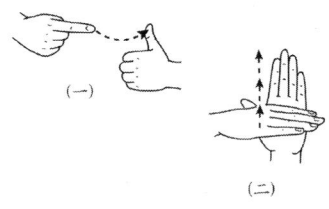

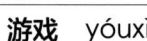

（一）左手伸拇指；右手伸食指碰一下左手拇指。

（二）左手直立，掌心向右；右手平伸，掌心向下，贴左手掌心一顿一顿向上移动几下。

游戏　yóuxì

双手伸拇、小指，手腕斜向相搭，同时晃动两下。

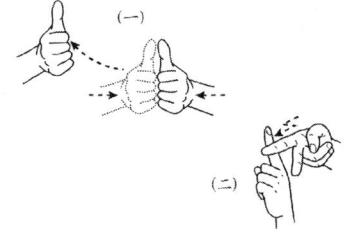

友好性 yǒuhǎoxìng

（一）双手伸拇指，指尖朝上，互碰一下，然后左手不动，右手向右上方移动一下。

（二）左手食指直立；右手食、中指横伸并分开，交替弹一下左手食指背。

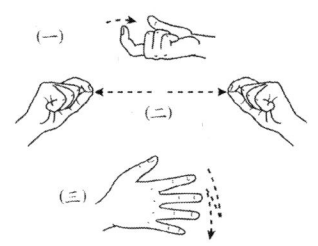

有线电视 yǒuxiàndiànshì

（一）一手伸拇、食指，手背向下，拇指不动，食指向内弯动一下。

（二）双手拇、食指相捏，从中间向两侧拉开。

（三）一手横立，五指张开，掌心向内，上下晃动两下。

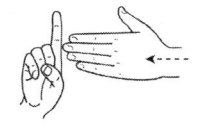

右对齐 yòuduìqí

右手食指直立；左手横立，掌心向内，移向右手食指。

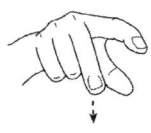

右键（右击） yòujiàn (yòujī)

一手拇、食、中指弯曲，手背向上，如持鼠标状，中指向下点动一下。

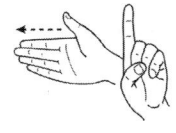

右向 yòuxiàng

左手食指直立；右手横立，指尖朝右，移动一下。

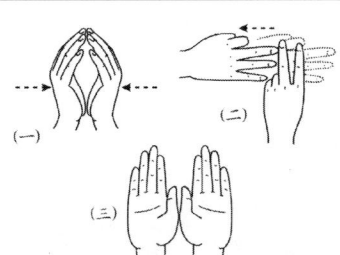

与非门 yǔfēimén

（一）双手直立，五指微曲，从两侧向中间移动。

（二）左手食、中指直立分开，手背向外；右手中、无名、小指横伸，由左向右划过左手食、中指，仿"非"字形。

（三）双手并排直立，掌心向外，五指并拢。

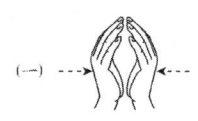

与运算 yǔyùnsuàn

（一）双手直立，五指微曲，从两侧向中间移动。
（二）双手五指微曲，掌心向上，边交替点动边互碰。

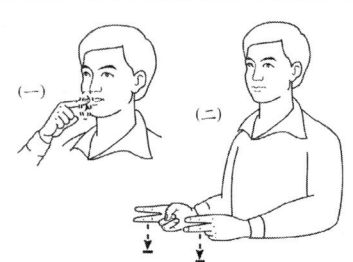

语法 yǔfǎ

（一）一手食指横伸，在嘴前前后转动两下。
（二）双手食、中指分开，指尖朝前，同时向下一顿。

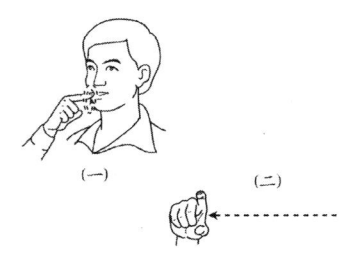

语句 yǔjù

（一）一手食指横伸，在嘴前前后转动两下。
（二）一手拇、食指张开，指尖朝前，由左向右移动一下。

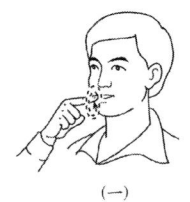

语义 yǔyì

（一）一手食指横伸，在嘴前前后转动两下。
（二）一手平伸，掌心向上，拇、中指相捏，弹动两下。

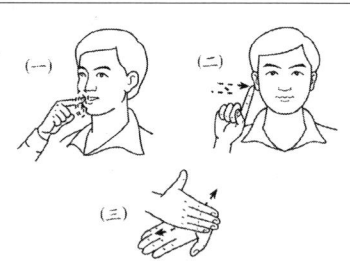

语音分析 yǔyīnfēnxī

（一）一手食指横伸，在嘴前前后转动两下。
（二）一手食指直立，在耳边左右晃动两下。
（三）左手横伸；右手侧立于左手掌心上，并左右拨动一下，面露思考的表情。

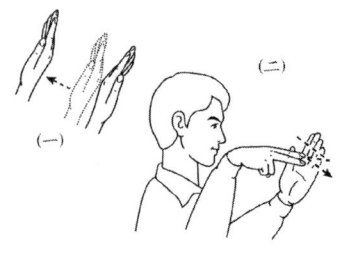

预览 yùlǎn

（一）双手斜伸，左手不动，掌心朝前，右手掌心向后，然后向后移动一下。
（二）左手斜伸，掌心向内，置于面前；右手食、中指分开，指尖对着左手掌由左向右、由上向下做快速移动。

预设(预置) yùshè(yùzhì)

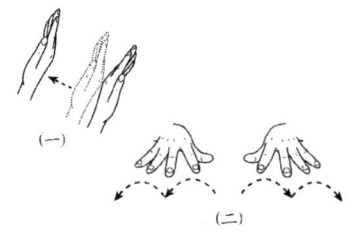

(一)双手斜伸,左手不动,掌心朝前,右手掌心向后,然后向后移动一下。
(二)双手五指张开,指尖朝下,从中间向两侧按动两下。

域名 yùmíng

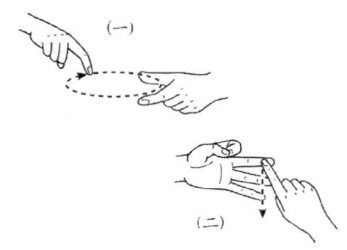

(一)左手拇、食指成半圆形,虎口朝上;右手食指指尖朝下,沿左手拇、食指转一圈。
(二)左手中、无名、小指横伸;右手伸食指,自左手中指向下划动。

域名系统 yùmíngxìtǒng

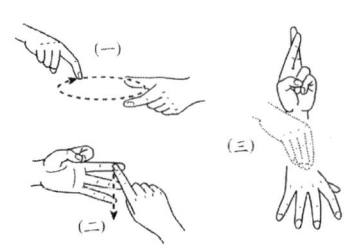

(一)左手拇、食指成半圆形,虎口朝上;右手食指指尖朝下,沿左手拇、食指转一圈。
(二)左手中、无名、小指横伸;右手伸食指,自左手中指向下划动。
(三)左手打手指字母"X"的指式;右手五指撮合,指尖朝下,从左手腕部边向下移动边张开五指。

元件 yuánjiàn

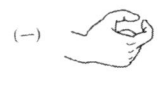
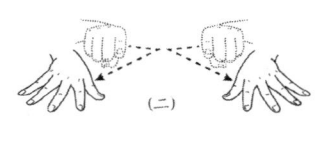

(一)一手拇、食指弯曲成一个圆形,指尖稍分开。
(二)双手食指指尖朝前,互碰一下,再分开并张开五指。

源程序 yuánchéngxù

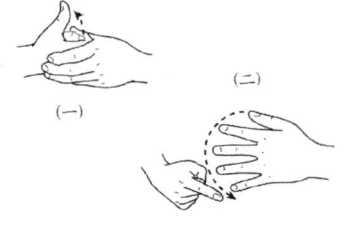

(一)左手五指成半圆形,虎口朝上;右手拇指抵于食指下,然后从左手内向上弹起。
(二)左手横立,五指分开;右手伸食指,自左手拇指依次向下划动。

源代码 yuándàimǎ

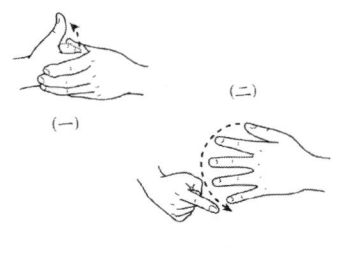

(一)左手五指成半圆形,虎口朝上;右手拇指抵于食指下,然后从左手内向上弹起。
(二)双手食指直立,手腕相搭,前后转动一下。
(三)左手拇、食指成"⊏"形;右手五指直立分开,手背向外,在"⊏"形内从左向右连续点动手指。

远程　yuǎnchéng

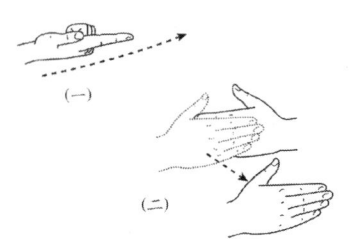

（一）一手拇指按于食指根部，食指指尖朝前，向前方移动。
（二）双手横立，左手在后不动，右手向前移动一下。

约定　yuēdìng

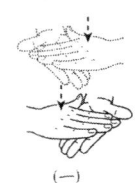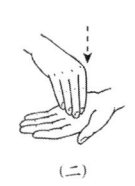

（一）双手交替互拍两下。
（二）左手横伸；右手五指撮合，指尖朝下，按于左手掌心。

约束　yuēshù

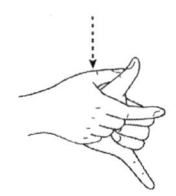

左手伸拇、小指；右手拇、食指张开，指尖朝外，由上而下套向左手拇指。

云计算　yúnjìsuàn

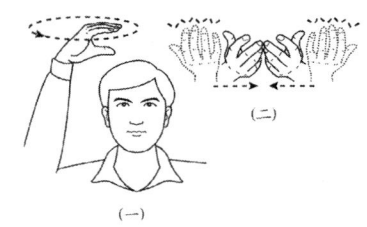

（一）一手五指成"冂"形，虎口朝内，在头顶上平行转动一下。
（二）双手五指微曲，掌心向上，边交替点动边互碰。

运算　yùnsuàn

双手五指微曲，掌心向上，边交替点动边互碰。

运算符　yùnsuànfú

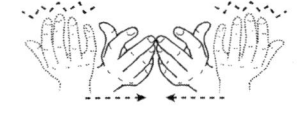
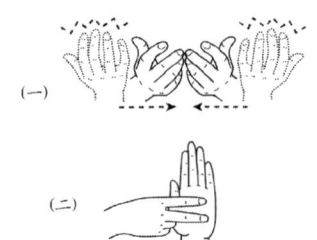

（一）双手五指微曲，掌心向上，边交替点动边互碰。
（二）左手直立，掌心向外；右手打手指字母"F"的指式，贴于左手掌心。

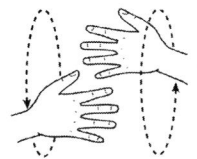
运行 yùnxíng
双手横立，五指分开，一上一下，交替向上移动。

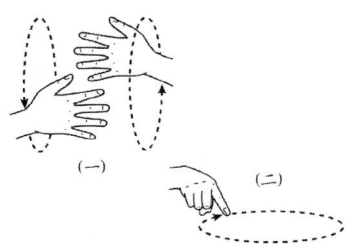
运行环境 yùnxínghuánjìng
（一）双手横立，五指分开，一上一下，交替向上移动。
（二）一手伸食指，指尖朝下划一大圈。

Z

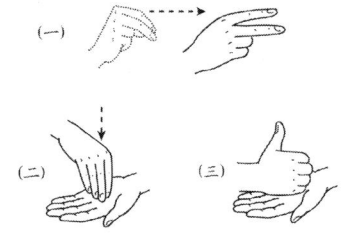

再定位 zàidìngwèi
　（一）右手拇、食、中指相捏，边向左侧移动边张开食、中指。
　（二）左手横伸；右手五指撮合，指尖朝下，按于左手掌心。
　（三）左手横伸；右手伸拇指，置于左手掌心上。

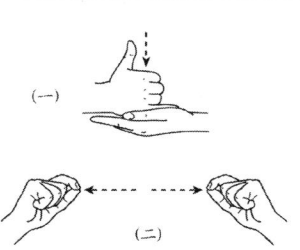

在线 zàixiàn
　（一）左手横伸；右手伸拇、小指，由上而下移至左手掌心上。
　（二）双手拇、食指相捏，从中间向两侧拉开。

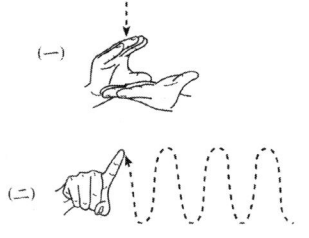

载波 zàibō
　（一）左手横伸；右手五指成"⊐"形，由上而下移向左手掌心上。
　（二）一手伸食指，指尖朝前，做曲线形移动。

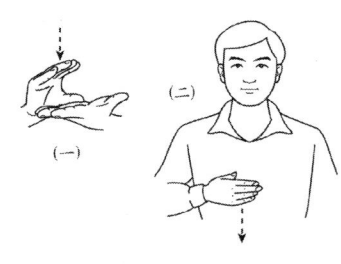

载体 zàitǐ
　（一）左手横伸；右手五指成"⊐"形，由上而下移向左手掌心上。
　（二）一手掌心向内，贴于胸部，向下移动一下。

增加（增添） zēngjiā (zēngtiān)
　左手侧立；右手拇、食指捏成小圆形，贴向左手掌心。

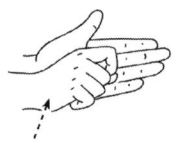

粘贴 zhāntiē

左手直立，掌心向右；右手拇、中指相捏，然后边张开边中指贴向左手掌心。

 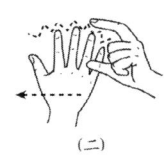

账号 zhànghào

（一）左手横伸；右手拇、食、中指指尖朝下，做打算盘的动作。

（二）左手拇、食指成"匚"形；右手五指直立分开，手背向外，在"匚"形内从左向右连续点动手指，表示一串数码。

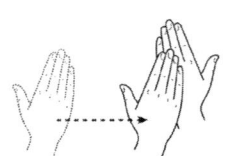

遮罩 zhēzhào

双手直立，掌心向内，左手在后不动，右手由右向左移至左手一半处停住。

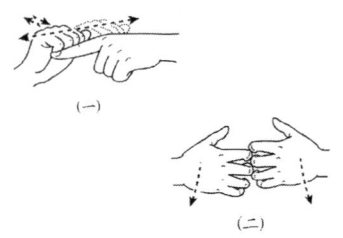

针式打印机 zhēnshìdǎyìnjī

（一）左手食指横伸；右手握拳，手背朝内，左右来回敲击几下左手食指，用于表示针式打印。

（二）双手五指弯曲，食、中、无名、小指关节交错相触，并转动一下。

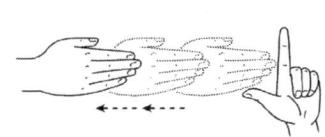

帧（逐帧） zhēn (zhúzhēn)

左手拇、食指成"乚"形；右手横立，从左手边一顿一顿向右移动两下。

帧频 zhēnpín

（一）左手拇、食指成"乚"形；右手横立，从左手边一顿一顿向右移动两下。

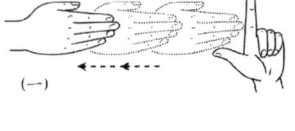

（二）左手拇、食指成"乚"形；右手拇、食指微张，指尖朝前，从左手边一顿一顿向右移动两下。

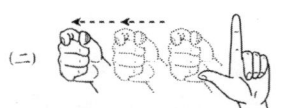

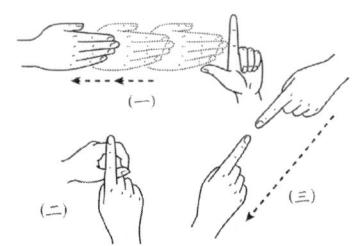

帧中继 zhēnzhōngjì

（一）左手拇、食指成"⌐"形；右手横立，从左手边一顿一顿向右移动两下。
（二）左手拇、食指和右手食指搭成"中"字形。
（三）双手伸食指，指尖斜向相对，同时向斜下方移动。

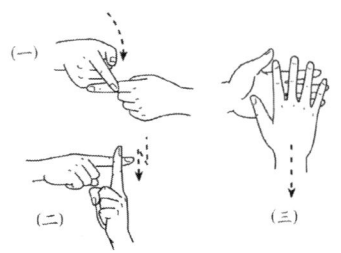

真值表 zhēnzhíbiǎo

（一）左手食指横伸；右手食指先直立，再向下敲一下左手食指。
（二）左手食指直立；右手食指横贴在左手食指上，然后上下微动两下。
（三）双手五指张开，一横一竖搭成方格形，左手不动，右手向下移。

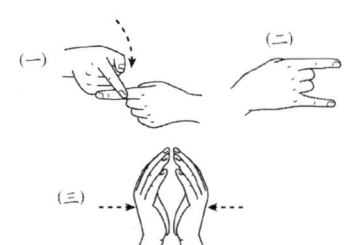

真子集 zhēnzǐjí

（一）左手食指横伸；右手食指先直立，再向下敲一下左手食指。
（二）一手打手指字母"Z"的指式。
（三）双手直立，五指微曲，从两侧向中间移动。

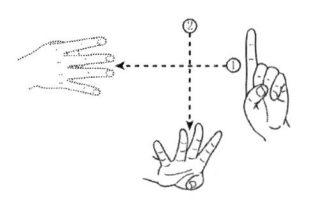

阵列 zhènliè

左手食指直立，掌心向外；右手横立，掌心向内，拇指弯回，食、中、无名、小指分开，先横向移动一下，再指尖朝前斜上方，手背向上，纵向移动一下。
（可根据实际模仿阵列的式样）

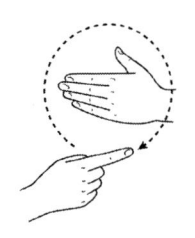

整体 zhěngtǐ

左手横立，手背向外；右手伸食指，指尖朝内，绕左手转一圈。

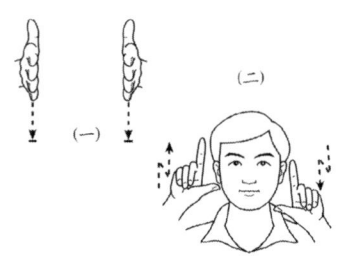

整型 zhěngxíng

（一）双手侧立，掌心相对，自胸前向下一顿。
（二）双手拇、食指成"⌐"形，置于脸颊两侧，上下交替动两下。

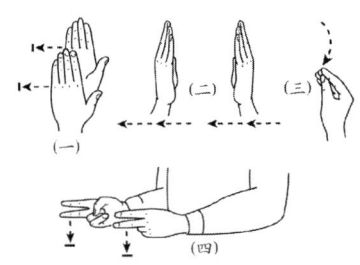

正规文法 zhèngguīwénfǎ

（一）双手直立，掌心相对，向前一顿。
（二）双手直立，掌心相对，一顿一顿向一侧移动两下。
（三）一手五指如执毛笔，手腕撇动一下。
（四）双手食、中指分开，指尖朝前，同时向下一顿。

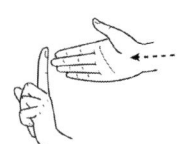

正向 zhèngxiàng

左手食指直立；右手侧立，指尖朝前，移动一下。

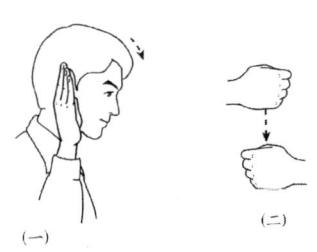

执行 zhíxíng

（一）一手直立，五指并拢，掌心朝前，置于耳旁，头微低。
（二）双手握拳，一上一下，右拳向下砸一下左拳。

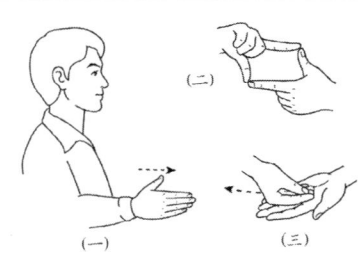

直方图 zhífāngtú

（一）一手侧立，向前移动一下。
（二）双手拇、食指搭成"囗"形。
（三）左手横伸；右手五指撮合，指背在左手掌心上抹一下。

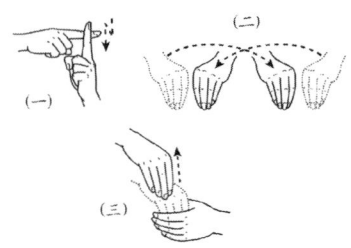

值调用 zhídiàoyòng

（一）左手食指直立；右手食指横贴在左手食指上，然后上下微动两下。
（二）双手五指撮合，指尖朝下，然后腕部交叉互换位置。
（三）左手五指成"⊏"形；右手五指撮合，指尖朝下，从左手虎口内抽出。

只读 zhǐdú

（一）左手拇、食指相捏成"口"形，右手食、中指分开，在左手下一点，仿"只"字形。
（二）双手斜伸，掌心向内，如读书状。

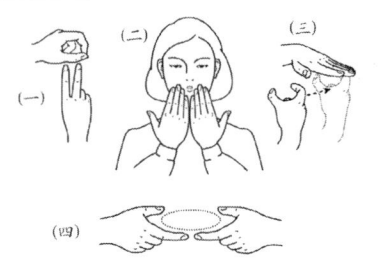

只读光盘 zhǐdúguāngpán

（一）左手拇、食指相捏成"口"形，右手食、中指分开，在左手下一点，仿"只"字形。
（二）双手斜伸，掌心向内，如读书状。
（三）左手横伸，掌心向下；右手拇、食指成半圆形，虎口朝上，从后向前移至左手下，仿光驱读入光盘状。
（四）双手拇、食指搭成圆形，虎口朝上。

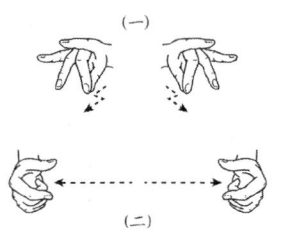

纸带 zhǐdài

（一）双手拇、中指相捏，指尖朝下，抖动两下。
（二）双手拇、食指张开，指尖相对，虎口朝上，从中间向两侧拉开。

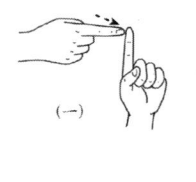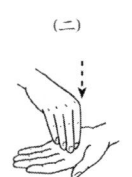

指定 zhǐdìng

（一）左手食指直立；右手伸食指，指向左手食指。
（二）左手横伸；右手五指撮合，指尖朝下，按于左手掌心。

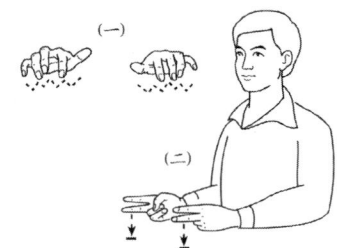

指法 zhǐfǎ

（一）双手五指弯曲，指尖朝下，交替点动几下。
（二）双手食、中指分开，指尖朝前，同时向下一顿。

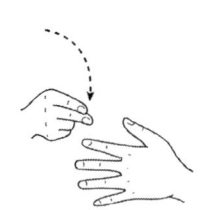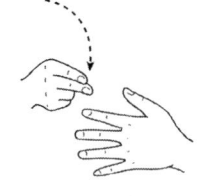

指令 zhǐlìng

左手横立，五指分开；右手食、中指直立并拢，然后向下一挥，指向左手食指。

指示灯 zhǐshìdēng

左手握拳，虎口朝上；右手五指相捏，置于左手上，指尖朝上，微微开合两下，象征指示灯闪烁。
（可根据指示灯的位置决定开合动作的方向）

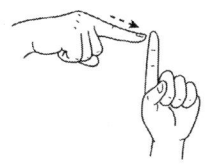

指向 zhǐxiàng

左手食指直立;右手伸食指,指向左手食指。

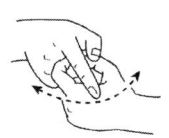

指针 zhǐzhēn

左手拇、食指捏成圆形,虎口朝上;右手食指指尖朝前,置于左手圆形上,并左右转动两下。

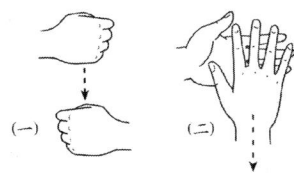

制表 zhìbiǎo

(一)双手握拳,一上一下,右拳向下砸一下左拳。
(二)双手五指张开,一横一竖搭成方格形,左手不动,右手向下移。

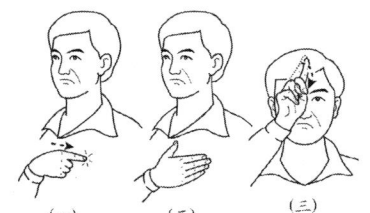

致命错误 zhìmìngcuòwù

(一)一手食指戳向心脏部位。
(二)右手掌按于心脏部位。
(三)一手食、中指直立相叠,置于额前,然后中指向下弯动一下。

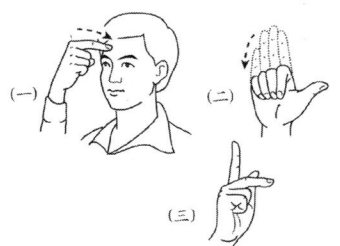

智能卡 zhìnéngkǎ

(一)一手伸食指,点一下额头。
(二)一手直立,掌心向外,然后食、中、无名、小指弯曲一下。
(三)一手打手指字母"K"的指式。

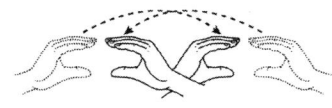

置换(替换) zhìhuàn(tìhuàn)

双手五指成"冂冂"形,虎口向内,左右互换位置。

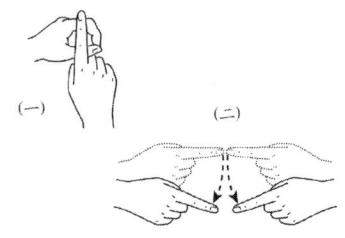

中断 zhōngduàn
（一）左手拇、食指与右手食指搭成"中"字形。
（二）双手食指横伸，指尖相对，同时向下一甩。

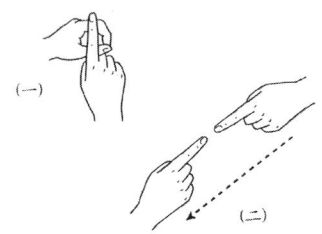

中继 zhōngjì
（一）左手拇、食指与右手食指搭成"中"字形。
（二）双手伸食指，指尖斜向相对，同时向斜下方移动。

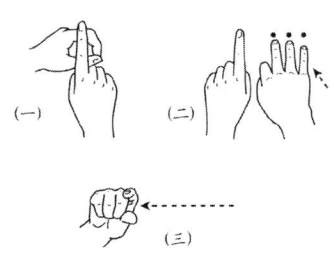

中缀式 zhōngzhuìshì
（一）左手拇、食指与右手食指搭成"中"字形。
（二）左手食指直立；右手伸中、无名、小指，指尖朝前，在左手食指右侧点一下。
（三）一手拇、食指张开，指尖朝前，由左向右移动一下。

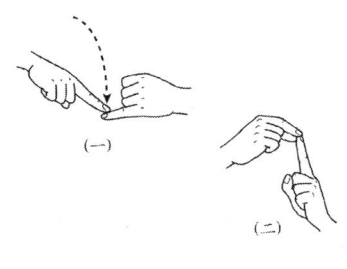

终端 zhōngduān
（一）左手伸小指；右手伸食指敲一下左手小指。
（二）左手食指直立；右手拇、食指捏住左手食指指尖。

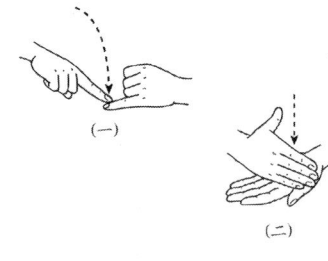

终止 zhōngzhǐ
（一）左手伸小指；右手伸食指敲一下左手小指。
（二）左手横伸；右手侧立，在左手掌上切一下。

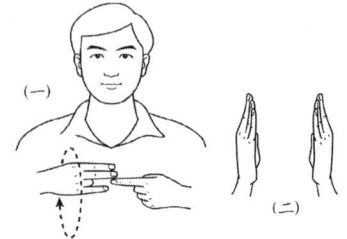

周期 zhōuqī
（一）左手食指横伸；右手打手指字母"ZH"的指式，自左手食指前后转动一圈，再回到左手食指。
（二）双手直立，掌心相对。

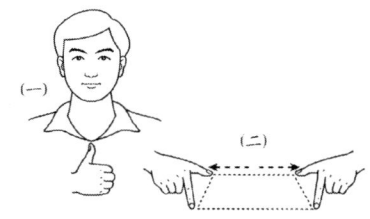

主板 zhǔbǎn
（一）一手伸拇指，贴于胸部。
（二）双手拇、食指张开，指尖朝下，从中间向两侧拉开。

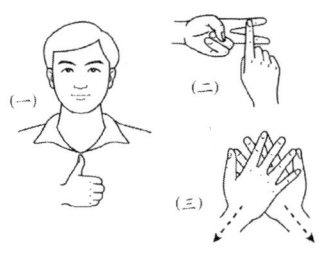

主干网 zhǔgànwǎng
（一）一手伸拇指，贴于胸部。
（二）左手食、中指与右手食指搭成"干"字形。
（三）双手五指分开，手背向外，交叉搭成格子，并向两侧斜下方移动。

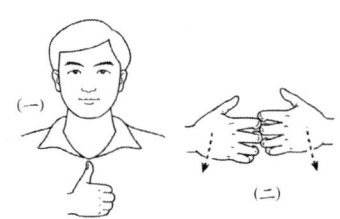

主机 zhǔjī
（一）一手伸拇指，贴于胸部。
（二）双手五指弯曲，食、中、无名、小指关节交错相触，并转动一下。

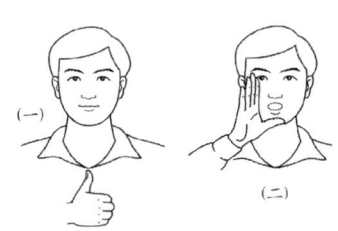

主叫 zhǔjiào
（一）一手伸拇指，贴于胸部。
（二）一手五指成"凵"形，虎口贴于嘴边，口微张。

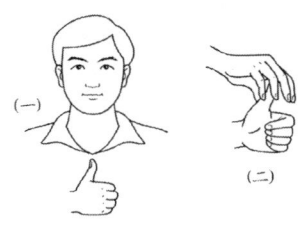

主控 zhǔkòng
（一）一手伸拇指，贴于胸部。
（二）左手伸拇指；右手五指弯曲，指尖朝下，罩在左手拇指上。

主频 zhǔpín
（一）一手伸拇指，贴于胸部。
（二）一手伸食指，指尖朝前，做折线形移动。

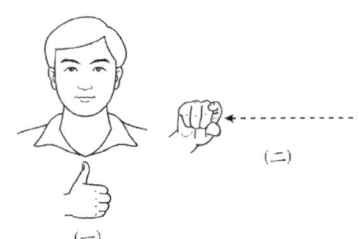

主题 zhǔtí

（一）一手伸拇指，贴于胸部。
（二）一手拇、食指张开，指尖朝前，由左向右移动一下。

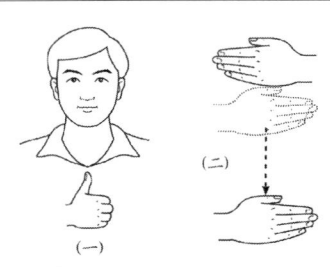

主页 zhǔyè

（一）一手伸拇指，贴于胸部。
（二）双手横立，左手在上不动，右手向下移动一下。

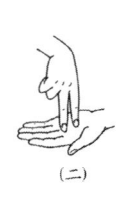

主站 zhǔzhàn

（一）一手伸拇指，贴于胸部。
（二）左手横伸；右手食、中指分开，指尖朝下，立于左手掌心上。

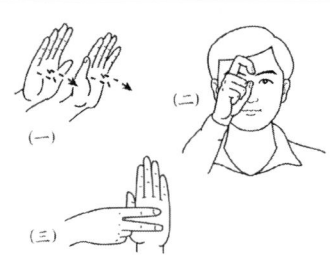

助记符 zhùjìfú

（一）双手斜伸，掌心向外，按动两下。
（二）一手打手指字母"J"的指式，置于前额。
（三）左手直立，掌心向外；右手打手指字母"F"的指式，贴于左手掌心。

注册 zhùcè

左手横伸；右手伸中、无名、小指，指尖朝下，在左手掌心上点两下。

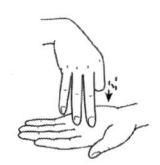

注释 zhùshì

（一）左手横伸；右手伸中、无名、小指，指尖朝下，在左手掌心上点一下。
（二）双手食、中指弯曲，指尖朝下，指背相对，分别向两侧反复划动两下。

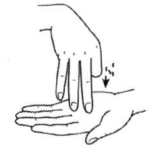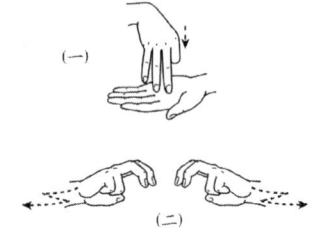

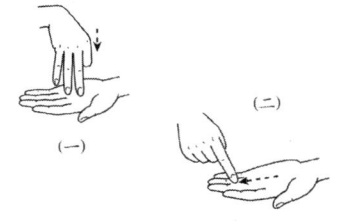

注销 zhùxiāo

（一）左手横伸；右手伸中、无名、小指，指尖朝下，在左手掌心上点一下。

（二）左手横伸；右手食指指尖朝下，在左手掌心上横向划一下，表示取消已登记的信息。

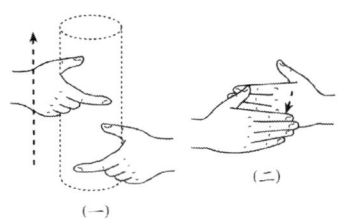

柱面 zhùmiàn

（一）双手拇、食指成半圆形，一上一下，左手在下不动，右手向上一提，如圆柱形。

（二）左手横立；右手摸一下左手背。

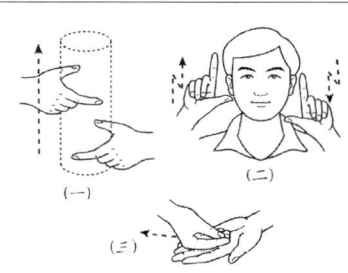

柱状图 zhùzhuàngtú

（一）双手拇、食指成半圆形，一上一下，左手在下不动，右手向上一提，如圆柱形。

（二）双手拇、食指成"⌊⌋"形，置于脸颊两侧，上下交替动两下。

（三）左手横伸；右手五指撮合，指背在左手掌心上抹一下。

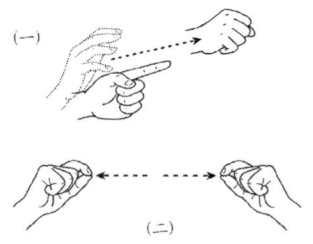

专线 zhuānxiàn

（一）左手伸食指，指尖朝前；右手五指弯曲，掌心向外，置于左手食指根部，然后边向前移动边握拳。

（二）双手拇、食指相捏，从中间向两侧拉开。

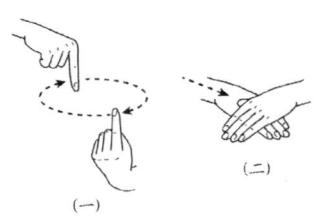

转储（转存） zhuǎnchǔ (zhuǎncún)

（一）双手伸食指，指尖上下相对，交替平行转动两下。

（二）左手横伸，掌心向下；右手平伸，掌心向下，由后向前移入左手下。

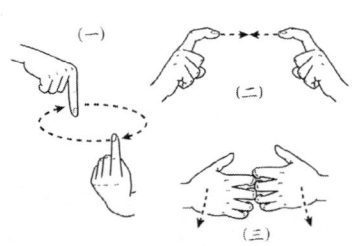

转接器 zhuǎnjiēqì

（一）双手伸食指，指尖上下相对，交替平行转动两下。

（二）双手食指微曲，指尖相对，从两侧向中间移动并互触。

（三）双手五指弯曲，食、中、无名、小指关节交错相触，并转动一下。

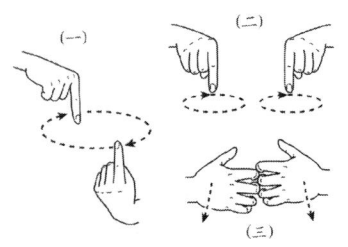

转录器 zhuǎnlùqì

（一）双手伸食指，指尖上下相对，交替平行转动两下。
（二）双手食指指尖朝下，同时做顺时针转动。
（三）双手五指弯曲，食、中、无名、小指关节交错相触，并转动一下。

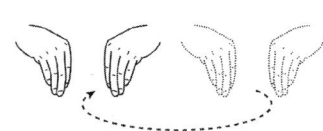

转移 zhuǎnyí

双手五指撮合，指尖朝下，边顺时针转一圈边移向另一侧。

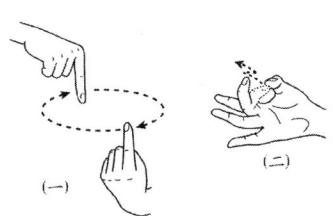

转义 zhuǎnyì

（一）双手伸食指，指尖上下相对，交替平行转动两下。
（二）一手平伸，掌心向上，拇、中指相捏，弹动两下。

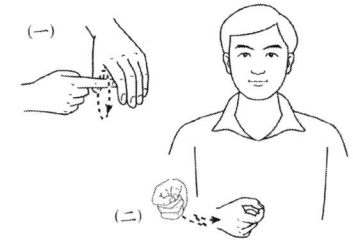

转速 zhuànsù

（一）左手五指成"∩"形，虎口朝右；右手食指横伸，在左手虎口内快速转动。
（二）一手拇、食指相捏，指尖朝上，晃动两下。

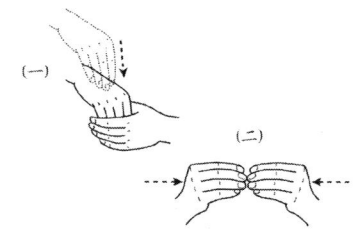

装置 zhuāngzhì

（一）左手五指成半圆形，虎口朝上；右手五指撮合，由上而下移入左手虎口内。
（二）双手横立，五指撮合，从两侧向中间移动，指尖互碰一下。

状态 zhuàngtài

双手拇、食指成"⌊⌋"形，置于脸颊两侧，上下交替动两下。

状态栏 zhuàngtàilán

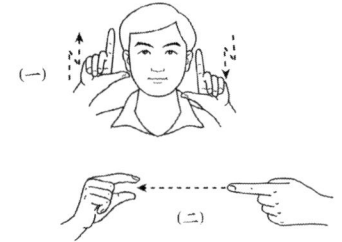

（一）双手拇、食指成"⌐⌐"形，置于脸颊两侧，上下交替动两下。
（二）左手食指横伸；右手拇、食指张开，指尖朝左，自左手食指处向右拉动。

追加 zhuījiā

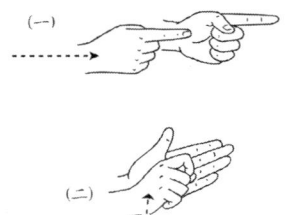

（一）双手伸食指，指尖朝前，左手在前不动，右手由后向前移动。
（二）左手侧立；右手拇、食指捏成小圆形，贴向左手掌心。

追踪 zhuīzōng

双手伸食指，指尖朝前，同时向前做曲线运动。

桌面 zhuōmiàn

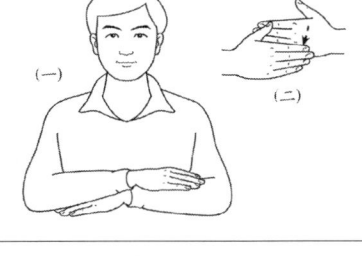

（一）双手手臂横伸相搭，挺胸抬头端坐。
（二）左手横立；右手摸一下左手背。

资源分配 zīyuánfēnpèi

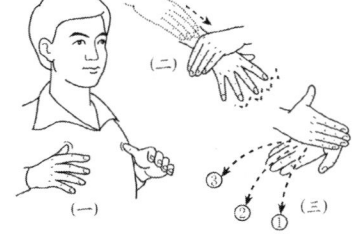

（一）双手五指分开，掌心向下，拇指尖抵于胸部。
（二）左手横伸，手背拱起；右手平伸，掌心向下，从左手虎口移入左手掌心下，五指交替点动。
（三）左手平伸；右手横立于左手掌心上，然后向外不同方向拨动几下。

子程序 zǐchéngxù

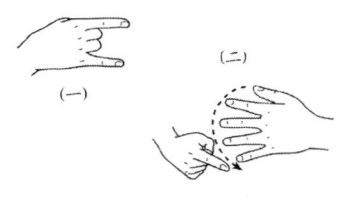

（一）一手打手指字母"Z"的指式。
（二）左手横立，五指分开；右手伸食指，自左手拇指依次向下划动。

子串　zǐchuàn

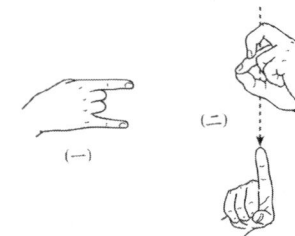

（一）一手打手指字母"Z"的指式。
（二）左手拇、食指相捏，中指弯曲，搭在食指上，虎口朝内；右手食指直立，由上而下一划，仿"串"字形。

子集　zǐjí

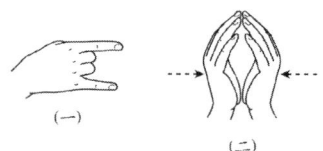

（一）一手打手指字母"Z"的指式。
（二）双手直立，五指微曲，从两侧向中间移动。

自变量（变元）　zìbiànliàng（biànyuán）

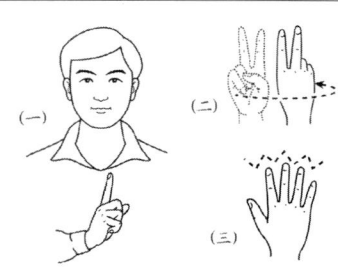

（一）一手食指直立，虎口朝内，贴于胸部。
（二）一手食、中指直立分开，由掌心向外转为掌心向内。
（三）一手直立，掌心向内，五指分开，交替点动几下。

自底向上　zìdǐxiàngshàng

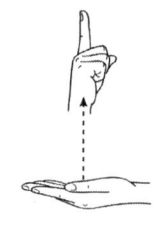

左手横伸，掌心向上；右手食指直立，置于左手掌心上，然后向上移动。

自顶向下　zìdǐngxiàngxià

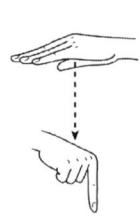

左手横伸，掌心向下；右手食指指尖朝下，置于左手掌心下，然后向下移动。

自定义　zìdìngyì

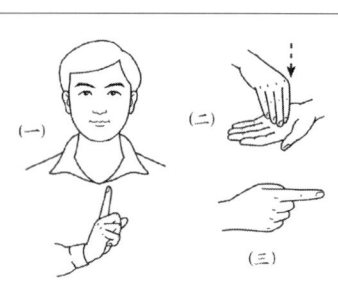

（一）一手食指直立，虎口朝内，贴于胸部。
（二）左手横伸；右手五指撮合，指尖朝下，按于左手掌心。
（三）一手食指横伸。

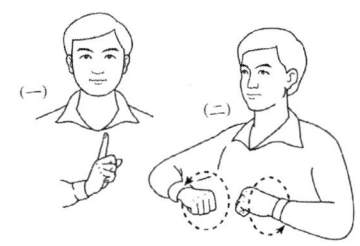

自动 zìdòng
（一）一手食指直立，虎口朝内，贴于胸部。
（二）双手握拳屈肘，前后交替转动两下。

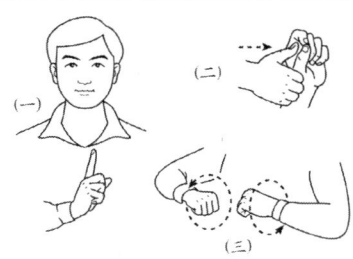

自启动（自举） zìqǐdòng (zìjǔ)
（一）一手食指直立，虎口朝内，贴于胸部。
（二）左手拇、食指相捏成圆形，虎口朝内；右手伸拇指，朝左手虎口处按一下。
（三）双手握拳屈肘，前后交替转动两下。

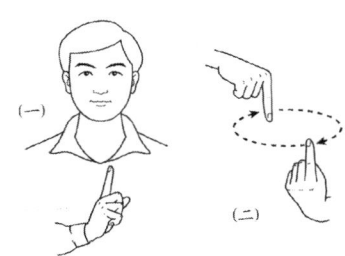

自旋 zìxuán
（一）一手食指直立，虎口朝内，贴于胸部。
（二）双手伸食指，指尖上下相对，交替平行转动两下。

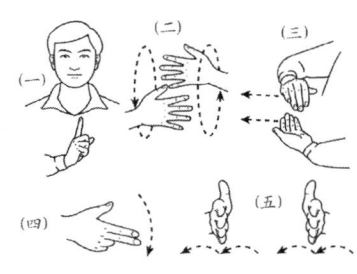

自运行批处理 zìyùnxíngpīchǔlǐ
（一）一手食指直立，虎口朝内，贴于胸部。
（二）双手横立，五指分开，一上一下，交替向上移动。
（三）双手横伸，掌心上下相对，同时向外移出。
（四）一手伸拇、食、中指，食、中指并拢，指尖朝前，由上向下一挥。
（五）双手侧立，掌心相对，一顿一顿向一侧移动两下。

字 zì
一手打手指字母"Z"的指式。

字长 zìcháng
（一）一手打手指字母"Z"的指式。
（二）双手食指直立，指面相对，从中间向两侧拉开。

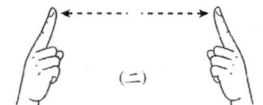
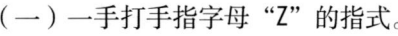

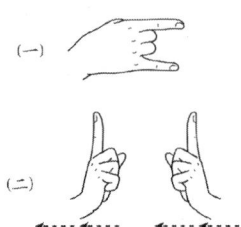

字段 zìduàn

（一）一手打手指字母"Z"的指式。
（二）双手食指直立，一顿一顿向一侧移动两下。

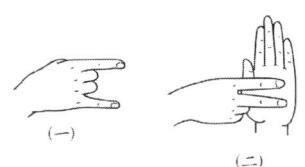

字符 zìfú

（一）一手打手指字母"Z"的指式。
（二）左手直立，掌心向外；右手打手指字母"F"的指式，贴于左手掌心。

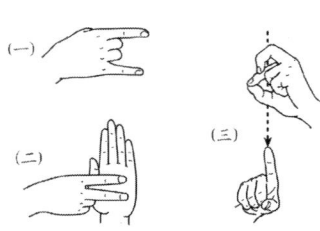

字符串 zìfúchuàn

（一）一手打手指字母"Z"的指式。
（二）左手直立，掌心向外；右手打手指字母"F"的指式，贴于左手掌心。
（三）左手拇、食指相捏，中指弯曲，搭在食指上，虎口朝内；右手食指直立，由上而下一划，仿"串"字形。

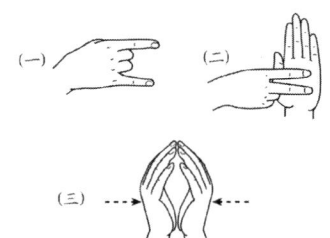

字符集 zìfújí

（一）一手打手指字母"Z"的指式。
（二）左手直立，掌心向外；右手打手指字母"F"的指式，贴于左手掌心。
（三）双手直立，五指微曲，从两侧向中间移动。

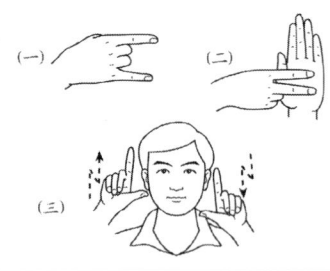

字符型 zìfúxíng

（一）一手打手指字母"Z"的指式。
（二）左手直立，掌心向外；右手打手指字母"F"的指式，贴于左手掌心。
（三）双手拇、食指成"⌐"形，置于脸颊两侧，上下交替动两下。

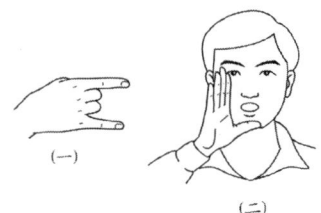

字号 zìhào

（一）一手打手指字母"Z"的指式。
（二）一手五指成"⌐"形，虎口贴于嘴边，口微张。

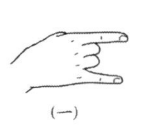 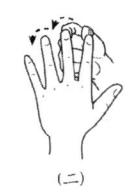

字间距 zìjiānjù
（一）一手打手指字母"Z"的指式。
（二）左手直立，五指分开，掌心向内；右手拇、食指分开少许距离，插入左手各指指缝间。

字节 zìjié
（一）一手打手指字母"Z"的指式。
（二）一手拇、食指张开，指尖朝上。

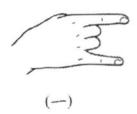 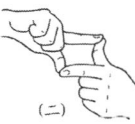

字块 zìkuài
（一）一手打手指字母"Z"的指式。
（二）双手拇、食指搭成"口"形。

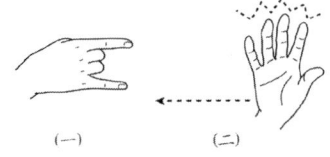

字母 zìmǔ
（一）一手打手指字母"Z"的指式。
（二）一手直立，掌心向外，五指微曲，边交替点动边向一侧移动。

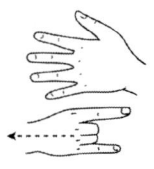 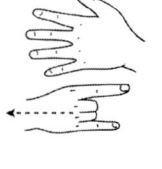

字幕 zìmù
左手横立，五指张开，掌心向内；右手打手指字母"Z"的指式，在左手下由左向右移动一下。

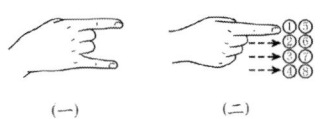

字频 zìpín
（一）一手打手指字母"Z"的指式。
（二）一手依次反复伸出食、中、无名、小指。

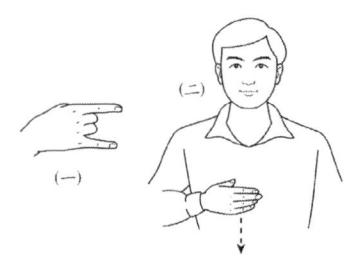

字体 zìtǐ

（一）一手打手指字母"Z"的指式。
（二）一手掌心向内，贴于胸部，向下移动一下。

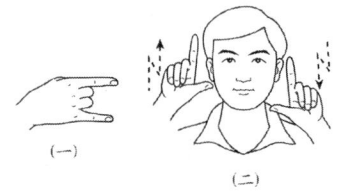

字型（字样） zìxíng (zìyàng)

（一）一手打手指字母"Z"的指式。
（二）双手拇、食指成"⌊⌋"形，置于脸颊两侧，上下交替动两下。

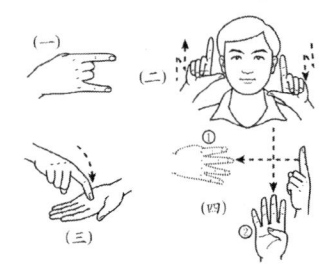

字型点阵 zìxíngdiǎnzhèn

（一）一手打手指字母"Z"的指式。
（二）双手拇、食指成"⌊⌋"形，置于脸颊两侧，上下交替动两下。
（三）左手横伸；右手食指朝下，在左手掌上点一下。
（四）左手食指直立，掌心向右；右手横立，掌心向内，拇指弯回，食、中、无名、小指分开，先横向移动一下，再掌心向外，纵向移动一下。

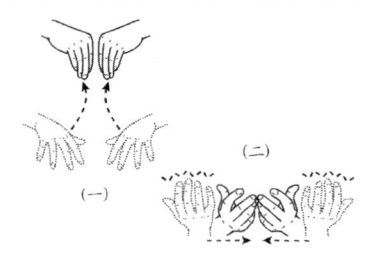

总计 zǒngjì

（一）双手五指微曲，掌心向下，边向上移动边双手靠拢并撮合五指。
（二）双手五指微曲，掌心向上，边交替点动边互碰。

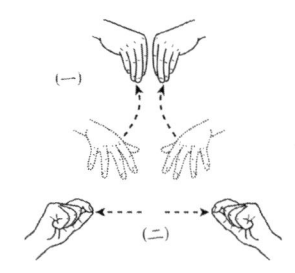

总线 zǒngxiàn

（一）双手五指微曲，掌心向下，边向上移动边双手靠拢并撮合五指。
（二）双手拇、食指相捏，从中间向两侧拉开。

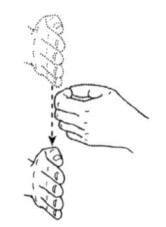

纵截面 zòngjiémiàn

左手五指成圆形，虎口朝上；右手侧立，在左手旁向下一切。

走纸键 zǒuzhǐjiàn

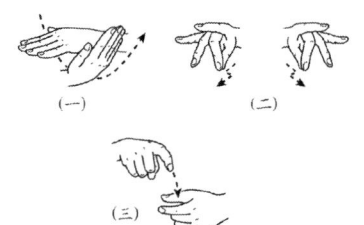

（一）左手横伸，掌心朝下；右手平伸，掌心向上，从左手掌心下穿过。

（二）双手拇、中指相捏，指尖朝下，抖动两下。

（三）左手拇、食指成"⌐"形，虎口朝上；右手伸食指，朝左手虎口处点一下。

阻抗 zǔkàng

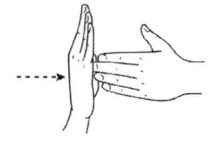

左手横立；右手直立，掌心抵住左手指尖，然后向左一推。

阻塞 zǔsè

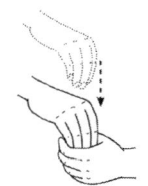

左手五指成圆形，虎口朝上；右手五指撮合，指尖朝下，插入左手虎口内。

组 zǔ

一手五指张开，指尖朝上，边向下移动边撮合五指。

组号 zǔhào

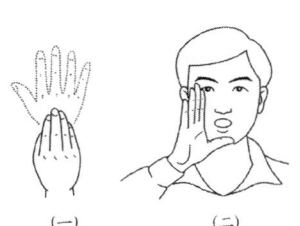

（一）一手五指张开，指尖朝上，边向下移动边撮合五指。

（二）一手五指成"⌐"形，虎口贴于嘴边，口微张。

组件 zǔjiàn

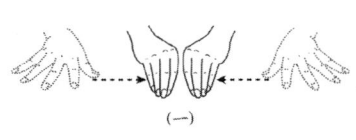
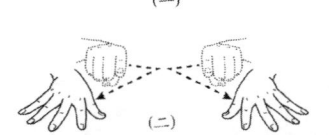

（一）双手五指张开，指尖朝下，边从两侧向中间移动边撮合五指，象征把相关的零部件放在一起。

（二）双手食指指尖朝前，互碰一下，再分开并张开五指。

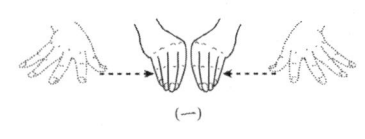
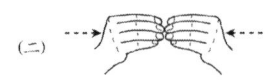

组装 zǔzhuāng

（一）双手五指张开，指尖朝下，边从两侧向中间移动边撮合五指，象征把相关的零部件放在一起。

（二）双手横立，五指撮合，从两侧向中间移动，指尖互碰一下。

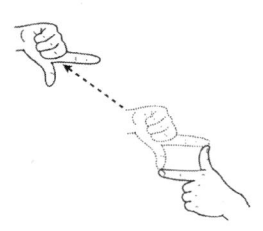

最大化 zuìdàhuà

双手拇、食指搭成"□"形，左手在下不动，右手从左下角向右上角拉动。

（可根据实际情况模仿最大化）

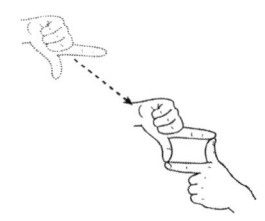

最小化 zuìxiǎohuà

双手拇、食指成"□"形，左手在下不动，右手从右上角移向左下角，双手拇、食指搭成"□"形。

（可根据实际情况模仿最小化）

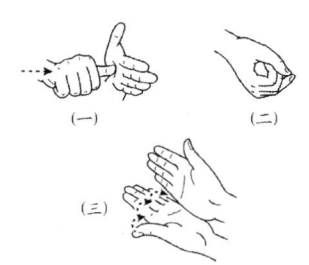

最小项 zuìxiǎoxiàng

（一）左手侧立；右手伸拇指，指尖用力顶向左手掌心。

（二）一手拇、小指指尖相捏，手背向下。

（三）左手平伸；右手斜立于左手掌心上，然后一顿一顿向右做弧形移动。

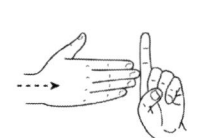
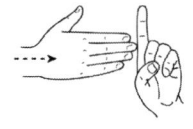

左对齐 zuǒduìqí

左手食指直立；右手横立，掌心向内，移向左手食指。

左键 zuǒjiàn

一手拇、食、中指弯曲，手背向上，如持鼠标状，食指向下点动一下。

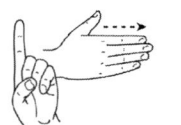

左向 zuǒxiàng

左手食指直立；右手横立，指尖朝左，移动一下。

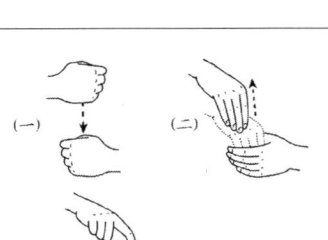

作用域 zuòyòngyù

（一）双手握拳，一上一下，右拳向下砸一下左拳。

（二）左手五指成"匚"形；右手五指撮合，指尖朝下，从左手虎口内抽出。

（三）左手拇、食指成半圆形，虎口朝上；右手食指指尖朝下，沿左手拇、食指转一圈。

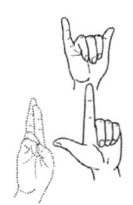

坐标 zuòbiāo

左手拇、食指成"⌐"形，掌心向外；右手在左手拇指尖处打手指字母"X"的指式，再在左手食指上打手指字母"Y"的指式。

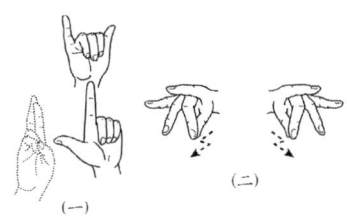

坐标纸 zuòbiāozhǐ

（一）左手拇、食指成"⌐"形，掌心向外；右手在左手拇指尖处打手指字母"X"的指式，再在左手食指上打手指字母"Y"的指式。

（二）双手拇、中指相捏，指尖朝下，抖动两下。

附录词汇

ACER（宏碁）
一手连续打手指字母"ACER"的指式。

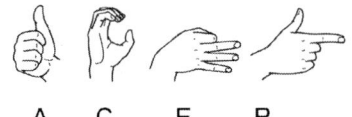

ADO（ActiveX 数据对象）
一手连续打手指字母"ADO"的指式。

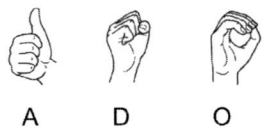

Adobe（奥多比）
一手连续打手指字母"ADOBE"的指式。

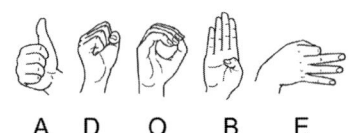

AGP（图形加速接口）
一手连续打手指字母"AGP"的指式。

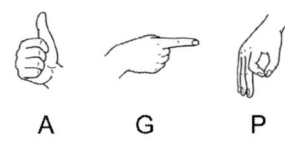

ALU（算术逻辑部件运算器）
一手连续打手指字母"ALU"的指式。

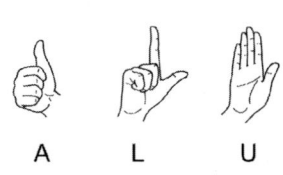

APL 语言

（一）一手连续打手指字母"APL"的指式。
（二）一手食指横伸，在嘴前前后转动两下。

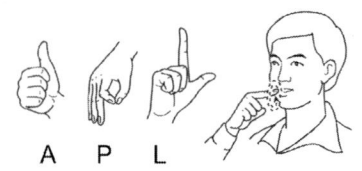

ASCII（美国标准信息交换码）

一手连续打手指字母"ASCII"的指式。

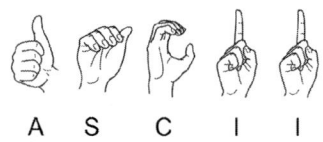

BIOS（基本输入/输出系统）

一手连续打手指字母"BIOS"的指式。

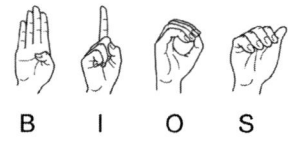

BIT（比特）

一手连续打手指字母"BIT"的指式。

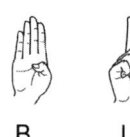

BPS（比特/秒）

一手连续打手指字母"BPS"的指式。

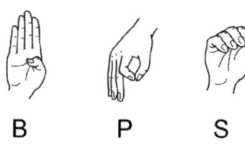

CAD（计算机辅助设计）

一手连续打手指字母"CAD"的指式。

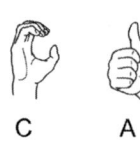

CAE（计算机辅助教育）
一手连续打手指字母"CAE"的指式。

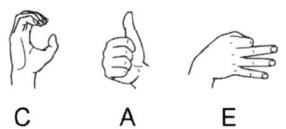

CAI（计算机辅助教学）
一手连续打手指字母"CAI"的指式。

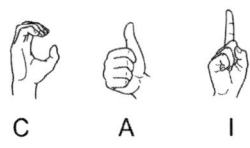

CAM（计算机辅助制造）
一手连续打手指字母"CAM"的指式。

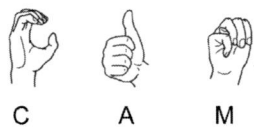

CAT（计算机辅助测试）
一手连续打手指字母"CAT"的指式。

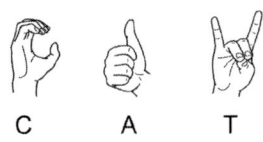

CD-E（可擦光盘）
一手连续打手指字母"CD-E"的指式。

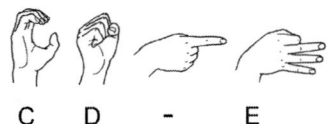

CD-R（可录光盘）
一手连续打手指字母"CD-R"的指式。

CD-RW（可重写光盘）

一手连续打手指字母"CD-RW"的指式。

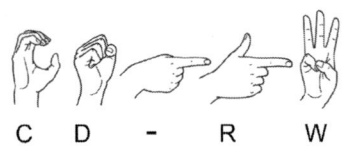

CISC（复杂指令集）

一手连续打手指字母"CISC"的指式。

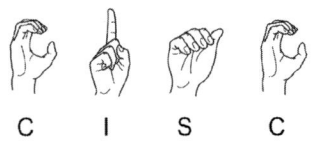

Corel（科亿尔数码科技）

一手连续打手指字母"COREL"的指式。

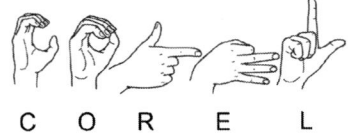

CPU（中央处理器）

一手连续打手指字母"CPU"的指式。

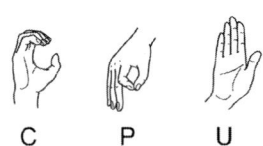

DELL（戴尔）

一手连续打手指字母"DELL"的指式。

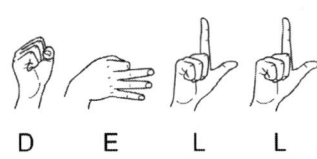

DLL（动态链接库）

一手连续打手指字母"DLL"的指式。

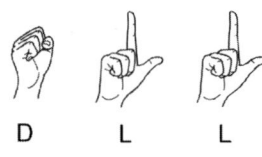

DNS（域名服务器）
一手连续打手指字母"DNS"的指式。

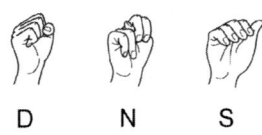

DOS（磁盘操作系统）
一手连续打手指字母"DOS"的指式。

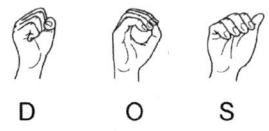

Excel 表（微软电子表格）
（一）一手打手指字母"E"的指式。
（二）双手五指张开，一横一竖搭成方格形，左手不动，右手向下移。

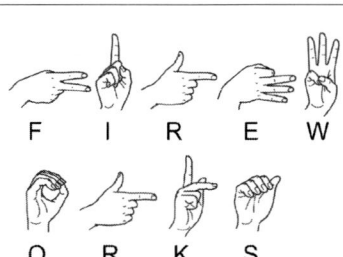

Fireworks（奥多比图形编辑软件）
一手连续打手指字母"FIREWORKS"的指式。

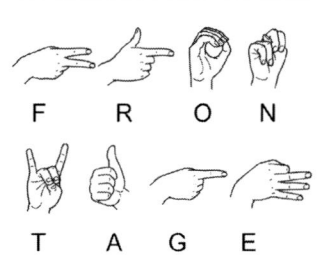

Frontage（微软网页制作）
一手连续打手指字母"FRONTAGE"的指式。

FTP（文件传输协议）
一手连续打手指字母"FTP"的指式。

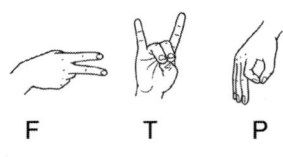

GB（千兆字节）

一手连续打手指字母"GB"的指式。

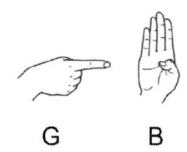

Ghz（千兆赫）

一手连续打手指字母"GHZ"的指式。

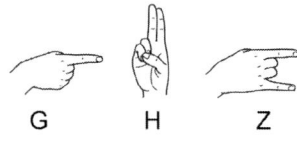

GUI（图形用户界面）

一手连续打手指字母"GUI"的指式。

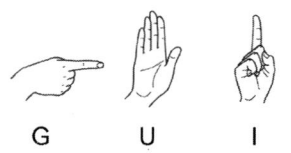

HTML（超文本标记语言）

一手连续打手指字母"HTML"的指式。

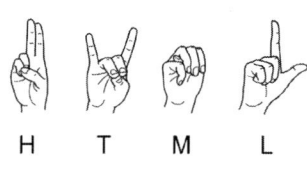

HTTP（超文本传输协议）

一手连续打手指字母"HTTP"的指式。

I/O 设备（输入/输出设备）

（一）一手连续打手指字母"I/O"的指式。
（二）双手五指弯曲，食、中、无名、小指关节交错相触，并转动一下。
（三）双手食指指尖朝前，互碰一下，再分开并张开五指。

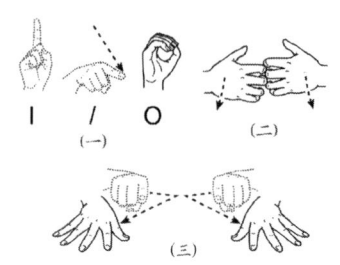

IE（微软网页浏览器）
一手连续打手指字母"IE"的指式。

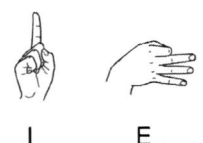

Illustrator（奥多比图形处理软件）
一手连续打手指字母"ILLUSTRATOR"的指式。

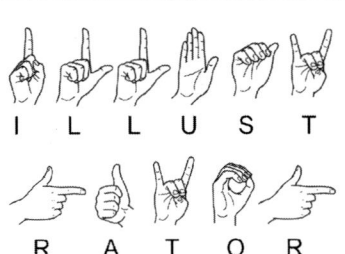

IP（网络互连协议）
一手连续打手指字母"IP"的指式。

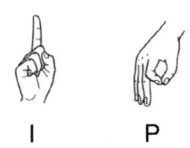

ISA（工业标准体系结构）
一手连续打手指字母"ISA"的指式。

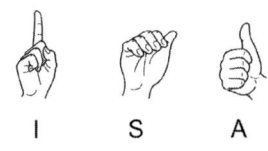

ISP（互联网服务提供商）
一手连续打手指字母"ISP"的指式。

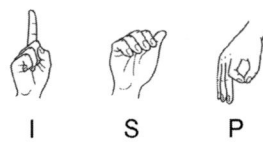

JavaScript（JAVA描述语言）
一手连续打手指字母"JAVASCRIPT"的指式。

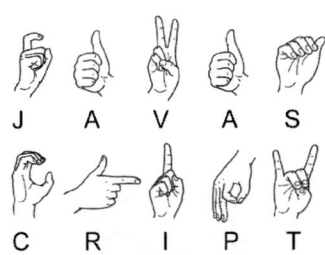

JSP（服务器页面）
一手连续打手指字母"JSP"的指式。

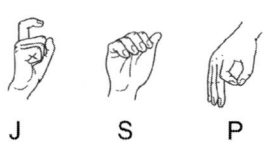

K（千字节）
一手打手指字母"K"的指式。

OCR（光学字符识别）
一手连续打手指字母"OCR"的指式。

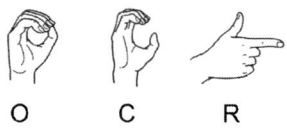

OLE（对象的连接与嵌入）
一手连续打手指字母"OLE"的指式。

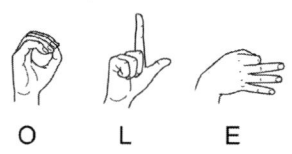

OOP（面向对象程序设计）
一手连续打手指字母"OOP"的指式。

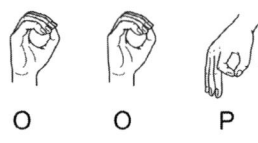

PC（个人电脑）
一手连续打手指字母"PC"的指式。

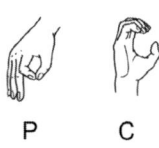

Photoshop（奥多比图像处理软件）
一手连续打手指字母"PHOTOSHOP"的指式。

PHP（页面超文本预处理器）
一手连续打手指字母"PHP"的指式。

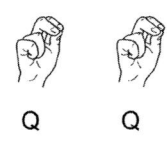

Premiere（奥多比视频编辑软件）
一手连续打手指字母"PREMIERE"的指式。

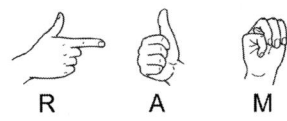

QQ（腾讯即时通信软件）
一手连续打两次手指字母"Q"的指式。

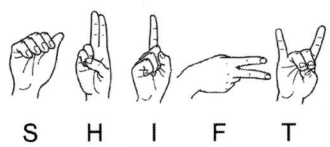

RAM（主存储器）
一手连续打手指字母"RAM"的指式。

Shift 键（上档转换键）
一手连续打手指字母"SHIFT"的指式。

SMTP（简单邮件传输协议）

一手连续打手指字母"SMTP"的指式。

SONY（索尼）

一手连续打手指字母"SONY"的指式。

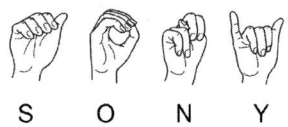

SRAM（静态记忆体）

一手连续打手指字母"SRAM"的指式。

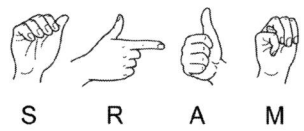

TIFF（标签图像文件格式）

一手连续打手指字母"TIFF"的指式。

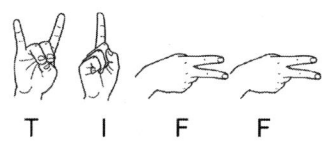

TTY（电传打字机）

一手连续打手指字母"TTY"的指式。

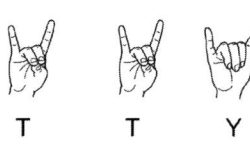

UCS（思科统一计算系统）

一手连续打手指字母"UCS"的指式。

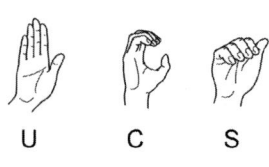

Ulead（友立资讯）
一手连续打手指字母"ULEAD"的指式。

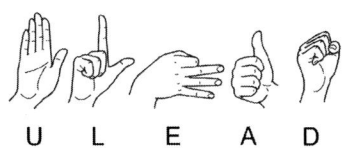

UPS（不间断电源）
一手连续打手指字母"UPS"的指式。

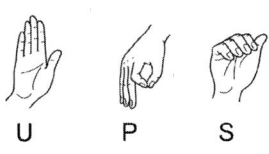

URL（统一资源定位符）
一手连续打手指字母"URL"的指式。

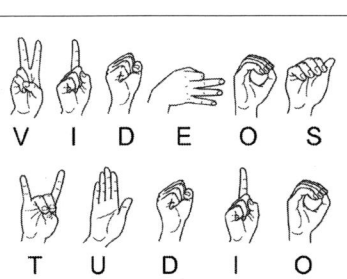

Videostudio（会声会影）
一手连续打手指字母"VIDEOSTUDIO"的指式。

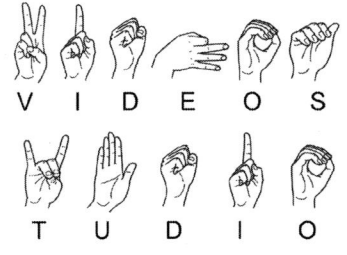

VIP（虚拟 IP 地址）
一手连续打手指字母"VIP"的指式。

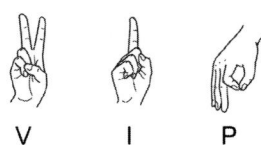

VUI（虚拟用户界面）
一手连续打手指字母"VUI"的指式。

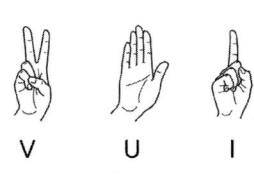

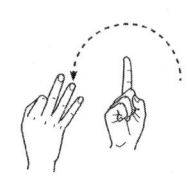

WiFi（无线网络）
左手食指直立；右手中、无名、小指分开，在左手上由左向右做弧形移动。

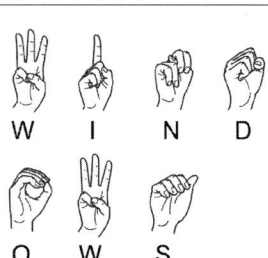

Windows（微软操作系统）
一手连续打手指字母"WINDOWS"的指式。

Winrar（压缩包管理器）
一手连续打手指字母"WINRAR"的指式。

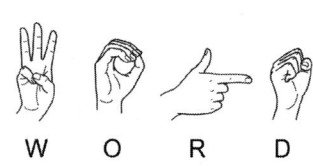
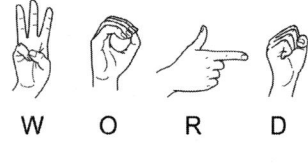

Word（微软文字处理）
一手连续打手指字母"WORD"的指式。

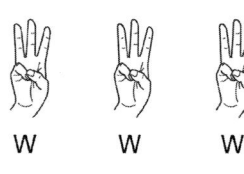

WWW（万维网）
一手连续打三次手指字母"W"的指式。

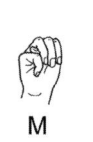

XML（可扩展的标记语言）
一手连续打手指字母"XML"的指式。

汉语拼音索引

A

ānquán	安全	1
ānzhuāng	安装	1
ānzhuóxìtǒng	安卓系统	1
ànjiàn	按键	63
ànniǔ	按钮	1

B

bǎibǎoxiāng	百宝箱	2
bǎidù	百度	2
bǎifēnhào	百分号	2
bǎnběn	版本	2
bǎnshì	版式	2
bàngōngzìdònghuà	办公自动化	3
bànjiǎo	半角	3
bāo	包	3
bǎocún	保存	3
bǎoliúzì	保留字	3
bàobiǎo	报表	3
bàojǐngqì	报警器	4
bàojǐngzhuāngzhì	报警装置	4
bèifèn	备份	4
bèizhùxíng	备注型	4
bèijǐngsè	背景色	4
bèipín	倍频	4
bèizēng	倍增	5
bèihūzhàn	被呼站	5
bèijiàozhàn	被叫站	5
běndì	本地	5
bījìn	逼近	5
bǐlì	比例	5
bǐjìběndiànnǎo	笔记本电脑	165
bìhé	闭合	5
biānchéng	编程	6
biānjí	编辑	6
biānmǎ	编码	6
biānyì	编译	6
biānzhǐ	编址	6
biàngēng	变更	6
biànliàng	变量	7
biànyuán	变元	188
biànzhǐ	变址	7
biànlì	遍历	7
biāojì	标记	7
biāoshífú	标识符	7
biāotílán	标题栏	7
biāozhù	标注	8
biǎodáshì	表达式	8
biǎogé	表格	8
bìngjí	并集	8
bìngxíng	并行	8
bìngdú	病毒	8
bōhào	拨号	9
bōtè	波特	9
bōtèlǜ	波特率	9
bōxíng	波形	9
bōfàngdònghuà	播放动画	9
bōfàngqì	播放器	9
bókè	博客	149
bǔdīng	补丁	10
bǔmǎ	补码	10
bǔzhuō	捕捉	10
bùduìchènxìng	不对称性	10
bù'ěryùnsuàn	布尔运算	10
bùxiàn	布线	10
bùcháng	步长	11
bùjiàn	部件	91

C

cāchú	擦除	12
cáiqiē	裁切	70
cǎijí	采集	12
càidān	菜单	12
càidānlán	菜单栏	12
cānkǎodiǎn	参考点	12
cānshùhuà	参数化	13
cāozuòxìtǒng	操作系统	13
cèliáng	测量	13
cèshì	测试	69
chācuòlǜ	差错率	13
chājiàn	插件	13
chārù	插入	13
chákànqì	查看器	14
cháxún	查询	14
chāifēn	拆分	14
chángguī	常规	14
chángliàng	常量	14
chāosòng	抄送	14
chāodǎo	超导	15
chāoliànjiē	超链接	15
chāoméitǐ	超媒体	15
chāoshí	超时	15
chāowénběn	超文本	15
chèxiāo	撤销	111
chéngxù	程序	15
chéngxùháng	程序行	16
chéngxùshèjì	程序设计	16
chéngxùyuán	程序员	16
chíxùshíjiān	持续时间	16
chōngtū	冲突	16
chóngdìngxiàng	重定向	16
chónggòu	重构	17
chónghé	重合	17
chóngmǎ	重码	17
chóngqǐ	重启	17
chóngshì	重试	17
chóngzǎirù	重载入	17
chóngzhì	重置	18
chóngzuò	重做	18
chūshǐhuà	初始化	18

chūshǐzhí 初始值	18	dǎohánggōngjù 导航工具	26	duīzhàn 堆栈	33
chǔlǐ 处理	18	dǎorù 导入	26	duìbǐdù 对比度	33
chùfā 触发	18	dàobǎn 盗版	26	duìděngshì 对等式	33
chùfāqì 触发器	19	dēnglù 登录	26	duìhuàkuàng 对话框	33
chùmōpíng 触摸屏	19	děngchāshùliè 等差数列	26	duìqí 对齐	34
chuángǎnqì 传感器	19	děngjí 等级	26	duìxiàng 对象	34
chuánshū 传输	19	děngjià 等价	27	duōbiānxíng 多边形	34
chuánsòng 传送	19	děngxiào 等效	27	duōbō 多播	34
chuànxíng 串行	19	dǐwén 底纹	27	duōméitǐ 多媒体	34
chuāngkǒu 窗口	19	dìzhǐliú 地址流	27	duōshìtú 多视图	34
chuāngtǐ 窗体	20	dìguī 递归	27	duōyìxìng 多义性	35
chuízhí 垂直	20	diǎnguāngyuán 点光源	27		
cífǎfēnxī 词法分析	20	diǎnhuàxiàn 点划线	28	**E**	
cíkù 词库	20	diànlǎn 电缆	28	èrfēnfǎ 二分法	36
cídào 磁道	20	diànnǎo 电脑	66	èrjíguǎn 二极管	36
cípán 磁盘	20	diànyuán 电源	28	èrwéi 二维	36
cítóu 磁头	21	diànzǐbǎn 电子版	28	èrwéimǎ 二维码	36
cíxīntǐ 磁心体	21	diànzǐguǎn 电子管	28		
cúnchǔfēnpèi 存储分配	21	diànzǐshāngwù 电子商务	28	**F**	
cúnchǔqì 存储器	21	diànzǐyóujiàn 电子邮件	29	fāshēngqì 发生器	37
cúnchǔqū 存储区	21	diànzǐyóuxiāng 电子邮箱	29	fāsòng 发送	37
cúnchǔtǐ 存储体	21	diàodù 调度	29	fātiě 发帖	37
cúnqǔ 存取	22	diàorù 调入	29	fāyóujiàn 发邮件	29
cuòshī 措施	22	diàoyòng 调用	29	fānzhuǎn 翻转	37
		diédài 迭代	29	fántǐzì 繁体字	37
D		dìngdiǎn 定点	30	fǎnbìngdúchéngxù	
dājiàn 搭建	23	dìngshí 定时	30	反病毒程序	38
dǎkāi 打开	23	dìngwèi 定位	30	fǎnlì 反例	38
dǎyìn① 打印①	23	dìngyì 定义	30	fǎnmǎ 反码	38
dǎyìn② 打印②	23	dìngzhì 定制	30	fǎnxiàng 反向	38
dǎyìnjī 打印机	23	dònghuà 动画	30	fǎnxiàngliànjiē 反向链接	38
dǎzì 打字	24	dònghuàzhìzuò 动画制作	31	fǎnhuí 返回	38
dàxiě 大写	24	dòngtài 动态	31	fànshì 范式	39
dàilǐfúwùqì 代理服务器	24	dòngjié 冻结	31	fánghuǒqiáng 防火墙	39
dàimǎ 代码	24	dúrù 读入	31	fǎngzhēnqì 仿真器	39
dānbǎnjī 单板机	24	duāndiǎn 端点	31	fǎngzhì 仿制	39
dāndiàohánshù 单调函数	24	duānjiédiǎn 端节点	31	fǎngwèn 访问	39
dānjī 单击	63	duānkǒu 端口	32	fàngyìng 放映	39
dānpiànjī 单片机	25	duǎnlù 短路	32	fēnbiànlǜ 分辨率	40
dānwěndiànlù 单稳电路	25	duàn① 段①	32	fēnbùshì 分布式	40
dānyuángé 单元格	25	duàn② 段②	32	fēncéng 分层	40
dāngqiánzhǐshìfú		duànluò 段落	32	fēngéfú 分隔符	40
当前指示符	25	duànmíng 段名	32	fēnjiě 分解	40
dǎochū 导出	25	duàndiǎn 断点	33	fēnlán 分栏	40
dǎoháng 导航	25	duīdié 堆叠	33	fēnlèi 分类	41

fēnpèi	分配	41	gōngyòngkuài	公用块	49	héngjiémiàn	横截面	57
fēnqū	分区	41	gōngyòngwǎng	公用网	49	hóng	宏	57
fēnshí	分时	41	gōngyǒude	公有的	49	hòuduān	后端	57
fēnzhī	分支	41	gōngnéngjiàn	功能键	49	hòutáiyùnxíng	后台运行	57
fēngzhuāng	封装	41	gòngxiǎng	共享	50	hòutuìjiàn	后退键	57
fúwùqì	服务器	42	gòuzào	构造	50	hòuzhuì	后缀	57
fúdiǎn	浮点	42	gùdìng	固定	50	hūjiào	呼叫	58
fúdòng	浮动	42	gùjiàn	固件	50	hùchì	互斥	58
fúhào	符号	42	guàjī	挂机	50	hùliánwǎng	互联网	58
fúdù	幅度	42	guānbì	关闭	5	hùliánwǎngjiā	互联网+	58
fǔzhù	辅助	42	guānjī	关机	50	hùliánxìng	互连性	58
fǔzhùcúnchǔqì	辅助存储器	43	guānjiàncí	关键词	51	huàbù	画布	58
fùzài	负载	43	guānjiànzhēn	关键帧	51	huàtú	画图	61
fùjiā	附加	43	guānjiànzì	关键字	51	huányuán	还原	59
fùjiàn	附件	43	guānliáncí	关联词	51	huánràofāngshì	环绕方式	59
fùzhuó	附着	43	guǎnlǐ	管理	51	huánwǎng	环网	59
fùhé	复合	43	guāngbiāo	光标	51	huánxíng	环形	59
fùwèi	复位	44	guāngdiànshǔbiāo 光电鼠标		52	huǎnchōngqū	缓冲区	59
fùwèiqǐdòng	复位启动	44	guānglǎn	光缆	52	huǎncún	缓存	59
fùxuǎn	复选	44	guāngpán	光盘	52	huàndēngpiàn	幻灯片	60
fùxuǎnkuàng	复选框	44	guāngshān	光栅	52	huànháng	换行	60
fùzhì	复制	44	guāngyùn	光晕	52	huīdùzhí	灰度值	60
fùzhí	赋值	44	guāngbō	广播	52	huíchē	回车	60
fùgài	覆盖	45	guǎngyùwǎng	广域网	53	huíchējiàn	回车键	60
			guīchéng	规程	53	huílù	回路	60
G			guīgé	规格	53	huíshōuzhàn	回收站	60
gāosùhuǎncún	高速缓存	46	guǐjì	轨迹	53	huítiě	回帖	61
géshì	格式	46	gǔndòng	滚动	53	huìbiān	汇编	61
géshìfú	格式符	46	gǔndòngtiáo	滚动条	53	huìbiānchéngxù	汇编程序	61
géshìhuà	格式化	46	guòdù	过渡	54	huìbiānyǔyán	汇编语言	61
gélí	隔离	46	guòlǜqì	过滤器	54	huìtú	绘图	61
gēnmùlù	根目录	47				huìtúqū	绘图区	61
gēnzōng	跟踪	47	**H**			huìtúyí	绘图仪	62
gēngxīn	更新	47				huódòngchuāngkǒu 活动窗口		62
gōngjù	工具	47	hǎiliàng	海量	55	huòmén	或门	62
gōngjùlán	工具栏	47	hánshù	函数	55	huòyùnsuàn	或运算	62
gōngjùxiāng	工具箱	47	hànhuà	汉化	55			
gōngyì	工艺	48	hànzìkù	汉字库	55	**J**		
gōngzuòbiǎo	工作表	48	hànjiē	焊接	55			
gōngzuòbù	工作簿	48	háng	行	56	jījiàn	击键	63
gōngzuòkōngjiān	工作空间	48	hángjù	行距	56	jīfáng	机房	63
gōngzuòzhàn	工作站	48	hàocái	耗材	56	jīguì	机柜	63
gōngchā	公差	48	héxīn	核心	56	jījià	机架	63
gōnggòng	公共	49	hēikè	黑客	56	jīqìrén	机器人	63
gōngshì	公式	49	héngfúguǎnggào	横幅广告	56	jīshēn	机身	64

jīxiāng	机箱	64	jiànjiēdìzhǐ	间接地址	71	jīngdù	精度	78
jī'ǒujiàoyàn	奇偶校验	64	jiànmó	建模	71	jīngquè	精确	78
jīběnlèi	基本类	64	jiànbiàn	渐变	71	jǐnggào	警告	78
jīdài	基带	64	jiàn①	键①	63	jìngdiàn	静电	78
jīdìzhǐ	基地址	64	jiàn②	键②	71	jìngtài	静态	78
jīxiàn	基线	64	jiànpán	键盘	72	jìngtàifēnxī	静态分析	79
jīguāngdǎyìnjī	激光打印机	65	jiànrù	键入	92	jìngtóu	镜头	79
jīhuó	激活	65	jiànwèi	键位	72	jìngxiàng	镜像	79
jílián	级联	65	jiàntóu	箭头	72	jiūcuò	纠错	79
jíchājíyòng	即插即用	65	jiàngxù	降序	72	jiùxùzhuàngtài	就绪状态	79
jíshítōngxùn	即时通讯	65	jiāohù	交互	72	jūzhōng①	居中①	79
jíchéng	集成	65	jiāohùshì	交互式	72	jūzhōng②	居中②	80
jíhé	集合	66	jiāohuànjī	交换机	73	júbù	局部	80
jíxiànqì	集线器	66	jiāojí	交集	73	júyùwǎng	局域网	80
jìliàngdānwèi	计量单位	66	jiǎodù	角度	73	jǔzhèn	矩阵	80
jìshù	计数	66	jiǎoběn	脚本	73	jùfǎfēnxī	句法分析	80
jìsuànjī	计算机	66	jiǎoběnyǔyán	脚本语言	73	juànbiāo	卷标	80
jìsuànjīqún	计算机集群	66	jiēchéng	阶乘	73	juànmíng	卷名	81
jìsuànjīshìjué	计算机视觉	67	jiēmǎ	阶码	74	juéduìdìzhǐ	绝对地址	81
jìsuànqì	计算器	67	jiēchābǎn	接插板	74	juésè	角色	81
jìlù	记录	67	jiēchāxiàn	接插线	74	jūnhéngqì	均衡器	81
jìcúnqì	寄存器	67	jiēkǒubiāozhǔn	接口标准	74			
jiācū	加粗	67	jiēxiànbǎn	接线板	74		**K**	
jiāgōng	加工	67	jiédiǎn	节点	74	kāiguān	开关	1
jiāmì	加密	68	jiédiǎn	结点	74	kāijī	开机	82
jiāquán	加权	68	jiédiǎndù	结点度	74	kāishǐ	开始	82
jiāsùbǎn	加速板	68	jiégòu	结构	75	kāishǐ'ànniǔ	开始按钮	82
jiāzàidiǎn	加载点	68	jiégòutú	结构图	75	kěkàojìsuàn	可靠计算	82
jiàgòu	架构	68	jiépíng	截屏	75	kěkàoxìng	可靠性	82
jiānjù	间距	68	jiéqǔ	截取	75	kěkòngxìng	可控性	83
jiānkòng	监控	69	jiěbǎohù	解保护	75	kěkuòchōngxìng	可扩充性	83
jiānshìqì	监视器	69	jiěmǎ	解码	75	kěxìndù	可信度	83
jiānróngxìng	兼容性	69	jiěmì	解密	76	kěxíngxìng	可行性	83
jiǎnbō	检波	69	jiěsuǒ	解锁	76	kěxiūgǎixìng	可修改性	83
jiǎncè	检测	69	jiětiáoqì	解调器	76	kěyízhíxìng	可移植性	83
jiǎnchá	检查	69	jiěxī	解析	76	kěyòngxìng	可用性	84
jiǎnsuǒ	检索	70	jiěyāsuō	解压缩	76	kèlù	刻录	84
jiǎnyàn	检验	70	jièzhì	介质	76	kèhùduān	客户端	84
jiǎnliàng	减量	70	jièmiàn	界面	77	kèjiàn	课件	84
jiǎnjí	剪辑	70	jièwèi	借位	77	kòngcāozuò	空操作	84
jiǎnqiē	剪切	70	jìnchéng	进程	77	kònggé	空格	84
jiǎnqǔ	剪取	75	jìnwèishù	进位数	77	kònggéjiàn	空格键	85
jiǎntiēbǎn	剪贴板	70	jìnzhì	进制	77	kòngháng	空行	85
jiǎnmǎbiǎo	简码表	71	jīngpiàn	晶片	77	kòngzhǐlìng	空指令	85
jiǎntǐzì	简体字	71	jīngtǐguǎn	晶体管	78	kòngjiàn	控件	85

kòngzhìmiànbǎn 控制面板	85
kòngzhìqì 控制器	85
kǒulìng 口令	86
kù 库	86
kuài 块	86
kuāndài 宽带	86
kuàngjià 框架	86
kuàngtú 框图	86
kuòzhǎn 扩展	87
kuòzhǎncáo 扩展槽	87
kuòzhǎnxúnzhǐ 扩展寻址	87

L

lājīxiāng 垃圾箱	60
lājīyóujiàn 垃圾邮件	88
lāshēn 拉伸	88
lěijiāqì 累加器	88
lèixíng 类型	88
lěngqǐdòng① 冷启动①	82
lěngqǐdòng② 冷启动②	88
líxiàn 离线	154
lìchéng 例程	89
lìzǐxìtǒng 粒子系统	89
liánjiēfú 连接符	89
liánwǎng 连网	89
liánxùyùnsuàn 连续运算	89
liántōng 联通	89
liánxiǎng 联想	90
liànbiǎo 链表	90
liànjiē 链接	90
liànlù 链路	90
liàngdù 亮度	90
liè 列	90
lièbiǎo 列表	91
lièjiānjù 列间距	91
línjièqū 临界区	91
língjiàn 零件	91
língjiàntú 零件图	91
lìngcúnwéi 另存为	91
liúlǎn 浏览	92
liúlǎnqì 浏览器	92
lòudòng 漏洞	92
lùrù 录入	92
lùrùfǎ 录入法	92
lùyīn 录音	92
lùyīnbǐ 录音笔	93
lùjìng 路径	93
lùjìngmíng 路径名	93
lúnkuòxiàn 轮廓线	93
lùntán 论坛	93
luójí 逻辑	93
lǜjìng 滤镜	94

M

màikèfēng 麦克风	95
màichōng 脉冲	95
màichōngchuàn 脉冲串	95
mànfǎnshè 漫反射	95
māo 猫	140
màopào 冒泡	95
méijǔ 枚举	96
méijǔlèixíng 枚举类型	96
méngbǎn 蒙版	96
mìmǎ 密码	96
mìyào 密钥	96
miànbǎn 面板	96
miáobiān 描边	97
mìnglìng 命令	97
mìngmíng 命名	97
mókuài 模块	97
mókuàihuà 模块化	97
mónǐ 模拟	97
móshì 模式	98
móshùzhuǎnhuàn 模数转换	98
móxíng 模型	98
móshùbàng 魔术棒	98
mòhé 墨盒	98
mòrènzhí 默认值	98
múbǎn 模板	99
mǔbǎn 母版	99
mùlù 目录	99

N

nèibùdìzhǐ 内部地址	100
nèicún 内存	100
nèijùxìng 内聚性	100
nèimǎ 内码	100
nèimóshì 内模式	100
nèizhìzìtǐ 内置字体	101
niǔqū 扭曲	101

O

ǒuhé 耦合	102
jǐnmì'ǒuhé* 紧密耦合	102
sōngsǎn'ǒuhé* 松散耦合	102

P

páibǎn 排版	103
páiliè 排列	103
páixù 排序	103
pànbiéshì 判别式	103
pèizhì 配置	103
pēnmòdǎyìnjī 喷墨打印机	104
pēnqiāng 喷枪	104
pīchǔlǐ 批处理	104
pīhào 批号	104
pīliàng 批量	104
pǐpèi 匹配	104
piānyí 偏移	105
pīnjiē 拼接	105
pīnyīn 拼音	105
píndài 频带	105
pínlǜ① 频率①	105
pínlǜ② 频率②	105
pínyí 频移	106
píngbǎndiànnǎo 平板电脑	106
pínghuá 平滑	106
píngtái 平台	106
píngyí 平移	106
pínggū 评估	106
píngjià 评价	106
píngguǒ 苹果	107
píngbǎo 屏保	107
píngbì 屏蔽	107
píngmù 屏幕	124
píngmùbǎohù 屏幕保护	107
píngjǐngwèntí 瓶颈问题	107
pòjiě 破解	107

Q

qǐdiǎn 起点	108
qǐshǐyè 起始页	126
qiānzhàowèi 千兆位	108
qiánduān 前端	108
qiánjǐngsè 前景色	108

qiántái 前台		108
qiántáiyùnxíng 前台运行		109
qiánzhuì 前缀		109
qiánfúqī 潜伏期		109
qiànrùshì 嵌入式		109
qiàntào 嵌套		109
qiēhuàn 切换		109
qiètīng 窃听		110
qīngchú 清除		110
qīngdān 清单		110
qīnglíng 清零		110
qīngqiú 请求		110
qūyù 区域		110
qūyùsōusuǒ 区域搜索		111
qūdòngchéngxù 驱动程序		111
qūdòngqì 驱动器		111
qǔxiāo 取消		111
quánjiāqì 全加器		111
quánjiǎo 全角		111
quánjúbiànliàng 全局变量		112
quánpíng 全屏		112
quánshuānggōng 全双工		112
quánshuāngxiàng 全双向		112
quèdìngxìng 确定性		112
quèrèn 确认		112
qún 群		113

R

rèchābá 热插拔		114
rèjiàn 热键		114
rèqǐdòng ① 热启动①		114
rèqǐdòng ② 热启动②		114
réngōnghūjiào 人工呼叫		114
réngōngzhìnéng 人工智能		115
rènzhèng 认证		115
rènwùlán 任务栏		115
rìzhì 日志		115
róngcuò 容错		115
róngliàng 容量		115
rónghé 融合		116
ruǎnhuíchē 软回车		116
ruǎnjiàn 软件		116
ruǎnpán 软盘		116
ruìhuà 锐化		116
rùnsè 润色		116

S

sānwéi ① 三维①		117
sānwéi ② 三维 (3D) ②		117
sānwéizhènliè 三维阵列		117
sānxīng 三星		117
sǎomiáoyí 扫描仪		117
sèdài 色带		118
sèdù 色度		118
sèfěn 色粉		118
shāixuǎn 筛选		118
shānchú 删除		118
shǎncúnpán 闪存盘		118
shànqū 扇区		119
shàngbiāo 上标		119
shàngchuán 上传		119
shàngxiàn 上限		119
shàngyì 上溢		119
shèbèi 设备		119
shèdìng 设定		120
shèzhì 设置		120
shēnfènjiàndìng 身份鉴定		120
shénzhōu 神舟		120
shēngjí 升级		120
shēngxù 升序		120
shēngkǎ 声卡		121
shēngmíng 声明		121
shēngpín 声频		167
shěnglüè 省略		121
shīxiàolǜ 失效率		121
shīzhēn 失真		121
shíjiānpiàn 时间片		121
shíjiānzhóu 时间轴		122
shíxù 时序		122
shízhōng 时钟		122
shídìzhǐ 实地址		122
shílì 实例		122
shíshí 实时		122
shítǐ 实体		123
shítǐmóxíng 实体模型		123
shíxíng 实型		123
shíyòngchéngxù 实用程序		123
shízàicānshù 实在参数		123
shìbōqì 示波器		123
shìjiàn 事件		124
shìwùchǔlǐ 事务处理		124
shìyùnxíng 试运行		124
shìchuāng 视窗		124
shìkǒu 视口		124
shìpín ① 视频①		124
shìpín ② 视频②		125
shìtú 视图		125
shìpèiqì 适配器		125
shìyìngxìng 适应性		125
shōucángjiā 收藏夹		125
shǒubù 首部		125
shǒuyè 首页		126
shǒuzìjié 首字节		126
shòuquán 授权		126
shūqiān 书签		126
shūchū 输出		126
shūrù 输入		126
shūrùfǎ 输入法		92
shǔxìng 属性		127
shǔbiāo 鼠标		127
shùjù 数据		127
shùjùbǎohù 数据保护		127
shùjùjiāohuàn 数据交换		127
shùjùjiégòu 数据结构		127
shùjùkù 数据库		128
shùjùkùyǔyán 数据库语言		128
shùjùlèixíng 数据类型		128
shùjùliú 数据流		128
shùjùmóxíng 数据模型		128
shùjùqū 数据区		128
shùjùyuán 数据源		129
shùjùzhí 数据值		129
shùjùzhuǎnhuàn 数据转换		129
shùjùzǔzhī 数据组织		129
shùlǐluójí 数理逻辑		129
shùmǎ 数码		129
shùmózhuǎnhuànqì 数模转换器		130
shùxuémóxíng 数学模型		130
shùzhífànwéi 数值范围		130
shùzhì 数制		130
shùzìméitǐ 数字媒体		130
shùzìqiānmíng 数字签名		130
shùzǔ 数组		131
shuāxīn 刷新		131
shuāijiǎn 衰减		131

拼音	词条	页码
shuāngchónghuǎnchōng	双重缓冲	131
shuāngjī	双击	131
shuāngjíxìng	双极性	131
shuāngjiǎoxiàn	双绞线	132
shuāngpīn	双拼	132
shuāngxiàngzhì	双向制	132
shuāngzì	双字	132
shuāngzìjié	双字节	132
shuǐpíng	水平	132
shùnxùfǎngwèn	顺序访问	133
shuōmíng	说明	121
sīyǒude	私有的	133
sǐsuǒ	死锁	133
sǐsuǒbìmiǎn	死锁避免	133
sǐxúnhuán	死循环	133
sòngzhǐqì	送纸器	133
sōugǒu	搜狗	134
sōuhú	搜狐	134
sōusuǒ	搜索	134
sōusuǒyǐnqíng	搜索引擎	134
sùlǜ	速率	134
suànfǎ	算法	134
suànfǎyǔyán	算法语言	135
suíjī	随机	135
suíjīxìng	随机性	135
suìpiàn	碎片	135
suōfàng	缩放	135
suōjìn	缩进	135
suōxiě	缩写	136
suǒyǐn	索引	136
suǒdìng	锁定	136

T

拼音	词条	页码
táishìjìsuànjī	台式计算机	137
tánchū①	弹出①	12
tánchū②	弹出②	137
tànxún	探询	137
tèxiào	特效	137
tèxiě①	特写①	137
tèxiě②	特写②	138
tīdùfǎ	梯度法	138
tíqǔ	提取	138
tíshì①	提示①	138
tíshì②	提示②	138
tìhuàn	替换	181
tiánchōng	填充	138
tiáomǎyuèdúqì	条码阅读器	139
tiáoxíngmǎ	条形码	139
tiáosèbǎn	调色板	139
tiáoshì	调试	139
tiáozhěng	调整	139
tiáozhìjiětiáoqì①	调制解调器①	139
tiáozhìjiětiáoqì②	调制解调器②	140
tiáozhìsùlǜ	调制速率	140
tíngdùn	停顿	140
tíngjī	停机	140
tíngzhǐ	停止	140
tōngdào	通道	140
tōngxìnkǒu	通信口	140
tōngxìnliànlù	通信链路	141
tōngxìnliàng	通信量	141
tōngxìnwǎngluò	通信网络	141
tōngxìnxiànlù	通信线路	141
tōngxìnxiéyì	通信协议	141
tōngxùnzǐwǎng	通讯子网	141
tóngbù	同步	141
tóngxīn	同心	142
tòumíngdù	透明度	142
tūfāfāngshì	突发方式	142
túbiāo	图标	142
túbiǎo	图表	142
túcéng	图层	142
túlùn	图论	143
túpiàn	图片	143
túwéndiànshì	图文电视	143
túxiàngfēnxī	图像分析	143
túxíng	图形	143
túyuán	图元	143
tuìchū	退出	144
tuìgé	退格	144
tūntǔliàng	吞吐量	144
tuōdòng	拖动	144
tuōjī	脱机	144
tuǒyuán	椭圆	144
tuòpū	拓扑	145

U

拼音	词条	页码
U pán	U 盘	118

W

拼音	词条	页码
wàibùmíng	外部名	146
wàiguān	外观	146
wàiké	外壳	146
wàimóshì	外模式	146
wàipín	外频	146
wàixúnhuán	外循环	147
wánzhěngxìng	完整性	147
wǎngguān	网关	147
wǎngjiān	网监	147
wǎngluòduānkǒu	网络端口	147
wǎngluòguǎnlǐyuán	网络管理员	147
wǎngluòguīhuà	网络规划	148
wǎngqiáo	网桥	148
wǎngshànglínjū	网上邻居	148
wǎngyè	网页	148
wǎngzhàn	网站	148
wǎngzhǐ	网址	148
wǎngzhǐyùmíng	网址域名	149
wēibó	微博	149
wēitiáo	微调	149
wēixìn	微信	149
wéidù	维度	149
wéihù	维护	149
wěicāozuò	伪操作	150
wěizhǐlìng	伪指令	150
wèi	位	150
wèitú	位图	150
wèiyí	位移	150
wénběn	文本	150
wénběnkuàng	文本框	151
wéndàng	文档	151
wénjiàn	文件	151
wénjiànjiā	文件夹	151
wénjiàntóu	文件头	151
wénzìchǔlǐ	文字处理	151
wúsǔnliánjiē	无损连接	152
wúxiànlùyóuqì	无线路由器	152
wǔbǐ	五笔	152
wùchā	误差	152
wùmǎlǜ	误码率	152

X

xìshù 系数		153
xìtǒngjiàoyàn 系统校验		153
xìtǒngsǐsuǒ 系统死锁		153
xiàbiāo 下标		153
xiàhuàxiàn 下划线		153
xiàlācàidān 下拉菜单		12
xiàxiàn 下线		154
xiàxiàn 下限		154
xiàyì 下溢		154
xiàzài 下载		154
xiānxíngjìnwèi 先行进位		154
xiǎnshì 显示		154
xiǎnshìqì① 显示器①		155
xiǎnshìqì② 显示器②		155
xiànxíng 线型		155
xiāngduìdìzhǐ 相对地址		155
xiāngduìwùchā 相对误差		155
xiàngdǎo 向导		155
xiàngsù 像素		156
xiāochú 消除		156
xiāocí 消磁		156
xiāoqùfǎ 消去法		156
xiāoxichuándì 消息传递		156
xiāoyǐn 消隐		156
xiǎoxiě 小写		157
xiàoyuánwǎng 校园网		157
xiàolǜ 效率		157
xiàoyìng 效应		157
xiéyì 协议		157
xiétǐ 斜体		157
xiěbǎohù 写保护		158
xièzài 卸载		158
xīnpiàn 芯片		158
xīnjiàn 新建		158
xìndào 信道		158
xìntóu 信头		158
xìnxī 信息		159
xìnyuán 信源		159
xíngshìcānshù 形式参数		159
xìngnéng 性能		159
xiūfù 修复		159
xiūjiǎn 修剪		159
xiūshì 修饰		160
xūnǐ 虚拟		160
xǔkě 许可		160
xùliè 序列		160
xuánniǔ 旋钮		160
xuánzhuǎn 旋转		160
xuǎndìng 选定		161
xuǎnqū 选区		161
xuǎnxiàng 选项		161
xuǎnxiàngkǎ 选项卡		161
xuǎnzé 选择		161
xuànrǎn 渲染		161
xúndào 寻道		162
xúnzhǐ 寻址		162
xúnwèn 询问		39
xúnhuánjìnwèi 循环进位		162

Y

yāsuō 压缩		163
yánchí 延迟		163
yánfā 研发		163
yǎnbiàn 演变		163
yǎnshì 演示		163
yànzhèng 验证		164
yàngtiáoqūxiàn 样条曲线		164
yáokòng 遥控		164
yèbiānjù 页边距		164
yèjiǎo 页脚		164
yèméi 页眉		164
yèmiàn 页面		165
yīzhìxìng 一致性		165
yídòng 移动		165
yídòngjìsuànjī 移动计算机		165
yídòngyìngpán 移动硬盘		118
yíguò 移过		165
yǐtàiwǎng 以太网		165
yìbùde 异步的		166
yìgòuxìng 异构性		166
yìhuòyùnsuàn 异或运算		166
yìmén 异门		166
yìmǎ 译码		166
yìdúxìng 易读性		166
yìchū 溢出		167
yīntèwǎng 因特网		167
yīnyǐng 阴影		167
yīnliàng 音量		167
yīnpín 音频		167
yǐndǎo 引导		167
yǐnqíng 引擎		168
yǐnxiàn 引线		168
yǐnyòng 引用		168
yǐnshìshuōmíng 隐式说明		168
yǐnxiànxiāochú 隐线消除		168
yǐngpiàn 影片		168
yǐngyīn 影音		169
yìngdá 应答		169
yìngyòng 应用		169
yìngyòngchéngxù 应用程序		169
yìngshè 映射		169
yìngxiàng 映像		169
yìnghuíchē 硬回车		170
yìngjiàn 硬件		170
yìngpán 硬盘		170
yònghù 用户		170
yōupán 优盘		118
yōuxiānjí 优先级		170
yóuxì 游戏		170
yǒuhǎoxìng 友好性		171
yǒuxiàndiànshì 有线电视		171
yòuduìqí 右对齐		171
yòujī 右击		171
yòujiàn 右键		171
yòuxiàng 右向		171
yǔfēimén 与非门		171
yǔyùnsuàn 与运算		172
yǔfǎ 语法		172
yǔjù 语句		172
yǔyì 语义		172
yǔyīnfēnxī 语音分析		172
yùlǎn 预览		172
yùshè 预设		173
yùzhì 预置		173
yùmíng 域名		173
yùmíngxìtǒng 域名系统		173
yuánjiàn 元件		173
yuánchéngxù 源程序		173
yuándàimǎ 源代码		173
yuǎnchéng 远程		174
yuēdìng 约定		174
yuēshù 约束		174
yúnjìsuàn 云计算		174

拼音	词条	页码
yùnsuàn	运算	174
yùnsuànfú	运算符	174
yùnxíng	运行	175
yùnxínghuánjìng	运行环境	175

Z

拼音	词条	页码
zàidìngwèi	再定位	176
zàixiàn	在线	176
zàibō	载波	176
zàitǐ	载体	176
zēngjiā	增加	176
zēngtiān	增添	176
zhāntiē	粘贴	177
zhànghào	账号	177
zhēzhào	遮罩	177
zhébànfǎ	折半法	36
zhēnshìdǎyìnjī	针式打印机	177
zhēn	帧	177
zhēnpín	帧频	177
zhēnzhōngjì	帧中继	178
zhēnzhíbiǎo	真值表	178
zhēnzǐjí	真子集	178
zhènliè	阵列	178
zhěngtǐ	整体	178
zhěngxíng	整型	178
zhèngguīwénfǎ	正规文法	179
zhèngxiàng	正向	179
zhíxíng	执行	179
zhífāngtú	直方图	179
zhídiàoyòng	值调用	179
zhǐdú	只读	179
zhǐdúguāngpán	只读光盘	180
zhǐdài	纸带	180
zhǐdìng	指定	180
zhǐfǎ	指法	180
zhǐlìng	指令	180
zhǐshìdēng	指示灯	180
zhǐxiàng	指向	181
zhǐzhēn	指针	181
zhìbiǎo	制表	181
zhìmìngcuòwù	致命错误	181
zhìnéngkǎ	智能卡	181
zhìhuàn	置换	181
zhōngduàn	中断	182
zhōngjì	中继	182
zhōngzhuìshì	中缀式	182
zhōngduān	终端	182
zhōngzhǐ	终止	182
zhōuqī	周期	182
zhúzhēn	逐帧	177
zhǔbǎn	主板	183
zhǔgànwǎng	主干网	183
zhǔjī	主机	183
zhǔjiào	主叫	183
zhǔkòng	主控	183
zhǔpín	主频	183
zhǔtí	主题	184
zhǔyè	主页	184
zhǔzhàn	主站	184
zhùjìfú	助记符	184
zhùcè	注册	184
zhùshì	注释	184
zhùxiāo	注销	185
zhùmiàn	柱面	185
zhùzhuàngtú	柱状图	185
zhuānxiàn	专线	185
zhuǎnchǔ	转储	185
zhuǎncún	转存	185
zhuǎnjiēqì	转接器	185
zhuǎnlùqì	转录器	186
zhuǎnyí	转移	186
zhuǎnyì	转义	186
zhuǎnsù	转速	186
zhuāngzhì	装置	186
zhuàngtài	状态	186
zhuàngtàilán	状态栏	187
zhuījiā	追加	187
zhuīzōng	追踪	187
zhuōmiàn	桌面	187
zīyuánfēnpèi	资源分配	187
zǐchéngxù	子程序	187
zǐchuàn	子串	188
zǐjí	子集	188
zìbiànliàng	自变量	188
zìdǐxiàngshàng	自底向上	188
zìdǐngxiàngxià	自顶向下	188
zìdìngyì	自定义	188
zìdòng	自动	189
zìjǔ	自举	189
zìqǐdòng	自启动	189
zìxuán	自旋	189
zìyùnxíngpīchǔlǐ	自运行批处理	189
zì	字	189
zìcháng	字长	189
zìduàn	字段	190
zìfú	字符	190
zìfúchuàn	字符串	190
zìfújí	字符集	190
zìfúxíng	字符型	190
zìhào	字号	190
zìjiānjù	字间距	191
zìjié	字节	191
zìkuài	字块	191
zìmǔ	字母	191
zìmù	字幕	191
zìpín	字频	191
zìtǐ	字体	192
zìxíng	字型	192
zìxíngdiǎnzhèn	字型点阵	192
zìyàng	字样	192
zǒngjì	总计	192
zǒngxiàn	总线	192
zòngjiémiàn	纵截面	192
zǒuzhǐjiàn	走纸键	193
zǔkàng	阻抗	193
zǔsè	阻塞	193
zǔ	组	193
zǔbō	组播	34
zǔhào	组号	193
zǔjiàn	组件	193
zǔzhuāng	组装	194
zuìdàhuà	最大化	194
zuìxiǎohuà	最小化	194
zuìxiǎoxiàng	最小项	194
zuǒduìqí	左对齐	194
zuǒjiàn	左键	194
zuǒxiàng	左向	195
zuòyòngyù	作用域	195
zuòbiāo	坐标	195
zuòbiāozhǐ	坐标纸	195

部首检词表

一画

[一部]

一致性	165

一画

二分法	36
二极管	36
二维	36
二维码	36

二画

三星	117
三维①	117
三维 (3D) ②	117
三维阵列	117
下划线	153
下拉菜单	12
下限	154
下线	154
下标	153
下载	154
下溢	154
与运算	172
与非门	171
上传	119
上限	119
上标	119
上溢	119

三画

开机	82
开关	1
开始	82
开始按钮	82
元件	173
无线路由器	152
无损连接	152
云计算	174
专线	185
五笔	152

不对称性	10
友好性	171
互斥	58
互连性	58
互联网	58
互联网＋	58

四画

击键	63
正向	179
正规文法	179
本地	5
可用性	84
可扩充性	83
可行性	83
可修改性	83
可信度	83
可控性	83
可移植性	83
可靠计算	82
可靠性	82
左对齐	194
左向	195
左键	194
右击	171
右对齐	171
右向	171
右键	171
布尔运算	10
布线	10
平台	106
平板电脑	106
平移	106
平滑	106

五画

共享	50
再定位	176
在线	176

百分号	2
百宝箱	2
百度	2
有线电视	171
死锁	133
死锁避免	133
死循环	133

六画

更新	47

七画

表达式	8
表格	8
画布	58
画图	61
事务处理	124
事件	124

八画

面板	96

十五画

整体	178
整型	178

[丨部]

二画

上传	119
上限	119
上标	119
上溢	119

三画

中继	182
中断	182
中缀式	182
内存	100
内码	100
内部地址	100
内置字体	101
内聚性	100
内模式	100
书签	126

	四画			八画		发邮件		29
电子邮件		29	重合		17	发帖		37
电子邮箱		29	重启		17	发送		37
电子版		28	重构		17		六画及以上	
电子商务		28	重码		17	即时通讯		65
电子管		28	重定向		16	即插即用		65
电脑		66	重试		17	函数		55
电缆		28	重载入		17	登录		26
电源		28	重做		18			
半角		3	重置		18		二画	
	六画及以上		复合		43			
串行		19	复位		44		[十部]	
临界区		91	复位启动		44	千兆位		108
			复制		44	协议		157
	[丿部]		复选		44	直方图		179
	二画		复选框		44	真子集		178
千兆位		108				真值表		178
	三画			[丶部]		索引		136
升级		120		四画		博客		149
升序		120	主干网		183			
反向		38	主叫		183		[厂部]	
反向链接		38	主机		183	压缩		163
反码		38	主页		184			
反例		38	主板		183		[匚部]	
反病毒程序		38	主站		184	区域		110
	四画		主控		183	区域搜索		111
失真		121	主频		183	匹配		104
失效率		121	主题		184			
用户		170	半角		3		[卜部]	
处理		18		七画		上传		119
	五画		卷名		81	上限		119
向导		155	卷标		80	上标		119
后台运行		57				上溢		119
后退键		57		[一（丁乀乚乙）部]		桌面		187
后缀		57		三画				
后端		57	以太网		165		[刂部]	
色带		118	书签		126	列		90
色度		118		四画		列间距		91
色粉		118	电子邮件		29	列表		91
	六画		电子邮箱		29	删除		118
系统死锁		153	电子版		28	判别式		103
系统校验		153	电子商务		28	制表		181
系数		153	电子管		28	刻录		84
	七画		电脑		66	刷新		131
垂直		20	电缆		28	前台		108
周期		182	电源		28	前台运行		109
			发生器		37	前缀		109
						前景色		108
						前端		108

[卜部]

外观	146
外壳	146
外部名	146
外循环	147
外频	146
外模式	146
处理	18

[冂部]

内存	100
内码	100
内部地址	100
内置字体	101
内聚性	100
内模式	100
再定位	176
同心	142
同步	141
网上邻居	148
网页	148
网关	147
网址	148
网址域名	149
网络规划	148
网络管理员	147
网络端口	147
网桥	148
网监	147
网站	148

[亻部]

三画

代码	24
代理服务器	24

四画

传送	19
传感器	19
传输	19
优先级	170
优盘	118
任务栏	115
仿制	39
仿真器	39
伪指令	150
伪操作	150

五画

作用域	195
位	150
位图	150
位移	150

六画

例程	89

七画

修饰	160
修复	159
修剪	159
保存	3
保留字	3
信头	158
信息	159
信道	158
信源	159

八画及以上

借位	77
值调用	179
倍频	4
倍增	5
停止	140
停机	140
停顿	140
偏移	105
像素	156

[厂部]

反向	38
反向链接	38
反码	38
反例	38
反病毒程序	38
后台运行	57
后退键	57
后缀	57
后端	57

[八部]

分支	41
分区	41
分布式	40
分时	41
分层	40
分栏	40
分类	41
分配	41
分隔符	40
分解	40
分辨率	40
公用网	49
公用块	49
公式	49
公共	49
公有的	49
公差	48
只读	179
只读光盘	180
共享	50
真子集	178
真值表	178

[人部]

人工呼叫	114
人工智能	115
介质	76
以太网	165
全双工	112
全双向	112
全加器	111
全角	111
全局变量	112
全屏	112
命令	97
命名	97

[夂部]

负载	43
色带	118
色度	118
色粉	118

[刀部]

用户	170
周期	182

[勹部]

句法分析	80
包	3

[儿部]

元件	173
光电鼠标	52
光标	51

光栅	52	
光晕	52	
光盘	52	
光缆	52	
先行进位	154	
[歹部]		
死锁	133	
死锁避免	133	
死循环	133	
[几部]		
亮度	90	
[亠部]		
三至四画		
主干网	183	
主叫	183	
主机	183	
主页	184	
主板	183	
主站	184	
主控	183	
主频	183	
主题	184	
交互	72	
交互式	72	
交换机	73	
交集	73	
六画		
变元	188	
变址	7	
变更	6	
变量	7	
七画及以上		
亮度	90	
衰减	131	
高速缓存	46	
离线	154	
就绪状态	79	
[冫部]		
冲突	16	
冻结	31	
冷启动①	82	
冷启动②	88	
减量	70	

[丷部]		
三至六画		
半角	3	
并行	8	
并集	8	
关机	50	
关闭	5	
关联词	51	
关键字	51	
关键词	51	
关键帧	51	
卷名	81	
卷标	80	
单元格	25	
单片机	25	
单击	63	
单板机	24	
单调函数	24	
单稳电路	25	
七至八画		
差错率	13	
前台	108	
前台运行	109	
前缀	109	
前景色	108	
前端	108	
首页	126	
首字节	126	
首部	125	
兼容性	69	
[冖部]		
写保护	158	
[讠部]		
二画		
计量单位	66	
计数	66	
计算机	66	
计算机视觉	67	
计算机集群	66	
计算器	67	
认证	115	
三画		
记录	67	

四画		
许可	160	
论坛	93	
设备	119	
设定	120	
设置	120	
访问	39	
五画		
评价	106	
评估	106	
词库	20	
词法分析	20	
译码	166	
六画		
试运行	124	
询问	39	
七画		
语义	172	
语句	172	
语法	172	
语音分析	172	
误码率	152	
误差	152	
说明	121	
八画		
请求	110	
读入	31	
课件	84	
调入	29	
调用	29	
调色板	139	
调制速率	140	
调制解调器①	139	
调制解调器②	140	
调试	139	
调度	29	
调整	139	
[凵部]		
击键	63	
画布	58	
画图	61	
函数	55	
[卩部]		
即时通讯	65	
即插即用	65	
卸载	158	

[阝部]		[加粗]	67	[巳部]	
阵列	178	加密	68	卷名	81
阶码	74	动画	30	卷标	80
阶乘	73	动画制作	31		
阴影	167	动态	31	三画	
防火墙	39	助记符	184	[干部]	
阻抗	193			平台	106
阻塞	193	[又部]		平板电脑	106
附加	43	二至三画		平移	106
附件	43	友好性	171	平滑	106
附着	43	反向	38		
降序	72	反向链接	38	[工部]	
随机	135	反码	38	工艺	48
随机性	135	反例	38	工作表	48
隐式说明	168	反病毒程序	38	工作空间	48
隐线消除	168	双击	131	工作站	48
隔离	46	双向制	132	工作簿	48
部件	91	双字	132	工具	47
		双字节	132	工具栏	47
[刀部]		双极性	131	工具箱	47
切换	109	双拼	132	功能键	49
分支	41	双重缓冲	131	左对齐	194
分区	41	双绞线	132	左向	195
分布式	40	发生器	37	左键	194
分时	41	发邮件	29	差错率	13
分层	40	发帖	37		
分栏	40	发送	37	[土部]	
分类	41	对比度	33	地址流	27
分配	41	对齐	34	在线	176
分隔符	40	对话框	33	均衡器	81
分解	40	对象	34	块	86
分辨率	40	对等式	33	坐标	195
初始化	18			坐标纸	195
初始值	18	六画		垃圾邮件	88
剪切	70	取消	111	垃圾箱	60
剪取	75	变元	188	域名	173
剪贴板	70	变址	7	域名系统	173
剪辑	70	变更	6	堆栈	33
		变量	7	堆叠	33
[力部]				基本类	64
办公自动化	3	[厶部]		基地址	64
功能键	49	台式计算机	137	基线	64
加工	67	参考点	12	基带	64
加权	68	参数化	13	填充	138
加载点	68			增加	176
加速板	68	[廴部]		增添	176
		延迟	163	墨盒	98
		建模	71		

[士部]		捕捉	10	**七画**		**[寸部]**	
声卡	121	换行	60			对比度	33
声明	121			**八画**		对齐	34
声频	167	措施	22			对话框	33
		描边	97			对象	34
[扌部]		排列	103			对等式	33
二至三画		排序	103			寻址	162
打开	23	排版	103			寻道	162
打印①	23	授权	126			导入	26
打印②	23	接口标准	74			导出	25
打印机	23	接线板	74			导航	25
打字	24	接插板	74			导航工具	26
执行	179	接插线	74			封装	41
扩展	87	控件	85				
扩展寻址	87	控制面板	85			**[廾部]**	
扩展槽	87	控制器	85			开机	82
扫描仪	117	探询	137			开关	1
四画				**九画**		开始	82
批号	104	搭建	23			开始按钮	82
批处理	104	提示①	138			异门	166
批量	104	提示②	138			异步的	166
抄送	14	提取	138			异构性	166
折半法	36	插入	13			异或运算	166
扭曲	101	插件	13				
报表	3	搜狐	134			**[大部]**	
报警装置	4	搜狗	134			大写	24
报警器	4	搜索	134			失真	121
五画		搜索引擎	134			失效率	121
拓扑	145			**十二画及以上**		奇偶校验	64
拖动	144	播放动画	9			类型	88
拆分	14	播放器	9				
拉伸	88	撤销	111			**[兀部]**	
拨号	9	操作系统	13			元件	173
六画		擦除	12			光电鼠标	52
挂机	50					光标	51
持续时间	16	**[艹部]**				光栅	52
指示灯	180	节点	74			光晕	52
指令	180	共享	50			光盘	52
指向	181	芯片	158			光缆	52
指针	181	苹果	107				
指法	180	范式	39			**[尢部]**	
指定	180	菜单	12			就绪状态	79
拼音	105	菜单栏	12				
拼接	105	蒙版	96			**[小部]**	
按钮	1					小写	157
按键	63					省略	121

[丷部]

词	页
光电鼠标	52
光标	51
光栅	52
光晕	52
光盘	52
光缆	52
当前指示符	25
常规	14
常量	14

[口部]

词	页
口令	86

二画

词	页
可用性	84
可扩充性	83
可行性	83
可修改性	83
可信度	83
可控性	83
可移植性	83
可靠计算	82
可靠性	82
右击	171
右对齐	171
右向	171
右键	171
只读	179
只读光盘	180
另存为	91
句法分	80
加工	67
加权	68
加载点	68
加速板	68
加粗	67
加密	68
台式计算机	137

三画

词	页
同心	142
同步	141
向导	155
后台运行	57
后退键	57
后缀	57
后端	57

四画及以上

词	页
吞吐量	144
呼叫	58
命令	97
命名	97
周期	182
喷枪	104
喷墨打印机	104

[囗部]

三画

词	页
因特网	167
回车	60
回车键	60
回收站	60
回帖	61
回路	60

五画及以上

词	页
固件	50
固定	50
图元	143
图片	143
图文电视	143
图论	143
图形	143
图层	142
图表	142
图标	142
图像分析	143

[山部]

词	页
嵌入式	109
嵌套	109

[巾部]

词	页
布尔运算	10
布线	10
帧	177
帧中继	178
帧频	177
常规	14
常量	14
幅度	42

[彳部]

词	页
行	56
行距	56
循环进位	162

词	页
微信	149
微调	149
微博	149

[彡部]

词	页
形式参数	159
参考点	12
参数化	13
影片	168
影音	169

[犭部]

词	页
猫	140

[夕部]

词	页
外观	146
外壳	146
外部名	146
外循环	147
外频	146
外模式	146
多义性	35
多边形	34
多视图	34
多媒体	34
多播	34

[夂部]

词	页
处理	18
条形码	139
条码阅读器	139
备份	4
备注型	4
复合	43
复位	44
复位启动	44
复制	44
复选	44
复选框	44

[丬部]

词	页
状态	186
状态栏	187

[广部]

词	页
广域网	53
广播	52
库	86
应用	169

应用程序	169		九画		五至六画	
应答	169	游戏	170	定义	30
序列	160	渲染	161	定时	30
底纹	27		十画		定位	30
		源代码	173	定制	30
	[门部]		源程序	173	定点	30
闪存盘	118	滤镜	94	实用程序	123
闭合	5	滚动	53	实地址	122
间接地址	71	滚动条	53	实在参数	123
间距	68	溢出	167	实时	122
			十一画		实体	123
	[氵部]		漫反射	95	实体模型	123
	二画		演示	163	实例	122
汇编	61	演变	163	实型	123
汇编语言	61	漏洞	92	客户端	84
汇编程序	61		十二画及以上		七至八画	
汉化	55	潜伏期	109	宽带	86
汉字库	55	激光打印机	65	容量	115
	五画		激活	65	容错	115
注册	184				寄存器	67
注销	185		[忄部]		密码	96
注释	184	性能	159	密钥	96
波形	9					
波特	9		[宀部]			[辶部]
波特率	9		三至四画			三画
	六画		字	189	过渡	54
测试	69	字长	189	过滤器	54
测量	13	字节	191		四画
活动窗口	62	字号	190	进位数	77
浏览	92	字母	191	进制	77
浏览器	92	字块	191	进程	77
	七画		字体	192	远程	174
消去法	156	字间距	191	运行	175
消除	156	字型	192	运行环境	175
消息传递	156	字型点阵	192	运算	174
消隐	156	字段	190	运算符	174
消磁	156	字样	192	还原	59
海量	55	字符	190	连网	89
浮动	42	字符串	190	连接符	89
浮点	42	字符型	190	连续运算	89
润色	116	字符集	190	返回	38
	八画		字幕	191		五至六画
清单	110	字频	191	迭代	29
清除	110	安全	1	选区	161
清零	110	安卓系统	1	选择	161
渐变	71	安装	1	选定	161
		完整性	147		
		宏	57		

选项	161	屏幕保护	107			五画		
选项卡	161	屏蔽	107			线型	155	
适应性	125	属性	127			组	193	
适配器	125					组号	193	
追加	187	[巳部]				组件	193	
追踪	187	包	3			组装	194	
送纸器	133	导入	26			组播	34	
退出	144	导出	25			终止	182	
退格	144	导航	25			终端	182	
七画		导航工具	26			六画		
速率	134	异门	166			结构	75	
逐帧	177	异步的	166			结构图	75	
透明度	142	异构性	166			结点	74	
递归	27	异或运算	166			结点度	74	
通讯子网	141					绘图	61	
通信口	140	[弓部]				绘图区	61	
通信协议	141	引用	168			绘图仪	62	
通信网络	141	引导	167			绝对地址	81	
通信线路	141	引线	168			八画及以上		
通信量	141	引擎	168			维护	149	
通信链路	141	弹出①	12			维度	149	
通道	140	弹出②	137			缓存	59	
八画及以上						缓冲区	59	
逻辑	93	[子部]				编址	6	
逼近	5	子串	188			编译	6	
遍历	7	子程序	187			编码	6	
遥控	164	子集	188			编程	6	
遮罩	177	存取	22			编辑	6	
		存储区	21			缩写	136	
[ヨ部]		存储分配	21			缩进	135	
当前指示符	25	存储体	21			缩放	135	
寻址	162	存储器	21					
寻道	162					[幺部]		
		[马部]				幻灯片	60	
[彐部]		驱动程序	111					
录入	92	驱动器	111			四画		
录入法	92	验证	164			[王部]		
录音	92					主干网	183	
录音笔	93	[乡部]				主叫	183	
		二至四画				主机	183	
[尸部]		纠错	79			主页	184	
局部	80	约束	174			主板	183	
局域网	80	约定	174			主站	184	
居中①	79	级联	65			主控	183	
居中②	80	纵截面	192			主频	183	
屏保	107	纸带	180			主题	184	
屏幕	124							

全双工	112
全双向	112
全加器	111
全角	111
全局变量	112
全屏	112
环网	59
环形	59
环绕方式	59

[无部]

无线路由器	152
无损连接	152

[木部]

一至二画

本地	5
机身	64
机柜	63
机房	63
机架	63
机箱	64
机器人	63

四画

枚举	96
枚举类型	96
松散耦合	102
构造	50
采集	12

五画

标记	7
标识符	7
标注	8
标题栏	7
相对地址	155
相对误差	155
查询	14
查看器	14
柱状图	185
柱面	185
架构	68

六画

框图	86
框架	86
格式	46
格式化	46
格式符	46
校园网	157
核心	56
样条曲线	164
根目录	47
桌面	187

七画

检波	69
检查	69
检测	69
检索	70
检验	70
梯度法	138

八画及以上

椭圆	144
集成	65
集合	66
集线器	66
模式	98
模块	97
模块化	97
模拟	97
模板	99
模型	98
模数转换	98
横幅广告	56
横截面	57

[朩部]

条形码	139
条码阅读器	139

[犬部]

状态	186
状态栏	187

[歹部]

列	90
列间距	91
列表	91
死锁	133
死锁避免	133
死循环	133

[车部]

二至四画

轨迹	53
转义	186
转存	185
转录器	186
转速	186
转接器	185
转移	186
转储	185
轮廓线	93
软回车	116
软件	116
软盘	116

六画及以上

载体	176
载波	176
辅助	42
辅助存储器	43
输入	126
输入法	92
输出	126

[戈部]

或门	62
或运算	62
载体	176
载波	176
裁切	70
截取	75
截屏	75

[比部]

比例	5

[瓦部]

瓶颈问题	107

[止部]

正向	179
正规文法	179
步长	11
整体	178
整型	178

[曰部]

冒泡	95

[日(日)部]

日志	115
时序	122
时间片	121
时间轴	122
时钟	122

易读性	166	数字签名	130	[攴部]	
显示	154	数码	129	段①	32
显示器①	155	数制	130	段②	32
显示器②	155	数学模型	130	段名	32
映射	169	数组	131	段落	32
映像	169	数值范围	130	[文部]	
替换	181	数理逻辑	129	文本	150
最大化	194	数据	127	文本框	151
最小化	194	数据区	128	文件	151
最小项	194	数据交换	127	文件头	151
晶片	77	数据库	128	文件夹	151
晶体管	78	数据库语言	128	文字处理	151
智能卡	181	数据转换	129	文档	151
[月部]		数据组织	129	[方部]	
有线电视	171	数据保护	127	放映	39
背景色	4	数据类型	128	旋转	160
[贝部]		数据结构	127	旋钮	160
负载	43	数据值	129	[火部]	
账号	177	数据流	128	灰度值	60
资源分配	187	数据源	129	焊接	55
赋值	44	数据模型	128	[斗部]	
[水部]		数模转换器	130	斜体	157
水平	132	整体	178	[灬部]	
[见部]		整型	178	点划线	28
规格	53	[片部]		点光源	27
规程	53	版本	2	热启动①	114
视口	124	版式	2	热启动②	114
视图	125	[斤部]		热插拔	114
视窗	124	断点	33	热键	114
视频①	124	新建	158	[户部]	
视频②	125	[罒部]		扇区	119
[牛(牜)部]		采集	12	[衤部]	
特写①	137	[月部]		视口	124
特写②	138	服务器	42	视图	125
特效	137	脉冲	95	视窗	124
[攵部]		脉冲串	95	视频①	124
二至六画		脚本	73	视频②	125
收藏夹	125	脚本语言	73	神舟	120
放映	39	脱机	144	[心部]	
致命错误	181	[欠部]		总计	192
效应	157	软回车	116	总线	192
效率	157	软件	116		
九画		软盘	116		
数字媒体	130				

五画

[示部]

示波器	123

[石部]

研发	163
破解	107
硬回车	170
硬件	170
硬盘	170
确认	112
确定性	112
碎片	135
磁心体	21
磁头	21
磁盘	20
磁道	20

[目部]

目录	99
相对地址	155
相对误差	155
省略	121

[田部]

电子邮件	29
电子邮箱	29
电子版	28
电子商务	28
电子管	28
电脑	66
电缆	28
电源	28
画布	58
画图	61
备份	4
备注型	4
界面	77
累加器	88

[罒部]

置换	181

[皿部]

监视器	69
监控	69
盗版	26

[钅部]

针式打印机	177
链表	90
链接	90
链路	90
锁定	136
锐化	116
键①	63
键②	71
键入	92
键位	72
键盘	72
镜头	79
镜像	79

[矢部]

矩阵	80
短路	32

[禾部]

私有的	133
移动	165
移动计算机	165
移动硬盘	118
移过	165
程序	15
程序行	16
程序设计	16
程序员	16

[白部]

百分号	2
百宝箱	2
百度	2

[疒部]

病毒	8

[立部]

端口	32
端节点	31
端点	31

[穴部]

空行	85
空指令	85
空格	84
空格键	85
空操作	84
突发方式	142
窃听	110
窗口	19
窗体	20

[衤部]

补丁	10
补码	10
初始化	18
初始值	18
被叫站	5
被呼站	5

[癶部]

登录	26

[母部]

母版	99

六画

[耒部]

耗材	56
耦合	102

[耳部]

取消	111
联通	89
联想	90

[西（覀）部]

覆盖	45

[页部]

页边距	164
页面	165
页眉	164
页脚	164
顺序访问	133
预设	173
预览	172
预置	173
频带	105
频移	106
频率①	105
频率②	105

[至部]

致命错误	181

[虍部]		类型	88	重做	18
虚拟	160	粘贴	177	重置	18
[虫部]		粒子系统	89	**[足部]**	
融合	116	精度	78	路径	93
[竹（⺮）部]		精确	78	路径名	93
笔记本电脑	165	**[羽部]**		跟踪	47
符号	42	扇区	119	**[身部]**	
等价	27	翻转	37	身份鉴定	120
等级	26	**[糸部]**		**[角部]**	
等差数列	26	系统死锁	153	角色	81
等效	27	系统校验	153	角度	73
筛选	118	系数	153	触发	18
简体字	71	索引	136	触发器	19
简码表	71	紧密耦合	102	触摸屏	19
算法	134	累加器	88	解压缩	76
算法语言	135	繁体字	37	解析	76
管理	51			解码	75
箭头	72	**七画**		解保护	75
[自部]		**[麦部]**		解调器	76
自动	189	麦克风	95	解密	76
自运行批处理	189	**[走部]**		解锁	76
自启动	189	走纸键	193	**[言部]**	
自顶向下	188	起始页	126	警告	78
自变量	188	起点	108		
自底向上	188	超文本	15	**八画**	
自定义	188	超导	15	**[青部]**	
自举	189	超时	15	静电	78
自旋	189	超链接	15	静态	78
[色部]		超媒体	15	静态分析	79
色带	118	**[豆部]**		**[雨（⻗）部]**	
色度	118	短路	32	零件	91
色粉	118	登录	26	零件图	91
[衣部]		**[酉部]**		**[隹部]**	
衰减	131	配置	103	集成	65
裁切	70	**[里部]**		集合	66
装置	186	重合	17	集线器	66
[羊部]		重启	17	截取	75
群	113	重构	17	截屏	75
[⺷部]		重码	17		
差错率	13	重定向	16	**九画**	
[米部]		重试	17	**[面部]**	
		重载入	17	面板	96

	[鬼部]	
魔术棒		98
	[音部]	
音量		167
音频		167
	[首部]	
首页		126
首字节		126
首部		125

十画

	[鬲部]	
融合		116
	[高部]	
高速缓存		46

十一画

	[麻部]	
魔术棒		98

十二画

	[黑部]	
黑客		56
墨盒		98
默认值		98

十三画

	[鼠部]	
鼠标		127

其他

U 盘		118